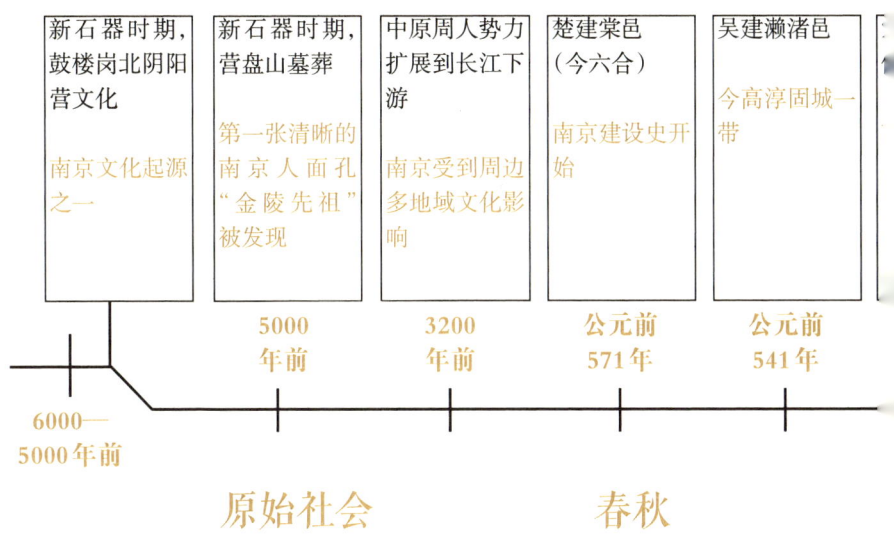

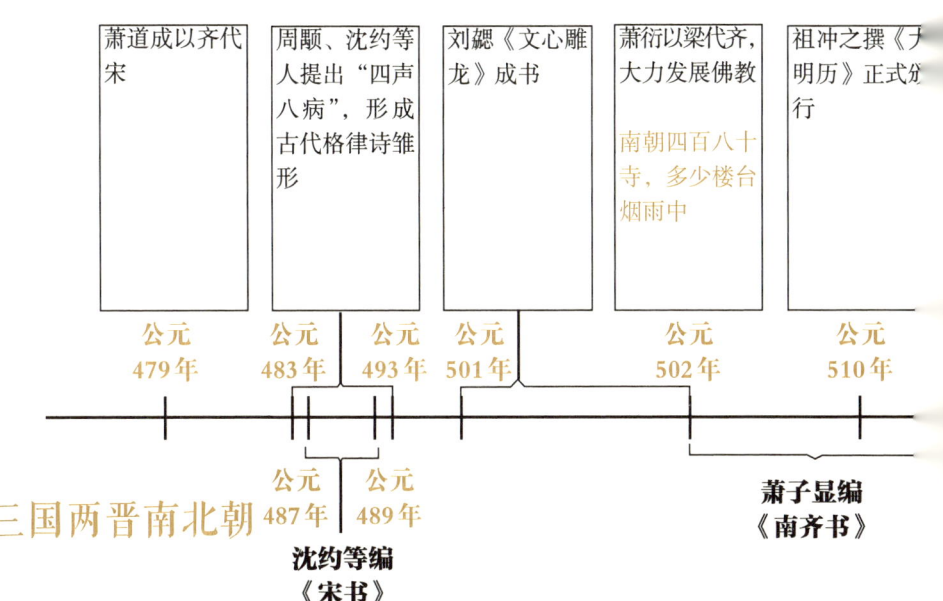

| 清军围忻城伯赵之龙、大学士礼部尚书钱谦益开城… | 郑成功收复南京失败 | 《芥子园画谱》第一集雕版套色彩印出版 | 魏源《海国图志》出版 | 太平天国建都南京，改名天京 |

公元645年　　公元1659年　　公元1679年　　公元1843年　　公元1853年

清朝初期　　　　　　　　　　　　　　　　　**清朝末期**

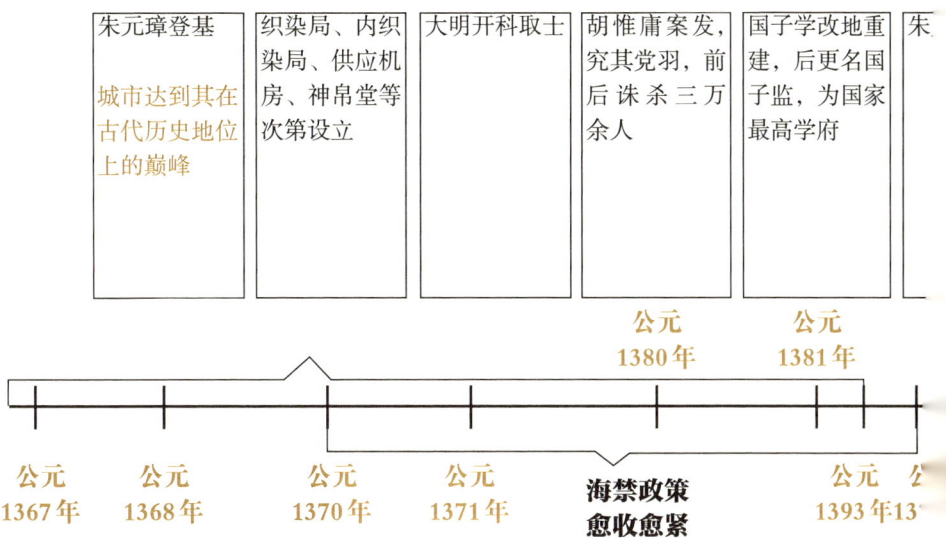
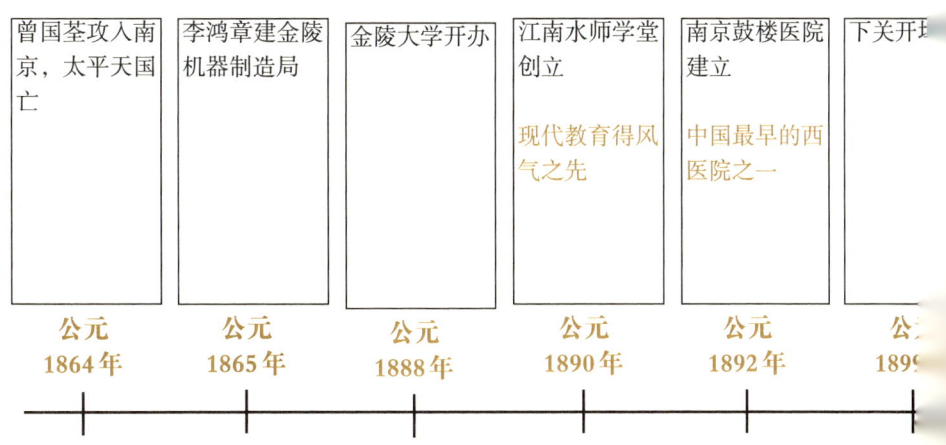

清朝末年

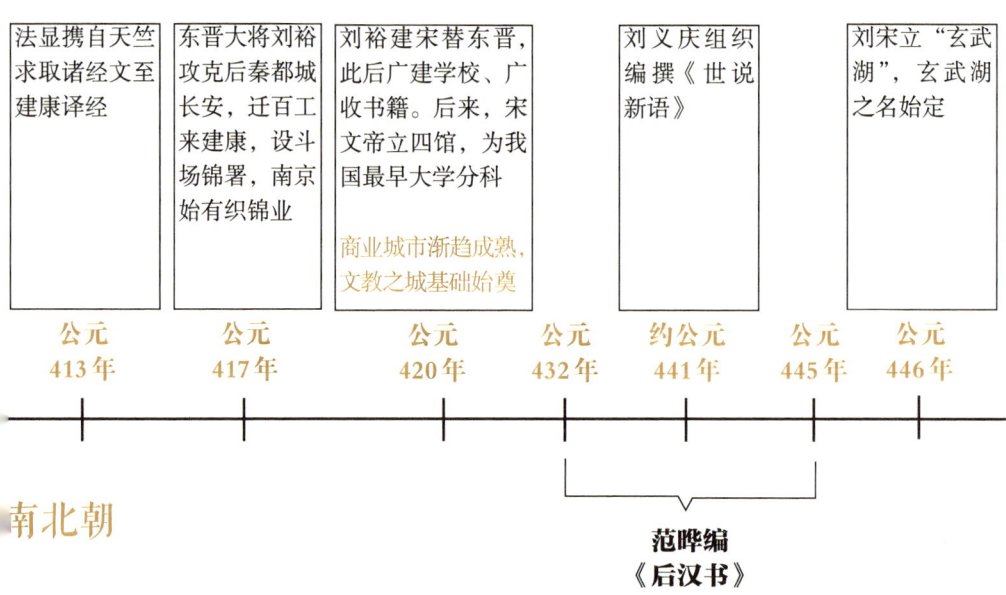

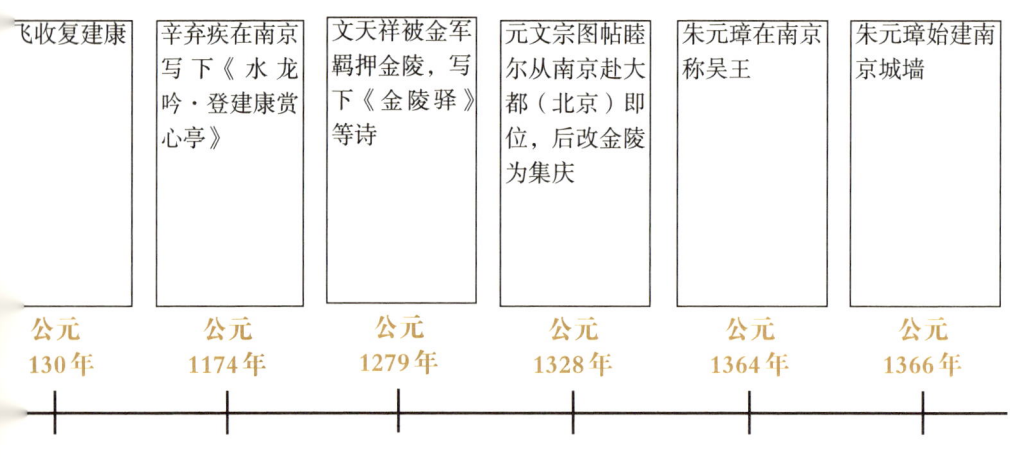

南京六千年

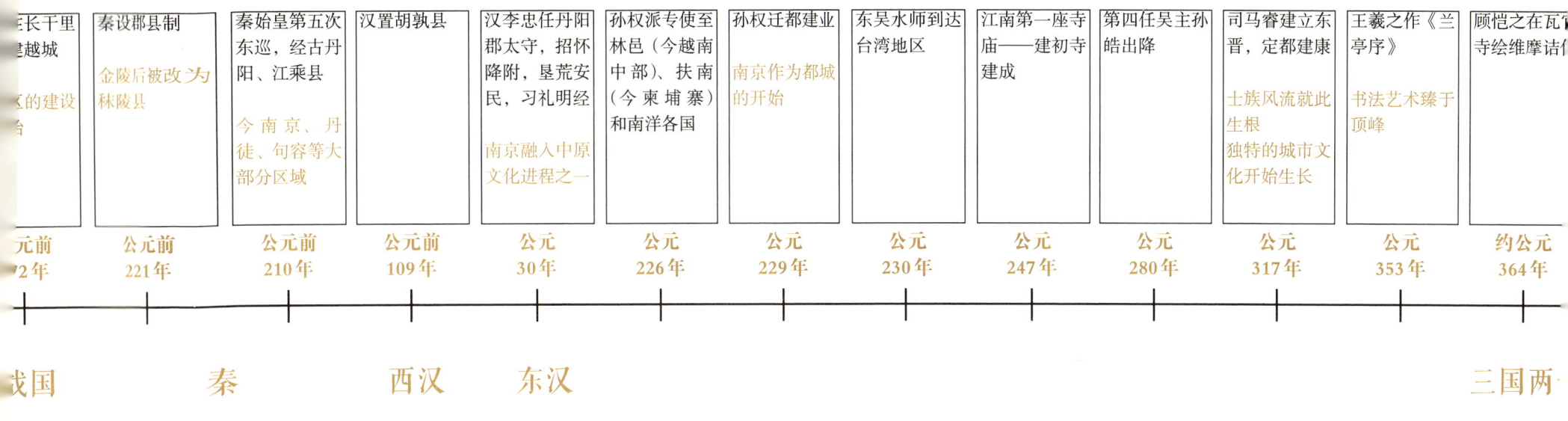

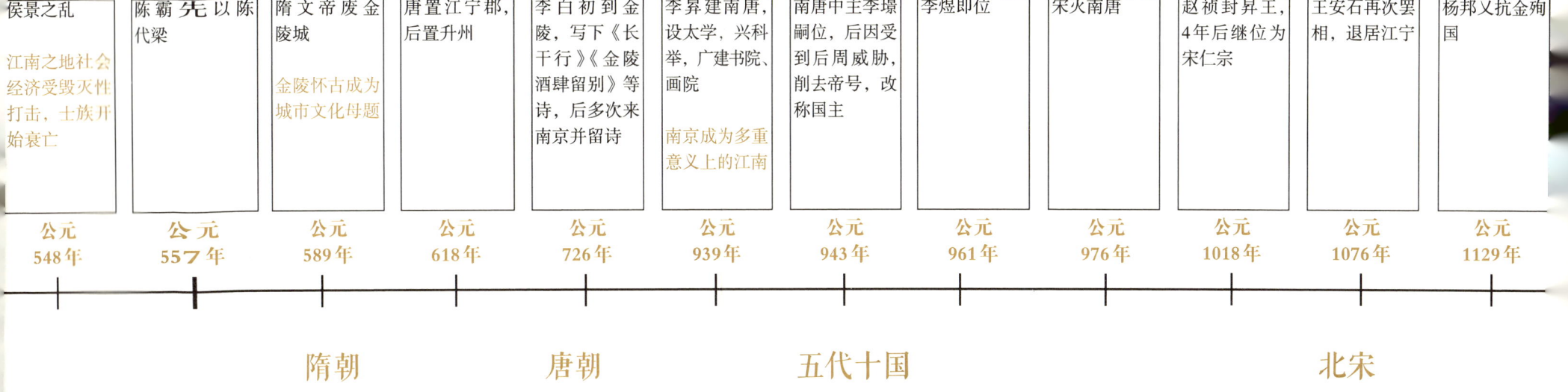

南京六千年

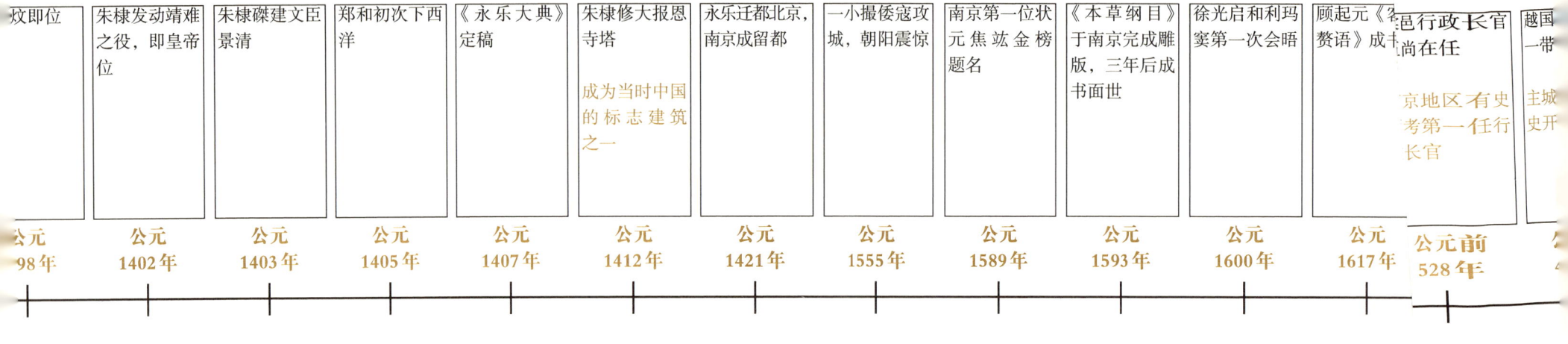

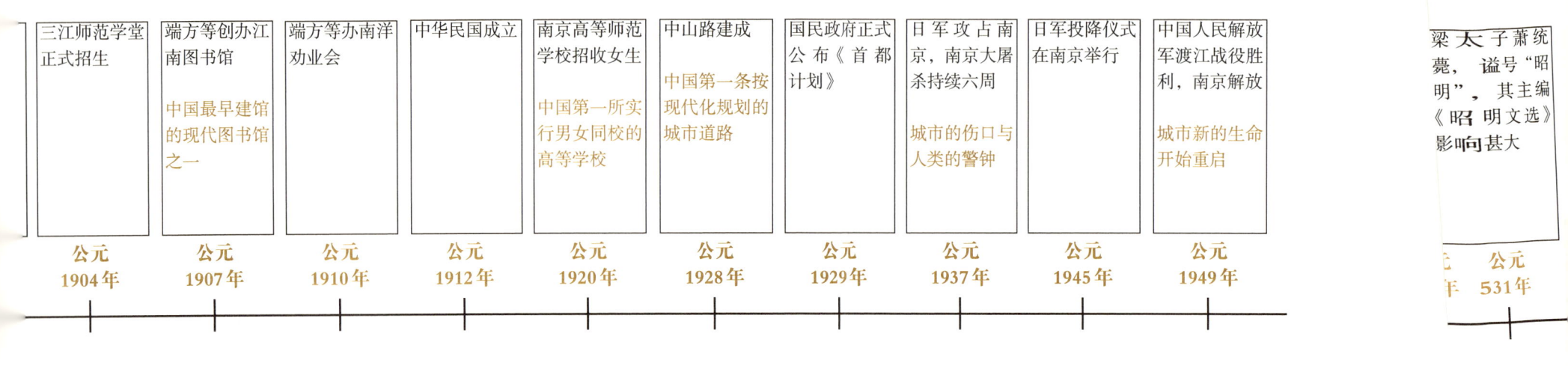

南京六千年

文心 著

华文出版社

六千年

公元 229年	公元 230年	公元 247年	公元 280年	公元 317年	公元 353年	约公元 364年
孙权迁都建业 南京作为都城的开始	东吴水师到达台湾地区	江南第一座寺庙——建初寺建成	第四任吴主孙皓出降	司马睿建立东晋,定都建康 士族风流就此生根 独特的城市文化开始生长	王羲之作《兰亭序》 书法艺术臻于顶峰	顾恺之在瓦官寺绘维摩诘像

三国两…

公元 …年	公元 943年	公元 961年	公元 976年	公元 1018年	公元 1076年	公元 1129年
南唐,……兴科……书院、……为多重……的江南	南唐中主李璟嗣位,后因受到后周威胁,削去帝号,改称国主	李煜即位	宋灭南唐	赵祯封昇王,4年后继位为宋仁宗	王安石再次罢相,退居江宁	杨邦乂抗金殉国

五代十国　　　　　　　　　　　　　　北宋

南京六

炆即位	朱棣发动靖难之役，即皇帝位	朱棣磔建文臣景清	郑和初次下西洋	《永乐大典》定稿	朱棣修大报恩寺塔 成为当时中国的标志建筑之一	永乐迁都北京，南京成留都	一 城，
公元 98年	公元 1402年	公元 1403年	公元 1405年	公元 1407年	公元 1412年	公元 1421年	

明朝

三江师范学堂正式招生	端方等创办江南图书馆 中国最早建馆的现代图书馆之一	端方等办南洋劝业会	中华民国成立	南京高等师范学校招收女生 中国第一所实行男女同校的高等学校	中山路建成 中国第一条按现代化规划的城市道路	国民政府公布《计划》
公元 1904年	公元 1907年	公元 1910年	公元 1912年	公元 1920年	公元 1928年	公元 1929

中华民国

千年

公元555年	公元1589年	公元1593年	公元1600年	公元1617年	公元1633年	公元1644年
...撮倭寇攻朝阳震惊	南京第一位状元焦竑金榜题名	《本草纲目》于南京完成雕版，三年后成书面世	徐光启和利玛窦第一次会晤	顾起元《客座赘语》成书	《十竹斋书画谱》汇辑成册	崇祯帝于北京自缢，福王朱由崧监国南京，后称帝，改元弘光

公元1937年	公元1945年	公元1949年
日军攻占南京，南京大屠杀持续六周 城市的伤口与人类的警钟	日军投降仪式在南京举行	中国人民解放军渡江战役胜利，南京解放 城市新的生命开始重启

中华人民共和国成立

南京

公元前528年	公元前472年	公元前221年	公元前210年	公元前109年	公元30年	公元226年
邑行政长官尚在任 京地区有史考第一任行长官	越国在长干里一带建越城 主城区的建设史开始	秦设郡县制 金陵后被改为秣陵县	秦始皇第五次东巡，经古丹阳、江乘县 今南京、丹徒、句容等大部分区域	汉置胡孰县	汉李忠任丹阳郡太守，招怀降附，垦荒安民，习礼明经 南京融入中原文化进程之一	孙权派专使至林邑（今越南中部）、扶南（今柬埔寨）和南洋各国

战国　　秦　　西汉　东汉

公元531年	公元548年	公元557年	公元589年	公元618年	公元726年	公元939年
梁太子萧统薨，谥号"昭明"，其主编《昭明文选》影响甚大	侯景之乱 江南之地社会经济受毁灭性打击，士族开始衰亡	陈霸先以陈代梁	隋文帝废金陵城 金陵怀古成为城市文化母题	唐置江宁郡，后置升州	李白初到金陵，写下《长干行》《金陵酒肆留别》等诗，后多次来南京并留诗	李昪建设太学举，广设画院 南京成意义上

隋朝　　唐朝

南京六千年

文心 著

南京：一座枢纽之城（泱波 供图）

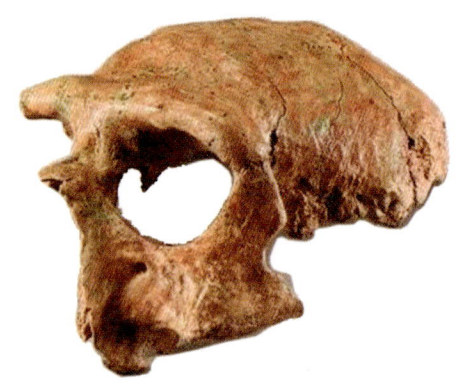

南京直立人头骨化石距今约 60 万年

新石器晚期的灰陶人面像：金陵先祖（王宁　供图）

南京北阴阳营遗址出土的陪葬雨花石远溯约6000年前（南京博物院展出，王彬 供图）

出土于东晋晚期的石头城遗址铭文砖佐证了石头城真切的地理位置

南京夫子庙为供奉祭祀孔子之地,中国古代文化枢纽之地
(泱波 供图)

秦淮河(泱波 供图)

2022年12月13日国家公祭日(泱波 供图)

中国南京云锦博物馆(泱波 供图)

中华门是南京明城墙京城城门之一，原名聚宝门，是中国现存规模最大的城门（泱波 供图）

中华门一角（泱波 供图）

曾经，静海寺内的一纸《南京条约》让中华颜面无存（泱波 供图）

玄武湖（泱波 供图）

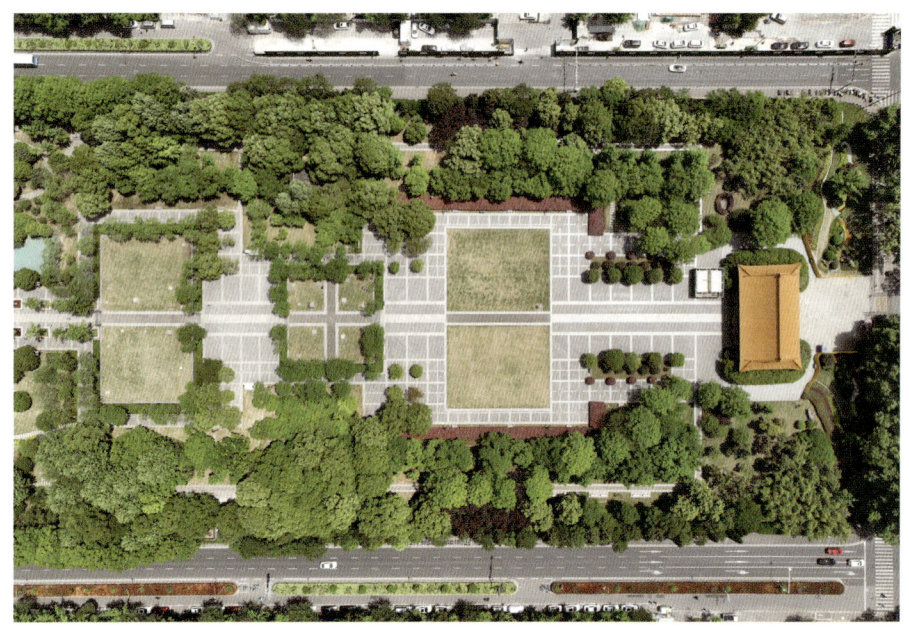

明故宫遗址。消失的地标似乎仍然影响着这座城市（泱波 供图）

朝天宫素有"一座朝天宫，半部南都史"之美誉（泱波 供图）

远看中山陵（泱波　供图）

中山陵博爱牌坊（泱波　供图）

明孝陵一隅(泱波 供图)

明孝陵一隅(泱波 供图)

南京长江大桥（泆波 供图）

当解放军的战士们将旗杆插上总统府的那一刻，城市开始重新生长（泆波 供图）

现代化进程中的南京（泆波　供图）

郑和宝船模型(郑和宝船厂遗址公园,王彬 供图)

紫金山的秋水(泱波 供图)

目录

序 南京：中国的枢纽之城◇◇1

它曾不止一次地接续起中华文明的脉络，即便中原大地遭遇一次次异族文明的冲击或战乱，由于它的存在，中华仍能在南北相望中继续。

序章　六千年的缩影◇◇1

六千年前北阴阳营人的墓葬里，口中含着雨花石的尸骸默默述说着这片土地的故事；那些空灵多彩的纹路一定指引过他们向上的灵魂。

人们在高高的台地上燃起炽热的火堆，祭司们努力从灰烬的样子、树干的走势、星星的光亮，以及风的气味里辨认神的旨意，一些有着特殊纹路的石头被当作通往彼岸的灵器……这种方式被一直保留了数千年，并在城市的历史中，激起无数次回响。

一　六千年的密码 ………………………………………………………………… 3
二　消失的地标 …………………………………………………………………… 6
三　缩影与宿命 …………………………………………………………………… 11

第一章　平衡的中华◇◇19

六千年前的阳光在古埃及人黢黑的肌腱上迸溅出一轮迷人的光晕，几乎同一时期，黄河两岸，伏羲、神农和黄帝的故事也升腾起华夏的序章。

南京从无名的高地，到春秋时期的棠邑、越城，再到秦汉时期的秣陵，一步步成为中华的一部分；因为天下格局的向心力，被吸纳进华夏的圈层中，成为中国的一部分。一些视野广阔、洞悉其未来的人塑造着它的面貌，令它踌躇满志。而孤注一掷的冒险者也曾让它一败涂地，每一次转折都令它不得不在新的名字里重新登场。

引子　名字的故事 ………………………………………………… 21
一　天下之中 …………………………………………………… 24
　　南京之初 // 中原旅人 // 纳入框架 // 文明的归顺
二　中国化进程 ………………………………………………… 37
　　地图里的中国 // 男人的复仇 // 成功的刺客 // 秦始皇与秩陵 // 从内里成为中国
三　文化的冲突 ………………………………………………… 55
　　被打破的平衡 // 孙权来了 // 左思的怀想
四　另一种平衡 ………………………………………………… 67
　　司马睿的上巳节 // 新的南京 // 不同的平衡方式
五　与京城对话 ………………………………………………… 76
　　河流与城市 // 守护观念上的中国

第二章　城市的符号 ◇◇ 87

南京的城市布局很像一座现代图书馆，所有的故事都不是随机摆放，而是有着特定形式的分类，这些分类让我们在探索这座城市时有了方向。

穿越这座城市，你会遇见无数的符号，有些是有形的，比如纪念馆和指路牌；有些是无形的，比如一句对白，一个影子。你可以随意选取其中的一些，与城市产生连接。通过连接，你可以深入到城市的内心，听见它的叹息。

引子　故事的分类 ………………………………………………… 89
一　王者之城 …………………………………………………… 91
　　襟怀天下 // 意义与象征 // 成为一种理想
二　名士之城 …………………………………………………… 102
　　同一气类 // 王导家的聚会 // 自由的灵魂 // 家学与气度 // 思想的光芒 // 被塑造过的城市
三　离乱之地 …………………………………………………… 122
　　苏峻之乱 // 卞壶之忠 // 侯景围城 // 平荡耕垦
四　复兴之城 …………………………………………………… 138
　　人心所向 // 礼乐与复兴 // 首都的荣光
五　信仰之城 …………………………………………………… 151
　　佛教来了 // 法显和他的伙伴 // 城市的信仰
六　开放之市 …………………………………………………… 164
　　商业之城 // 贸易之地 // 市场之城 // 商人之家
七　文学与风流 ………………………………………………… 178
　　烟云水气 // 文学之路 // 最爱金陵

第三章　时间的旅人 ◇◇ 189

爬满青苔与藤蔓的过去隐藏在城市的建筑、市场、风俗、植物与寓言中，只有放弃用认识每一个细节的方式理解城市，才有可能真的看见它。比如，看到它涨水的河流带着大批的木材用作城中庙宇和官殿大梁时，我们懂得了帝王与城市之间的契约；当看见它茅舍零落的村庄如何在商人的算盘声里长成臃肿的集市时，我们理解了城市的走向；当看清六朝的符号怎样深刻镌印进城市每一寸后来的时光时，我们感受到城市的心跳。

  引子 城市的森林……………………………………………………191
  一 成为江南………………………………………………………193
     第三层逃逸 // 意象里的江南
  二 两张面孔………………………………………………………201
     富与雅 // 往事知多少
  三 进退之间………………………………………………………206
     王安石的进与退 // 城市的进与退

第四章 向内的王朝◇◇215

  好多年前，河水在城市里常年是污秽的，河岸两旁密不透风的生活倾倒了太多不可辨认的污垢，但河水总是会重返源头。这意味着它总有重新来过的希望。这希望就像城市本身，无论再怎么千疮百孔，不可辨认，它总可以先从河岸两旁复苏。

  引子 被设计的城市…………………………………………………217
  一 风水与寓言………………………………………………………220
     朱元璋的政治秀 // 版图的中央
  二 心理的城墙………………………………………………………228
     宇宙的杰作 // 帝国体系 // 伟大与堕落
  三 虚构的沈万三……………………………………………………239
     聚宝盆的传说 // 富民的下场 // 虚构与真实 // 王安石的余响
  四 消失的船队………………………………………………………251
     红衣刺主 // 帝国的声威 // 走进泥沼
  五 考试与希望………………………………………………………259
     保持希望 // 江南科举 // 状元之路 // 起点与终点 // 积重难返
  六 理想与现实………………………………………………………275
     徐光启的仕途 // 利玛窦来了 // 祖制不可改
  七 倭寇之祸…………………………………………………………284
     停摆的城市 // 倭寇来了 // 朽坏的内囊
  八 残梦不可见………………………………………………………290
     时尚之都 // 秦淮烟柳

第五章 属于人的城◇◇297

  城市是没有秘密的，每一张饭桌上都堆满佐酒的故事。城市也是最有秘密的，每一个角落可能都有一段隐名埋姓、完全不被知道的半生惊涛。那些鸿鹄之志的情节被收进掉了漆的黑黢木门后，再没有一点声响。

引子　城市的味道……………………………………………299
一　清风不识字……………………………………………303
　　人心已去 // 戛然而止 // 小民的噩梦 // 屠刀与文字狱
二　好物不长久……………………………………………312
　　过于灿烂 // 锦缎之城 // 极速坠落
三　一整座军营……………………………………………317
　　集体生活 // 崩溃的边缘 // 榨干最后一滴血
四　回光返照………………………………………………324
　　妓女与科举 // 金陵机器制造局 // 病根上的顽瘤 // 洋学堂 // 南洋劝业会
五　清晰如昨………………………………………………339
　　迎接孙中山 // 修建中山路 // 城市新建设 // 奇芳阁的早茶 // 绕不过的鸭子香
六　学生、战士、运动员…………………………………350
　　女学生来了 // 学人与名士 // 永远的伤口

第六章　永远的南京◇◇359

博物馆、纪念碑、档案馆留下了城市希望留下的集体记忆，这些记忆既是城市对自己的剖析与期望，也是城市本身的骄傲与遗憾。通过公共建筑与公共机构，城市将属于自己的记忆、文化与遗产代代相传。

引子　文明的理性…………………………………………361
一　轻盈与厚重……………………………………………362
二　氛围与希望……………………………………………370
三　历史与未来……………………………………………373

参考文献◇◇375

后　记◇◇380

序
南京：中国的枢纽之城

这是一座枢纽之城。

它曾不止一次地接续起中华文明的脉络，即便中原大地遭遇一次次异族文明的冲击或战乱，由于它的存在，中华仍能在南北相望中继续。

它是历史的枢纽，几乎见证了中华的整个历史进程，影响了华夏近千年的权力格局。它也曾是中华平衡的中心点、权力斗争的角斗场、思想争锋的对峙前线，多次成为被宗教、文化、政治集中滋养的聚焦点。在历史的进程中，正是这个枢纽的存在，让我们绵延数千年的中华文明不曾断绝。

它是中国南北两大文化板块的枢纽。广袤的中国大地虽然始终未断绝中华文明的根脉，但确实也因为地域广阔而形成了人文风俗差距甚大的南北二系。商周以来，北地多庄穆，长怀忧患；南方多散逸，颇具灵趣。总体来说，北方文化质胜于文，南方文化文胜于质，而南京地处南北交汇点，兼容南北。北地的淳朴与蛮气，南方的精腻与娇柔在这里得到中和。

它还是大陆文明与海洋文明交汇的枢纽，大陆数千年农耕文明在这里一次次与来自海洋的商贸文明相连接与贯通。孙权时期的南京，石头城旁宽阔平静的江面上就已停满波斯舶、阿拉伯舶、昆仑舶……舳舻蔽江，帆樯如林。各国商贾、僧人、使臣在码头上穿行，历史记载那时候"贡使商旅，方舟万计"。

整个六朝，强大的舰队一次次驶向海外，柬埔寨、老挝、越南南部、泰国东南几乎行遍，东吴的海外航行"所经及闻，百余十国"，一趟趟远航的海船为世界带去中国的样子。它是六朝时期世界上第一座人口超百万的城市，以至于后世的人们将其与古罗马并称为"世界古典文明的两大中心"。

贸易的活跃程度代表了城市的活力，往来其间的人则代表城市开放的水平。今天的南京，依然拥有"多重身份"。作为江苏省省会城市，长江经济带和长三角一体化战略的重要城市，"一带一路"的重要交汇点城市，南京一直在发挥它的枢纽作用。其枢纽作用不仅仅展现其作为国际性综合交通之城而存在，也不仅仅着眼于产业链或科技合作，而是连接着历史与当下、中和着北地与南方、贯通着大陆与海洋。

这个枢纽是生动而向上的，是奔向未来的。在时代变迁的浪潮中，南京沉淀下来独特的怀古气质和顽强坚韧的城市生命力，让城市永远不缺意义。它总是有能力开始新的叙事，迅速生长的产业、山水城林的生态，让人们在这里产生新的期待。

在时空的坐标中，中国没有任何一座城市有着南京那样的多面性，它既古老又新鲜，既兼容并蓄也独树一帜，既能解释华夏，也因收藏过苦难而启发着未来。

尽管它曾有过很多很多的名字，但在整本书中，我全部称呼它为"南京"，那些不同的名字是它曾被分类的历史，顺着这些分类，我们可以看见城市被概括后的意义，但城市永远只有一个。

六千年，对这个城市来说，更像是一种叙述的方式。当我们准备要讲一个故事的时候，我们不应该忽略故事最初的样子。六千年前生活在台地上的南京人不是虚无缥缈的神话，而是佩戴着雨花石，有着和我们一样面目、情感、血脉的先人。他们在这片土地上第一次连接起中原文化、太湖文化和许多其他文化时，就已经注定这片土地必将拥有属于自己的叙事。

所以，只有沿着六千年的时间脉络，才配得起这个城市作为枢纽的前世今生。

二

南京总是被选择。它曾被选择成为中华文明的堡垒，被选择成为东亚的城市中心，被选择成为近代中国的重生之地。南京也总是在选择，它选择那些与城市气场相匹配的人留在与自己统一的空间维度中。这些选择成为城市的一部分后，城市也就展露出了自己的性格。

王者与名士，占领者和反抗者，商贾、诗人与歌女们，他们在不同的时间维度上塑造过同一个空间的南京城。人类有史以来所有可以被歌颂、被铭记、被反复思量的情感，都在这里生发过。甚至那些极度肮脏、残忍、丑陋，可以穷尽一切人类语汇中最极端形容词的事情，也都不曾缺席。

它是帝王都，也是佳丽地，有铁马金戈，也有桃红柳绿。它曾很多次让人们惊叹，有人说它远胜同时期的所有城市，有人认为它是宇宙第一个都市，也有人无比厌憎它，为了获得征服它的快感，也为了不让城市成为自己的梦魇，不止一次地屠杀、凌辱、贬抑它。但是，它从不会真正沉沦，因为它是南京，一个不屈之城，一个天选之地！

它极其复杂，复杂到你很难仅仅沿着一条线路，比如时间，来把它解读清晰。亘古以来，所有一切似乎都纠缠在当下，后世的很多情节必须借助几个世纪之前的事件才能被解释。因此，当我打算讲述这座城市的时候，我需要抛开时间，因为城市既在历史中，也在当下。

当朱元璋不得不为自己登基的合法性而上演一场天命秀时，自秦始皇时开始流传的"金陵王气说"就开始发酵了。在吴敬梓决定住在秦淮巷，写一部衰朽时代的斯文众生相时，自六朝以来的名士气便奔涌而来。

几乎每一个打算为南京留下些文字的人，无论是歌谣，还是词章，无论是诗篇，抑或杂记，哪怕仅仅是小说中的片段，笔底都不曾少却历史的影子。

它并非总是那么复杂，它也可以非常简单，简单到只用几个词就可以完全概括城市所有的经历，比如"王者之城""名士之城""离乱之地""复兴之城"，等等。这些词成了城市的符号，这些符号让我们得以理解由建筑所组成的地域究竟对人类意味着什么。

作为一种集体记忆，南京在这方面的厚重无城可及。我试图在这些记忆里，通过一座城市理解真正的中国。

我们何以叫中国？我们何以凝聚？何以生长？何以被摧毁，又何以重生？那些宏大而抽象的问题在城市六千年过往的细节中，似乎都有了答案。

从前的南京曾和地球上任何一处文明久远的痕迹一样，这里的先人渔猎为生。从台地上的北阴阳营人、湖熟人到吴越断发文身的土著，这里曾为楚文化所激荡，也曾有吴歌缭绕，当它归附中原那一刻，它就已经准备在某些时刻担当起华夏的责任。

那时候，华夏意味着某种观念，而南京，在某一次的选择之后，成为这个观念的守护者。解释这个观念有些枯燥，但也许，爬过密密麻麻的铅字，我们会顺着城市的记忆看见一个更清晰的中国。

中国的历史长河中，有时候，一些事件会永久地铭刻在无形的日常结构中，成为人们日用而不知的力量。很多个踌躇不决的路口，人们会凭借惯性决定接下来的方向。所以即便城市经历数万次的重生，只要文明曾经推进过的痕迹还在，它就有机会凭借着这痕迹，找回黄金时代的箴言。

当然，文明的推进并非总是有迹可寻，它是一种开放的选择，允许改变，允许犯错，允许意外。可以想象如果没有第一艘航船意外地连接了东亚，没有法显意外地取经成功，没有中原士人们意外地选择了南京，城市不会产生如此之多的火花，所有成功的城市，必然都是为意外留出空间的城市。这些意外、这些必然塑造了城市，比如，南京的海上之路，曾是人类最大规模和最重要的文化交流的见证。它跨越地域、民族、文化、文明，对欧亚非大陆不同国家和地区的社会、文化、经济之形成和发展产生过深远影响，所以拥挤过千桅万帆的城市必然会成为当之无愧的东亚太阳。然而，对于华夏本身而言，南京海上之路在郑和下西洋中的重新繁荣更像是现代文明推进中的丁字路口。

当统治者选择性关闭面向世界的通道，拒绝承认任何一种文明比华夏优越，沉浸于曾经作为太阳的荣耀与想象中时，城市就成了高光与黯淡之间的转折点。乌云蔽日的城市叫不回大清王朝一路奔向历史终点的脚步，枪炮声震醒了天朝上国的美梦，城市以极其痛苦的姿态接受了新文明的冲刷。

涅槃重生，如今华夏的观念成为天下中国人共同的阐释，成为"一带一路"上重要的枢纽，海上丝绸之路的中心点与大国崛起的梦想又一次被放回到城市的枕边。

总体而言，南京是一部复杂而又非凡的创作，它遭遇过无数次重生，在不断调整、适应中，和华夏之民一起，探索着未来的更多可能。

它在不断地重构自己，我们总会在这片土地上看到充满希望的新面孔，也总能在一次次的城市推进中，看到城市既保留着属于自己的精髓，也谱写着永不停歇的、新的篇章。

所以，南京将永远是一部未完成的作品。

文心

2022年冬

序章 六千年的缩影

一　六千年的密码

朱元璋的宫殿以前是一片湖水。

湖水在很久很久以前是海的一部分，无数次的地壳变动后，南京才从海面浮出。

不知从什么时候起，这里有了人类零星的痕迹。六千年是一条清晰的索引，串联起文明的开场，也指向了城市绵延不绝的回忆。

六千年前北阴阳营人的墓葬里，口中含着雨花石的尸骸默默诉说着这片土地的故事；那些空灵多彩的纹路一定曾指引过他们向上的灵魂。[1]

五千多年前的浦口营盘山墓葬里，一张陶制的面具则隐约留下了当时人们的衣冠与举行祭祀仪式的痕迹，文明的面貌逐渐清晰。

这是童话时期的南京，和所有地球上的先民一样，这时的人们在高高的台地上燃起炽热的火堆，祭司们努力从灰烬的样子、树干的走势、星星的光亮，以及风的气味里辨认神的旨意，一些有着特殊纹路的石头被当作通往彼岸的灵器……这种方式被一直保留了数千年，并在城市的历史中，激起无数次回响。

---

[1] 南京博物院：《北阴阳营——新石器时代及商周时期遗址发展报告》，北京：文物出版社，1993年。

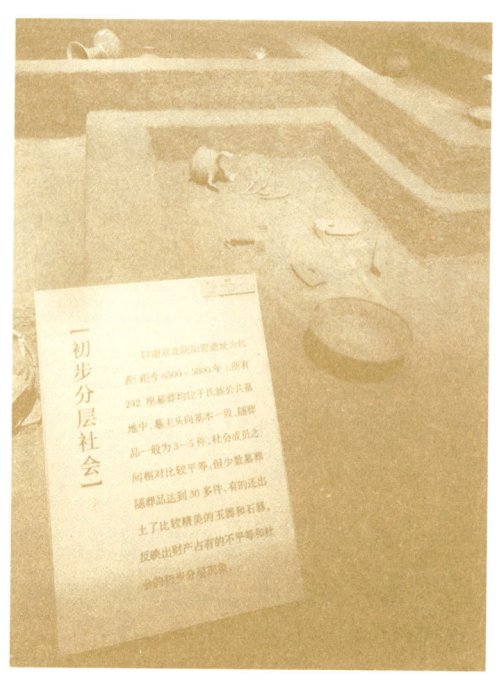

◇◇ 北阴阳遗址发掘现场复原（南京博物院）

  神秘的祷告与山川的走势结合在一起，白垩纪时期就基本定型的南京山水轮廓因为在某种巧合中正好印证了宇宙运行的规律，从而成为人类理解权力的密码之一。

  直到今天，南京也没能完全割离那些神秘的影子，要知道，它的闻名本身就来自对那些久远密码的解读与印证。就像有些城市建立在贸易上，有些城市诞生于宗教中。同样曾是都城，作为商业大都市繁荣起来的洛阳，与几次迁都、充满政治意味的西安相比，气质大不相同；而拥有核心聚焦点的首都城市，如北京和耶路撒冷，其差异则更大，前者的核心紫禁城代表了政治权力，后者的核心圣殿山则代表着精神信仰。

  虽然这些城市可能都有市中心、柏油马路、博物馆和打着老字号招牌的饭馆，但它们是不同的。你可能会找到在城市布局与建筑上相似的两座城市，但你不太可能找到在精神气质上完全一致的两座城市，每一座城市都因为它诞生的方式、过去的经历而拥有不同的精气神。

　　生于贸易的城市与成于制造业的城市是不一样的，源自宗教影响和基于政治方略而诞生的城市也大相径庭。南京与世界上任何一个已知的城市都不一样，它是一座将精神信仰与政治权力在自然山水中结合起来的城市。

　　起初的南京与这个世界上无数诞生过文明的土地并没有什么不同，真正赋予它城市特质的，源起于它必将崛起、在某一天成为权力核心的神秘预言。六千年前城市高地上升起的火把与希望定型了城市的地域气质，而一套源起于人类童话时期的神话思维与城建密码则在漫长的时间里决定了南京的长相。

　　人们总是相信这里会产出帝王，无论这里产出的帝王最终如何黯淡收场，后来者仍然会在这里萌生出全新的希望。因为这里，对应了古老中国世界级的终极密码，它将中国人最古老的精神信仰和对权力的解释编织进城市的地貌之中，即便一再失去城内的核心建筑，只要山水还在，地貌不改，城市就永远有令野心家们瞩目的资本。

　　当朱元璋开始修建他的宫殿时，像中国过去那些帝王一样，他也遵循了这套密码的指示，设想了城市的样貌。帮他完成这个精妙设想的设计者叫刘基，一个深谙术数的神秘政治家，夜晚的星空与古老的经典给予了他无限的灵感。某种程度上，这灵

◇◇朱元璋画像

感与六千年前将雨花石放进亡人口中，围着火堆向星空祈求狩猎成功的祭司并没有什么不同，他们都将自己看作自然宇宙的一部分，都认为星宿会赋予他们秩序与答案，而万物的运势、城市的形状、王朝的兴衰都来自这股神秘力量的指引。

甚至有传说，皇帝宫殿也是城市风水布局中的北斗星里最能聚气的斗勺，而城墙可能是南斗星与北斗星的聚合，城市在想象中成为宇宙天象的投射。

它就像是卡尔维诺在《看不见的城市》里所写的安德里亚城。

> 建筑物和公共场所的设计也遵循星座和最明亮的星星的位置安排……城市的日程也被安排得使工作、事务和典礼符合那个日期的天象。因此，地球的白昼与天空的黑夜相互对应……尽管城市的生活受制于周密的规章管理，像天体运行一样平静，但它仍然要求这种现象的必然性，以摆脱人类意志的控制。

安德里亚发生什么变化时，天文学家在望远镜里就能搜索到一颗新星的爆炸，或发现远方苍穹一点橙黄转为黄色……安德里亚和星辰一样，城市与星空永远不会一成不变。

南京就像是大地上真实的安德里亚，人们在这里寻求天象的垂示，好明白天命的所在，这些周密的对应为城市留下了无数抹不去的记忆和痕迹。

二　消失的地标

老人们坐在朝天宫朱红色的宫墙下一边摩挲着古物，一边交换着对城市的看法。

陈年的记忆如同海绵里最后的水，挤成支离破碎的片段。

六百年过去了，人们居然还在谈论那个把自己托付给这座城市的明朝皇帝。

城市里到处是他的痕迹，连绵如山脉的城墙每一块城砖都记录着对他的服从。哪怕他的宫殿早已荡然无存，残存的厚石础与大石礅依旧在提醒人们这里曾是一个庞大王朝的绝对中心。

现在，他曾为之定名的皇家道观——朝天宫成了人们咀嚼关于他的传说的最好地方。

宝相庄严的红色宫墙在城市渐渐挤轧过来的建筑围裹中拔地而起，带着一股凛然而又尊贵的气息；宫墙下一弯半月形的泮池水常年浑浊，许多夹竹桃在栏杆间隙探出它们的花瓣，虫子在花坛里繁衍它们的孩子，老人们聚在一起讲他们的话，既喧闹也沉默。

这是南京城为数不多的、属于老南京人的寻根之地，原先像老榕树根一样街巷交织的城南已改建成复古商业街，新街口则在车流与商场的合围中奔向资本的盛宴。唯有朝天宫，每一个阳光不错的下午，你都会遇见围聚在这里嚼古论今的南京老人。

他们每一个人的屁股都可能在幼年时滑过朝天宫院子里的青石板阶，以至于这两条六百岁的青石阶，因为接纳过无数顽童的翻滚而留下了两道深深的屁股沟印。

但这里并不能算城市最重要的地标，真正能称得上地标、历史上深刻影响过这座城市乃至世界的建筑，有形的部分似乎都已消失，比如六朝的宫室、大明的皇宫、琉璃的宝塔……令人称奇的是，即便已经消失，那些建筑似乎仍然影响着这座城市。

就像那位已经消失的明朝皇帝，他早已完全融入这座城市。他建造的城墙如同城市的筋骨，串联起这片土地上最为确切生动的历史。

这位皇帝决定永远留在这个城市里的那一刻，是一个平常的早晨。

◇◇朝天宫正门早期图（金陵图书馆 供图）

◇◇人声鼎沸的朝天宫（泱波 供图）

◇◇南京明城墙早期图（金陵图书馆　供图）

◇◇明城墙（泱波　供图）

天还没大亮，紫金山压在城墙上的浓重阴影像一只张开翅膀护住幼崽的大鸟。

那天早晨和他称帝以来的所有早晨都一样，朱元璋早早地站在奉天殿没有帷幕的高台上，脚趾在粗布鞋里紧张地弓起，每一个这样的清晨都让他浑身激荡起一股夹杂着略微兴奋的紧张感。这种旺盛的、仿佛永远不会消失的紧张感刺激着他为自己的王朝不断拧上发条，让大明的版图在一次次推进中变得更加丰满。他崇尚节俭，搭在椅背上的暗黄色大氅肘关节处已经磨得稀亮；坤宁宫里，肤色黯淡的宫女正用裁衣服剩下的边角料缝掇薄被。

但明王朝早已不是偏安一隅的边角料，徐达的军队已经从更名为"北平"的旧朝大都出发。此后多年，明王朝的边界线不断容纳进新的土地，前行的军队开进人烟渐渐稀少的地区，干涸的河床和芦苇，大片的黄沙与零星的牧民让站在奉天殿前的朱元璋做出了新的决定。

"我的王朝已经足够大了，该让它向内生长了，就像尧舜做过的那样。"想到这里，朱元璋觉得喉头涌上来许多甘甜，这让他全身的毛孔都在还没透亮的晨曦里舒畅起来。他决定收回军队，让这座城市成为王朝的中央。

他踩着每一块都经过工匠细致打磨的地砖走回大殿，站在柱影背面的几个小侍从轻声轻脚地跟上，大鸟浓黑的翅膀被阳光一点点吞没，王朝的一天开始了。

从那时起，这座宫殿就成为城市的地标。

每一块砖头都将工匠和督造官的名字紧紧地咬合在一起。宫殿的城墙本该金汤永固，成为城市无可比拟的象征，就像它的复制品紫禁城那样。

然而，它很快就像一条鲸鱼那样死去，部分骨骼和皮肤成为后世在各种征服与欲望中生长起来的装饰品。比如，康熙就拆掉了它十二万张金黄的琉璃瓦发往普陀山，为自己的愿望重塑了一座寺庙的大殿。

哪怕已经被拆得七零八落,明皇宫的骨架依然在每一个清晨释放出一个庞大王朝所能散发出的吸引力。比如,扎着红头巾的洪秀全虽然竭力掩饰自己内心的激动,但当他摸到瓦砾中残存的九龙栏板与雕刻着复杂花纹的厚重藻井时,双手还是忍不住有些颤抖。他装作满不在乎地命令属下将这些珍贵的石料砌进天王府的石壁里。事实上,每一个被洪秀全册封过的王都曾争先恐后地来这里扒拉过废墟里的王气,仿佛石头与砖瓦会过继给他们一些大明开国的气运。

即便后来,街上的行人已经换上了长衫与旗袍,英国人法雷斯还能轻轻松松地从这些废墟里挖走七块石刻和三对石狮给自家饭店做装饰。如果我们足够耐心,还能从今天城内存留的民国建筑中找到来自这座皇城的精美石雕。

它的躯体在成为残骸之后一再被分解,庞大的空间体量与王朝顶尖的工匠技艺让它在漫长的时间里保留了无数细节。即便这些细节已经完全消失在城市的地平线上,它仍然依稀成为城市无形的标志。

这些残骸就像这座城市本身。这个城市最独特的气质与吸引力根本不在于地表上还存留了什么,而在于它曾经是什么。

只要这里是南京,哪怕成为废墟,也还会再次伟大。

三 缩影与宿命

从钟山往西,经过三个湖,就能看见这座城市最重要的建筑之一,江东门纪念馆[①]。

这座纪念馆像一艘从地底驶出的巨舰,龙骨锋利,坚不可

[①] 即侵华日军南京大屠杀遇难同胞纪念馆,位于南京市建邺区水西门大街418号,通称江东门纪念馆。

摧，船舱里收藏着这个城市最悲怆的记忆，一半在地底，一半在水面。

沿着纪念馆气氛凝重的灰黑色的大理石墙面向东走，在船首左侧，中国南京云锦博物馆色彩明艳的雕花门楼拔地而起，城市的气场瞬间明亮。

这两座情感意义完全不同的馆，就这样以地标建筑的形式，在一种奇妙的巧合中隔巷相望。

经年累月，城市中生命和时间流过的痕迹以集体记忆的形式成为城市地理的坐标，为城市赋予了个性与身份，再不会轻易被抹除或忘记。甚至它们本身也都将成为历史的一部分，为城市的未来提供起点和参照。

庞大的纪念馆里，平民的骸骨刻印着将要亡国灭种的恐惧。而数步之遥，这恐惧在轻柔鲜艳的云锦织物铺开的那一刻，就已注定。

这是王朝的宿命，也是城市的宿命。

那些消失的地标都已隐藏在城市的记忆中，成为动机、符号与寓言。

洪武二年（1369）冬，浅处的湖水都结上冰冻，尚染局大堂内，一字排开的大花楼织机直矗房梁；三层楼高的织机架上，拽花工和织手两两配合，哈着白气，在上万根丝线铺成的织面上，通经断纬，妆金敷彩，为刚刚诞生的大明王朝赶织库锦、妆花。

这锦缎颜色瑰丽，金彩交辉，与刚刚建成、没有一丝雕饰的明朝宫室形成了鲜明对比。朱元璋很喜欢这种强烈对比带来的戏剧性，这让他从心理上更加适应皇帝这个角色。

一次和阶下大小官员讨论西北边患时，一位官阶低微的武将说到兴奋处，居然跨步上前，拉过右副将军冯盛的手臂，直嚷了句："照我说就先取元顺帝，扩廓帖木儿肯定不战而降，不战而降啊！"冯盛点头，一时间，满庭官员喧辩起来，杂乱的声浪搅

◇◇中国云锦博物馆(泱波 供图)

◇◇侵华日军南京大屠遇难同胞纪念馆(泱波 供图)

在一起。朱元璋顿时有种仍在淮西军帐之感，他连眼皮都没抬一下，只是摆摆手示意退朝。

左相国李善长立即注意到这殿前的喧哗已不再合时宜。作为明朝开国的大礼使，李善长明白，出身低微的朱元璋在成为开国帝王的那一刻，就已不再能容忍尊卑无序。朱元璋要九五之尊的高贵威仪，南京城要帝王之都的赫赫气象，被异族统治了二百七十年的中华需要华夏归心的礼乐精神。

洪武四年（1371），在朱元璋的要求下，织染局、供应机房织工人数一再扩大，没多久，又加设神帛堂。皇家所用织物上的挖花妆彩愈加繁复，朱元璋对服饰花色的执着也愈加稳定。两年前，朱元璋刚登帝位就立即下诏"复衣冠如唐制"。洪武三年（1370），皇帝、太子、亲王、文武官员衣服的制式、服色、纹饰更是细细定好。到后来贩夫走卒、商贾妓奴该穿什么式样、能用什么衣料，甚至使用什么色彩和图案，朱元璋都要亲自过问，严密规定。

云锦所对应的服色一丝不苟地标记了帝后将相的尊严和百官的品阶。直到崇祯年间，大明内外受敌时，还有武将们因衣服上不按品级用补子，被皇帝重重申饬。

洪武十四年（1381），朱元璋明令禁止商贾穿绸、纱、绡质地的衣服，农家是可以穿的，但农家只要一人经商，全家就再不许穿绸、纱、绡。雨天，常人可戴斗笠，商人休想，他们的服饰往往和仆役、娼优、下贱并列。朱元璋不信任商业，他厌恶所有的变数。

本来应该成为即将到来的16世纪最活跃力量的商贾阶层，遭遇了自唐宋以来，最苛刻的压迫。本该自由的思想在明代的八股取士中异化，科举取士，取的读经书之士，考的是八股陈见，所有个人见解都被排除在这个系统之外，所有当官的路径都经过思想严密的筛查，文化的生命力渐渐在这套严密的包裹中偃旗息鼓。

这是文化上最伟大的创举，也是文化上最严密的专制。这是读书人的天堂，也是读书人的地狱，就像云锦。云锦是王朝等级制中最高的表征，它来自农桑，也穷尽了农桑社会对"华"这个字的终极想象。它看似最繁华，却也最早见证了王朝的腐朽。

朱元璋非常满意他所带领的王朝，堆金簇锦的盛世之象让他以为自己的王朝已如汉唐，却不知大明与汉唐外向而开放的气象早已背道而驰。

他认为，对一个王朝而言，没有比衣食更为重要的东西。禁止商业，在他看来，就是扼制一切贪恋、欲望与懒惰的源头。

商人的子孙不能参加科举，最需要流通的行当没有通行证就不能随意外出……中国商人遭受数千年来最苛刻的对待。而同时期的欧洲却正从死气沉沉的中世纪中醒来，资本主义的力量迅速勃发，城市因为商业的力量而展现出强大的生命力，文艺复兴的燎原之火也正在赋予人类文明新的价值观与世界观。

就在世界即将转型的关键时期，明朝正式实施海禁令，全面禁止华人出海与移民。

朱元璋笃定地相信上古时期黄帝"垂衣裳则天下治"的寓言，相信他带领下的王朝将用"以农为本"的方式江山永固。

他掌舵的这艘中国巨轮，航向渐偏，直到崇祯用三尺白绫将它抛锚在北方游牧民族的铁骑之下。

崇祯帝的失败是一场既不妥协也无从变革、回天乏力却又不肯死心的最后挣扎。来自关外的满洲人以压倒性的军事优势成了汉人新的皇帝，他们几乎全面接管了明代留下的中国，如皇宫、官制、科举等。

如果说明代是一个封闭的大农庄，那么清代更像是一些农庄的集合体，除了某些政策上的宽严程度不同，服饰冠发上的区别明显，明清根本就是同一个时代的两种形态。

清朝统治者们也同样热爱云锦,南京城内日益鼎盛的云锦织造,甚至超过了大明。鼎盛时三万多台织机,九十余万人口的南京城有近三十万人以此为生,以至于同时期很多国家将南京称为"丝帛之城"。

这些华丽灿烂的锦缎,并不能挽救王朝的衰败。

华夏的巨轮从大明开国始,侥幸驶过几处宽阔的河面后,在晚清深陷于内陆泥泞的河床上,来自海洋的文明轻易将它击穿。千疮百孔之间,个别的瞭望者这才意识到,也许我们在很久以前就已经错了。

以锦帛闻名的南京城,成了近代中国第一个不平等条约的签订处。

王朝的代表耆英与英方代表接触谈判后,眼睛不大的耆英晃着自己头顶上色泽鲜艳的孔雀花翎给年轻的道光皇帝写下了他真诚的报告。

他发自内心地认为,西方国家是可怜的,没有礼乐制度,缺乏王朝品格,除了奇技淫巧之外,实在不配与中华相提并论。

这种坚固的愚昧至少积攒了六百年。

哪怕帝制真正结束,民国真正建立,也无法在短时间内消弭这几百年的巨大差距。

1937年,日军兵临城下,仓促的民国中央政府唯有用一场必败的尊严之战,为近代中国重生一个伟大的城市,以及一个置之死地而后生的中华。

1937年,被屠城的南京,让"中国不会亡"的信念成为信仰,三十万遇难同胞的骸骨激荡出一种神圣的共鸣,这种共鸣超越了狭隘的情感,升腾成一个城市的使命感。

江东门纪念馆,巨大的历史之舰破土而出,作为这座城市最重要的纪念建筑之一,城市创伤的集体记忆也在这里成为人类的永恒记忆。

那些城市过去的荣耀与光鲜在这座庞大如舰队般的黑色纪念馆前不得不变得沉默。

云锦铺开的那一刻，城墙开始了王朝向内的漫长铺垫，失去活力的读书人被驯服在八股之中，处境凄惨的商人与严重脱离实际的税役制度，将王朝慢慢耗空，海船与科技一并消失在这场自我陶醉的美梦里。

六百年后，日军的屠城彻底终结了城市的过去，这是王朝的宿命，它终将被来自海上的新生力量打败。这也是城市的宿命，它曾经有多荣耀，此刻就有多悲怆。城市里，三十万死去的同胞成为新的星星。从此，古老的星宿与天命不再拥有预言的能力。

这一天成为历史航道转向的终点。

六千年历史文化在消失的地标里标记了久远的密码，在六百年的城市宿命中缩影了华夏的命运。

第一章
平衡的中华

引子　名字的故事

城市身份的确立从命名开始。

名字是城市对自身历史的一种解释，具有多重身份的城市往往拥有多样的名字。

比如伊斯坦布尔，它曾经叫君士坦丁堡、拜占庭。古希腊、古罗马、拜占庭与奥斯曼帝国在不同时段拥有过它，名字就是它曾经属于过的不同文化与政治权力所赋予的印记。

但世界上没有哪一座城市，像南京这样，拥有过如此多的名字。

据不完全统计，它曾有70多个名号。

你完全可以想象这些名字背后权力的博弈、洗劫、更迭与变革，文化的占有、毁灭、融合与新生，这样疯狂而深刻的过往至今仍然影响着城市的走向。

在永嘉之乱中诞生的"建康"与大宋灭亡后出现的"集庆"有着完全不同的文化气质，作为吴楚争霸前沿哨所的"金陵"与民国桨声灯影里的"金陵"既有历史深处的共鸣，也有迥然相异的氛围。

南京从无名的台地，到春秋时期的棠邑、越城，再到秦汉时期的秣陵，因为天下格局的向心力，被吸纳进华夏的圈层里，一步步成为中华的一部分。一些视野广阔、洞悉其未来的人塑造着它的面貌，令它踌躇满志。而孤注一掷的冒险者也曾让它一败涂地，每一次转折都令它不得不在新的名字里重新登场。

政治目的曾修改过它的面貌，某些建筑因为其承载的意义被拆除，以至于两千五百多年的建城史，地表只留下了六百年的物质痕迹。那些更久远的记忆，因为其曾有过的强烈情感与卓越风华，则伴随着城市的名字成为它精神意义上的气象，被人们铭记。

当我们再谈起这座城市的历史时，精神上的六朝、物质上的大明、建筑里的民国都成为它最鲜明的表征。

两千多年前，当楚威王将它命名为"金陵"时，他就对这座城市寄托了美好的期望；而秦始皇将它改名为"秣陵"时，则充满故作不屑的轻视。它叫"石头城"时是兵家必争之地，而叫"扬州"时，则已淹没了辉煌。

◇◇出土于东晋晚期的石头城遗址的铭文砖佐证了石头城真切的地理位置

孙权第一次将它作为帝王大业的起点，它得名"建业"，而西晋的弹压则为它更名"建邺"。当中原衣冠南渡，华夏薪火不得不在这里代代相传时，它又成了人们心目中的"建康"。饱经战火蹂躏、几度覆亡重启后，它又有了一个小心翼翼的名字"江宁"。

然而，一个山水照应

着权力终极密码的城市,注定在以天象为至高法则的时代,是无法"江宁"的。在隋文帝平荡耕垦的完全摧毁下,它被改名为"蒋州"。统治者对它的忌惮与刻意轻蔑的姿态在名字里渐次浮现,比如"蒋州""归化"……

它给了一些人幸运,元代皇帝元文宗因为城市给予过他的顺遂岁月而称它为"集庆",明代皇帝则因城市开启的新纪元而认它作"应天"。最终,在"南京"这个称呼里,它睥睨六合,统率天下。

数千年,它无数次被争夺,仅仅作为首都就曾被攻破过十余次,6次重建,5次被屠城。它从来没有像它的名字一样和平过。与耶路撒冷这个"宗教的角斗场"相比,南京过去曾是"政权的争夺地"。

每一个变化的名字背后都是不同的权力博弈,每一场博弈的背后都免不了死亡与屠戮,而无数次绝望之后,城市总是再一次迎来希望。

历史上的南京要么牵制天下,要么被权力中心忌惮、压制。它见证了中国大部分的历史进程,也影响了华夏近千年的权力格局,它曾是中华平衡的中心点,权力斗争的角斗场,思想争锋的对峙前线,也是宗教、文化、政治所集中滋养的聚焦点。

当北方战乱时,这里的砝码就加重,让中华仍能在南北相望中继续。当北方安定、华夏政权稳定时,这里的砝码就被抽取,它变得似乎无足轻重,却保证了整个中华的精微持衡。它是华夏延续的制衡点,当它的能量越来越大,而终成东南财会时,它又成为这个平衡点的中心,辐射整个中华。

一代代官僚与缙绅为这种辐射而努力,为国家织造出平衡的局面,好让整个国家在中央的管制下,以一种均匀的状态缓慢前行。当这种平衡被来自海上的新鲜力量击溃时,城市也开始了新的叙事。

事实上，这片土地历史上所有的争锋、博弈、屠戮、融合与平衡，都在完成一种观念上的中国，城市的名字只是这种观念的表达之一。

你只有理解了这种观念，才能真正理解南京对于历史的意义，也只有理解了这种观念，我们才能明白我们何以是中华。

一　天下之中

◆南京之初

六千年前的阳光在古埃及人黢黑的肌腱上溅出一轮迷人的光晕，铜制的长锄掘进尼罗河岸肥沃的淤泥地里。几乎同一时期，披散着长发的苏美尔人在幼发拉底河和底格里斯河之间拉起了第一道灌溉渠，而在黄河两岸，伏羲、神农与黄帝的故事也升腾起了华夏的序章。

与此同时，古老的秦淮水岸，北阴阳营的原始台地上，一群披发贯衣的土著正在捞捡湖水浅处的菱角与芡实。没吃完的菱角堆在身后的陶盆里，浅水中的鱼、田里的稻、圈起来的猪羊和狗让他们活得足够舒适。运气好的时候，他们还可以围着火堆，分食从覆舟山的原始森林里猎回的鹿和豪猪。

六千年是人类历史的一道分水岭，所有的世界文明古国——中国、古印度、古埃及、古巴比伦（今伊拉克境内）、古希腊的文明史，无论长短，无不是在距今六千年至四千年间勃发兴盛。

这并非巧合，而是大自然所给予的恩惠。间冰期的地球，海平面上升到与现在相差无几的高度，恶劣而狂躁的自然环境变得稳定而温和。对人类而言，这意味着家和乡土成为可能。

圈栏里发情的母猪等同于持续稳定的食物，春天抡起的锄头也让他们可以期待一个不被暴雪冻毙的冬天，对美的感受触发了陶罐上连绵的纹样。文明在驯养、种植、弓箭与冶炼中蓬勃的生长,有些地域甚至先一步有了文字和复杂的仪式。

南京北阴阳营的台地上,头发蓬乱的女人从糊着沼泽泥巴的草棚子中探出头,茂盛的杂草和沆瀣一气的树木纠缠在一起,空气很湿润。她在想,今天是跟男人们去打猎呢,还是留在台地上补昨天扯坏的渔网呢?

没有比食物更重要的事。这时候的南京,水域远比今天宽广,先民们的山岗周围是大片湖泊和沼泽,长江东岸比今天更东,宽阔的河面浩浩荡荡。无中生有的全新物种在水流之中的山岗间肆意生长,古蕨、松柏、苏铁、银杏几乎覆盖了所有的台地,无数参天大树彼此枝叶交错,树冠连成一片,在这潮湿的拱顶下面,经常有雾气弥漫。人们居住在台地,在水的围堵中与水发展出最为亲密的关系。

河流间山脉连成山岗。钟山一脉,经富贵山、覆舟山、鸡笼山、北极阁而至鼓楼岗,石头山一脉经五台山、小苍山、马鞍山、四望山而至幕府山。女人不知道这些山岗的名字,她自己也没有名字。

冰期时代的水流就在这些此刻还没有被命名的山岗间纵横奔突,直贯长江。后来,人们把这一时期的水流称为古秦淮河。

寻找到他们存在过的遗迹之所以重要,是因为他们证明了文明的血脉。

这群没有名字的北阴阳营人在台地上收割稻黍,驯养野猪,热火朝天地将六千年前的生活展示给目瞪口呆的后来者。六千年后,发掘新石器时代遗存的考古学家们发现,这些六千年前的人类骨骼与今天南京人的骨骼相比,差别甚微。

地域的文化一下被拉进了纵深的历史之中,他们用沼泽淤泥混进草灰编成草屋,而打磨过的玉石、细心涂绘过的陶罐也让文明之初的模样生动起来。

完全可以确定,古老的信仰已经产生。这群生活在台地上,

◇◇20世纪20年代的秦淮河(金陵图书馆 供图)

◇◇进入新世纪的秦淮河(泱波 供图)

被称为北阴阳营人的先民们已经相信死亡有独特的意义：他们有自己单独的墓葬，骸骨旁的器具定格着生命的日常，含在嘴里的雨花石则成为神与他们之间最后的信物。

寻找始点是人类的一种执着，始点让我们不再胆怯，并且相信一切都有来处。然而，没有文字的历史注定只能折叠进漫长

◇◇新石器时代晚期的灰陶人面像：金陵先祖

的数字中，一千年后，距离北阴阳营四十公里的营盘山墓葬里，留下了一张老南京人的面孔。这是一张小小面具，看起来沉静、宽厚、温敦，这面孔与中原、北方面目威严狰狞的面具，以及楚地极尽夸张的祭司面具截然不同。如果说遗迹是一种曾经有过的力量造型，那么南京的史前文明一定有着特别温和的一面。

这张面具的主人或许是一名可以解释死亡意义的祭司，也或者是一位曾带领赤裸上身的男女围猎豪猪的首领。不管他是谁，他都不曾狞厉、凶恶、虚张声势地展示权力与威严。

它成了城市的"金陵先祖"。

这名号意味着血缘的想象与文明的根脉，这就是历史的意义，历史让人们在寻找与确认中获得力量。

尽管我们不知道这张面孔属于谁，它曾长久消失在华夏叙事的舞台中，但所有人都知道这是一张曾经属于这个城市的面孔。它在五千年至六千年的沧海桑田里保留下来，宣告文明倔强的生命力。

当太阳即将从射乌山完全坠落的时候，炙烤野味的浓郁香气

也在台地上弥散开来。围坐在火堆旁的土著们挥舞着翎毛扭胯起舞，大祭司脸上敦厚的面具让他们更加放松，谁也没有想到一千多公里外的中原，血流漂杵的争斗正在狭长的黄土地上角逐出一代代新的首领。这些陌生的首领，他们的故事将被埋葬在土层深处。

◆ 中原旅人

总是有人经过这里。

开始，他们带着裹着泥巴的黍和麦子。后来，他们揣上了刻着纹饰的玉璜、小的青铜器皿，渐渐地，行囊里的器物越来越丰富。

有时候语言不通，他们会从行囊中掏出来一些稀奇古怪的东西，比如透明的云母片、腌干的鹿肉、一截小腿骨做成的笛子，再配上加强情绪的手势、嗓子眼里憋出来的奇怪的喊声，让土著们渐渐明白，台地之外的世界超乎想象。

人类的青铜时代里，南京成了南北文明交汇中的一个中转站。

土著们摩挲着来自远方的文明，啧啧称奇。与来自二里头、仰韶、龙山、崧泽、良渚的器皿、首饰、玉器相比，用来装菱角、莲藕的陶器显得有点局促，小小的青铜工具，刀、斧、箭头、鱼钩也有点寒碜。

尽管文明的曙光几乎在同一时期照进了中华大地，但此时的南京不仅远远落后于中原，甚至也落后于周边的吴、会稽文明。两千多年缓慢平宁的岁月里，北阴阳营的台地上已经换了几茬新的居民，鼓楼、浦口……新的聚居地不断产生。这里既没有恢弘史诗，也不曾杀伐征战，山与水的走向还没有被赋予意义。

与这一时期中原地区形制复杂、厚重而狞厉的青铜器皿展示的文明相比，南京本地文明几乎不值一提。唯一有着最典型本土文化特色的就是墓葬里随身佩戴、未经打磨就已灿若云霞的雨花石。

土著们听不见夏商周朝代更迭中血腥杀伐的鼓点,看不到中原地区青铜刀戈寒光刺眼,还不能明白纹饰复杂、用饕餮装饰起来象征王权的青铜器意味着什么,也并不知道,一个关于秩序的宏大框架正在形成。而这些雨花石,将在漫长的历史时空里,成为这个框架里极其重要的支撑之一。

直到有一天,一队和以往不一样的远人从南京经过。

这群人仿佛走了很久很久,一个紧跟一个,拉成漫长无尽的一列鱼贯前行。他们中的一些人甚至还紧紧抓着青铜短戈,仿佛有什么人正在追赶并随时打算袭击他们。这队人背负着沉重的包裹,拖着脚步,麻木地前行。他们的衣服已经看不出原来的样式和颜色,被荆棘撕扯过的碎片裹在腰间,受伤磨破的双脚无时无刻不在折磨着这群忍受着饥饿与干渴的远行者。他们甚至根本不知道目的地究竟在哪里。

队伍里的一个年轻人停住疲惫的脚步。他似乎再也经不起跋涉。汗水在他还不算沧桑的脸上冲出几条灰垢:"别走了吧。"

一个和他面貌有几分相似的中年男子抹了一把额上的汗,抬眼望了望周围。泥泞的沼泽旁,几座相连的山丘一路走高,水岸被浓密的杨柳和茂盛的茅草吞没。男子把青铜短戈插进松软的泥土中,转过身面对这一队筋疲力尽的族人,声音嘶哑地低吼:"不走了,我们安全了。"

人群涌起一阵小小的骚动,老人丢下行囊开始哭泣,长时间绷紧后猛然放松的哭泣。

他们来自遥远的周国。

南京的台地上,祭司还在担心火种怎样不被暴雨浇灭的时候,中原的大殿里,商王已经在筹谋如何断绝诸侯国的野心。这是完全不对等的文明形态。为了争夺资源而不得不杀伐征战,中原早已成为权谋、结盟、利益与背叛的政治舞台,而这里还根本没有拉开过大幕。

为了应对商王杀气腾腾的问责,不愿坐以待毙的周国首领古公亶父用联姻的方式,为小儿子季历铺垫了一条通往权力顶点的攻坚道,得到妻子部落支持的季历也撑起了周与商对垒的希望。

踌躇满志的弟弟与老谋深算的父亲为周部落筹谋了一个长远的未来,只是这个未来里没有老大泰伯与老二仲雍的位置。

意识到这一点的泰伯和仲雍,在权力露出獠牙之前,用一个体面的借口放逐了自己。他们决定带着自己的族人长途跋涉,寻找新的栖息地。

这绝不是史书上温情脉脉的兄长让贤。能逼迫一个小国的两位王位潜在继承人带领自己的族人扶老携幼,去国离乡,仓皇迁徙,一去不回,肯定不是"不告而别"这四个字这么简单。

他们也许是被驱逐,也许是政变之后的死里逃生。无论如何,头也不回的泰伯、仲雍已经沿着先人短途接续的旅途走向不可知的荆蛮之地。他们越秦岭,过汉江,沿长江东下,一直来到今天的安徽省和县。这里有耕耘过的土地和祭祀用的火把,最重要的是,这里收留了他们。周人停下了脚步,就此分散,散居于当涂、江宁、六合、丹徒及太湖沿岸,来自中原的文明在这些蛮荒之地激荡起新的文化意义。慢慢地,他们成了这里的原住民,繁衍生息,一如家园。

历史是带着偏见和力量的叙述,无论真相到底如何,他们都成了今天吴地最早得名的溯源。泰伯、仲雍带来的中原生活与这里平宁的村落融汇之后,南京成为这个星球上又一块开始拥有属于自己文化传承的土地。

◆ 纳入框架

城市的历史,也就是人类的历史。城市的起点,也就是人类文明与秩序的起点。六千年前,地球的各个角落里,第一批在阳光下耕作的先民，绝大部分都已永远失去它的继承者。只有中国，直至今天，文化的脉络依然可以追溯至六千年前某一枚青铜箭镞，正因为中国从未局限于某一处地理上的中心，而是将自己永远地放置在"天下"之中。

当人们还没有能力去勘定地平面的终点时，想象就生出了翅膀。随着生存空间的不断拓展，靠武力获得中原资源调配权的最高统治者越来越意识到，远方之外还有远方。他们将空间上无法穷究的世界用哲学的方式给予了理解。

这个理解就是"天下"。

天下是一种秩序，在空间意义上，天下是五个均匀的同心圆。王所居住的部落是所有同心圆的最中心，这里叫王城，"五百里甸服"是第一层；第二层"五百里侯服"是与他相亲近，有附属关系的诸侯统治区；第三层"五百里绥服"是需要征伐安抚的地区；第四层"五百里要服"是边远地区；第五层"五百里荒服"是蛮荒之地。

商王居住的洛阳，是王城，臣服于商王的周人们就属于第二层"侯服"。泰伯、仲雍千里跋涉，必然经过刀戈相向的"绥服"之地。在这里，他们必须紧握刀戈，提心吊胆，异常警觉，随时准备应对土著人的突然袭击。他们也必然经过藤蔓纠结、毒气弥漫的丛林或波涛汹涌、漩涡暗流的水路，这是属于边远地区的"要服"。那些他们还未到过的、更远的远方就是真正的蛮荒之地。

这就是全部的天下。

虽然边界可以无限模糊，但天下只能有一个核心，这个核心是王道所在；礼乐所归，是文明先声，也是华夏中心。

只要这个核心在，华夏就在；只要这个认知不变，华夏就不会变。

两千年前，非汉人政权登上华夏历史的舞台。他们也许是北方夜晚带着猎狗在火边围坐、白天与牧犬一起在草原上照顾牛羊的"狄"人，也许是南方挟带长弓渔猎、夜晚族群而居的"夷"人。

他们与中原人的不同仅仅在于，因为自然的选择，他们过着一种不同于农耕定居民族的渔猎生活。他们信仰不同的神，没有中原礼器所象征的庄严祭祀。然而，他们一旦也过上了中原人的农耕定居生活，遵循天道与礼法，那么他们也就一起组成了华夏。中原与夷狄蛮越并没有不可逾越的鸿沟。可以说，古老的中国从根子上就没有种族主义的偏狭，北朝、大元与清廷都是"二十五史"中的正统王朝，所有的夷夏之辨本质上都是文化之辨。

远离华夏中心的南京，此时当然属于天下观里的"夷"，它处于几大先进文化——良渚文化、大汶口文化、二里头文化交汇之处，它落后于蓬勃的青铜时代，它接纳一切更先进而友好的文化，也被周边更先进的文化所影响。直到有一天，在这个天下中，介于第二圈层、第三圈层之间的吴、越、楚开始争夺华夏中心的话语权，三个诸侯国不断扩大自己的疆土，也不断收纳本来不属于他们的族群，融合为新的族群国家。处于冲突交汇处的南京，逐渐成了后来诸侯争霸过程中屡屡易主的棠邑堡垒、淮水之上的越国边塞、拉锯战里的吴头楚尾。

几千年来，"居天下之中"的观念也决定着城市的命运，长安、洛阳、开封、南京都是这种观念的再现，它们既是首都，也是华夏本身。只要华夏能定都于天下的中，那么中国就一直存在。

凭着这种文化的向心力，四千年前的黄河流域文明开始不断向外推进它们的影响圈。在这种核心力量的影响下，圈体越来越大，渐渐将四周的地方文化吸纳进来，天下的观念不断被强化。尽管五服制从未真正成为大地上的地理区划，但它为后世的君主框定了一种以华夏为中心的世界观。

很难确定这个充满浪漫文化想象与政治理性的秩序框架究竟定型于何时。不过，我们相信，当大禹拖着疲惫的身躯沿着泛滥的黄河蹚过泥泞的平原时，权力的辐射就已经开始长远布局。

让南京在这个叙事体系里第一次登场的便是泰伯、仲雍这两兄弟。这对来自中原、熟知礼乐的兄弟俩虽然并没有留在南京，而是最终选择了水草更为丰盛、陶罐更加细腻、玉器更为精美的太湖沿岸，但南京也因为他们而被纳入了华夏草创时期的大框架。

他们的名字成了江南历史的起点。

因为这个故事可以纳入天下观的宏大框架，也因为渴望在精神上拉近与华夏的关系，这个故事显然成了江南解释自己来历的最好选择。吴人自称是西周王子泰伯之后，越人自称是夏禹之后，从而在血统上纳入五服圈层中"五百里侯服"的诸侯统治区。实际上，据历史学家考证，他们很可能是由大汶口文化南下和良渚文化合流，再融合南方当地文化族群而形成的族群。

然而，他们在精神的层面上，让这片土地属于了华夏。

泰伯、仲雍的故事也许并不真实存在，但江南纳入华夏框架的过程一定源自对这种天下观的归顺。

城市的面目永远是被塑造的，在古代中国，主要是政治而非商业决定着城市的命运。当居住在边缘的竞争者不断扩张、吞并、聚合，试图更靠近华夏的中心圈层时，南京也在一次次被争夺中开始了它的城市建设史。

◆ **文明的归顺**

土著们好奇地打量着这群眼睛布满血丝、蓬头垢面的远人，忍不住问："你们从哪里来？"发现语言不通后，土著们靠比画、猜测及一些感叹词，让这群跋涉已久的疲惫不堪的异乡人明白了土著们的疑问。

"周国。"

土著们听不懂。不过,异乡人肩上不肯卸下的箭囊与被荆棘扯成碎片的衣服让土著们明白一些残酷的东西可能正在发生。

队伍中的一些人不愿意再走,另一些人则继续跋涉。

留下来的人有的不只是箭囊里的矢镞与锋利的短戈,还有远方首领号召征战时读过的篇幅庞大的诰词、祭司们沟通神明的方式、市场上的玉璜……他们和土著们不太一样,父亲是父亲,儿子是儿子,一个家庭是一个家庭。

日复一日,留下的人与土著们的交流再也不用靠比画,发音中渐渐有了相同的名词与层次相对复杂的陈述,最终语言上的沟通让土著们感觉到了一个更耀眼的文明。

戴着温敦面具的祭司一开始是抗拒的,他们不喜欢有人比他更聪明。不过,随着时间的推移,他们感觉这些知道得更多的聪明人似乎并没有取代他们的意思,慢慢地,抗拒变成犹疑,最终他们心安理得地接受了更新的祭祀方式,比如学着走大禹那样的步子,在祭祀时用更高的玉琮,陈列刚刚放掉血水的动物。

披头散发、手臂上文着水蛇的土著也教会这些外乡人如何在潮湿的灌木丛中、稀烂的沼泽里寻找食物。文明在某种程度上得到了融合。

史前的故事当然还可以有另外的版本。比如躲在丛林树冠中的土著们好奇地打量这群眼睛布满血丝、蓬头垢面的远人,忍不住发问:"你们从哪里来?"

随时准备应对土著人突然袭击的异乡人立刻警觉起来,就像一路上经常要做的那样,他们迅速抽出箭囊里的箭,围成一圈跪地搭弓,喉咙里发出像野兽一般低沉的嘶吼声。

土著们像受惊的鸟四散奔去,几个勇敢的年轻人停下脚步,拽过长矛,弯腰,小心翼翼地爬进更高的树冠,打算趁他们不备把尖利的矛狠狠扎下去。

最终，这几个年轻人因为鲁莽和缺乏战斗经验而被异乡人的青铜箭射中，重重地跌进沼泽的泥地里，新鲜的水草挂在他们僵直的身体上，不远处的台地爆发出一阵哀嚎。短促的战斗打响，原地踏步了千年的原始台地文明无论如何也抵挡不过从死亡与火焰中淬炼出来的战士，他们以覆亡或彻底驯服为代价完成了这一地域上的文明突进。

一千年间，争夺狩猎领地或水源的低级冲突让位给了文明的融合、排异、对垒、冲突、征战与同化。

接过殷商文字衣钵的西周通过文化的碾压与权力的分封将华夏的边界越推越远，中原朝代更替的号角也传递到江南。

确立与周王朝的关系成为这片土地的当务之急。

泰伯和仲雍的传说让这场文明的归顺在天下观所生成的五个圈层中，从需要征伐的、边远的，荒远的边缘圈层一跃而进入到以中原为核心的五个圈层中的第二圈层。

几千年来，中国的疆域版图变化巨大，但人们对天下的地理政治认知几乎没有改变，天下之中的文化核心的吸引力也从未真正丧失。

因为这种文化的向心力，古老的中国总显示出一股非凡的恢复力。尽管它曾被狠狠击溃，曾流离失所，曾四分五裂，但只要有一个城市担当起可以成为天下之中的凝聚力，它就可以重建。

这个理想又是如此神圣而又充满秩序感，在不可确考的夏商周时代，在有信史可稽的王朝更替里，它就像一个被广泛接受的信念体系，根植在一代代中国人的心灵、情感与眷念里。即便它从未真正实现过，它也塑造了中华，并在塑造的过程中赋予了城市意义与未来。

可以说，精神上的向心力塑造了中国，而想成为一个瞩目的城市就必须具备或靠近这种向心力。为了让南京成为天下之中，六朝的帝王用礼乐深刻塑造过它的面目，大明的皇帝用实实在在的权力辐射过王朝的每一寸土地。

然而，当天下之中的理想不再是精神上的向心力，而是真切笨拙的政治举措时，它也会打碎它一手塑造的中华。18世纪初，西方完成地理大发现之后，修《明史》的清朝史官在评述利玛窦的《坤舆万国全图》时，对世界居然有如此多的文明中心难以置信，痛斥其"荒渺难稽"。

乾隆五十八年（1793），对英国国王乔治三世派遣来要求通商的使者，乾隆皇帝摆出天朝上国的威仪，傲慢地在敕谕中告诉使者：我们是天朝，你们倾心向化，仰慕天朝，我可以理解，但我们的文明你们是学不会的。对于你们希望通商的愿望，我们天朝觉得自己抚有四海，万国来朝，无所不有，根本不需要你们制办物件，自然也没必要通商。

这封荒唐到几分悲凉的敕谕与十几年前就已经签署的《独立宣言》，几乎可以被视作同一历史时期的产物。

那曾让华夏一次次化险为夷的天下观，从强大到神圣的凝聚力，一跌而成为落后的时代掣肘，即便古老华夏在真实的政治地理格局前如梦初醒，一切也都将不留余地，不复回返。

中原的青铜器皿从承载起意义的那一刻开始，这文化的脉流就未曾中断。然而，遗憾的是，天下之中是一个理想的感召，一种文化情感的认同，是精神力量上的开放与格局，一旦落实为具象上的平衡，比如明代帝王，对平衡的理解就局限于如何致力于让全国各地经济均等，这时的天下之中就逐渐成了荒谬的自我催眠。

南京从一个默而无声的化外之地，因天下格局的向心力，被吸纳进华夏的圈层中，成为中国的一部分。它因"金陵王气"可为天下核心的帝王预言，而不断被打压，成为王朝刻意平衡的棋子；它因朱元璋居天下之中的实力成为华夏圈层的核心，辐射全国。最终，失去想象力的天下观又让这个城市首当其冲地成为王朝归葬的殉难品。

因为南京，我们将理解天下之中的伟大，也因为南京，我们看见天下之中的凋零。它的过去是中国的过去，也是天下的过去。

二　中国化进程

◆地图里的中国

地图是一种主张，人们把对城市的主张用线条和符号的形式宣读出来，看城市的地图，就仿佛听城市在发表某种宣言。

翻开中国方志，会发现古代城市的地图大同小异，绝大部分都更像山水简笔画，线条粗犷，人们依赖文字的记述标注城楼、官衙、塔寺……它们的比例按照重要程度而出现方位和距离的失衡，政权所代表的建筑往往不合比例地被放大。地图在告诉人们，认识一个城市，最重要的不是街道的名称、生活的市集，不是水井的数量或酒楼的位置，而是它属于整齐划一的中央政权的一部分，那些挤在地图里的树木、山丘更是在告诉人们城市生活的追求。

这一时期的中国城市在地图上的面貌基本大同小异，每一座城市都有城墙、官衙、文庙、城隍……在地图上，它们被提炼成王朝的主张，南京的面貌就在这主张里渐渐清晰。

六千年前，鼓楼岗原始台地上那一群收割稻黍、驯养野猪、佩戴着雨花石的南京原住民，不会想到他们脚下这片土地将被纳入一个怎样的框架，但六千年后的我们却在传说中的夏朝地图《禹迹图》中看到了华夏在地理上跨越时间，将古今结合为一体的伟大尝试。

这幅绘刻于宋代的石刻地图，将整个中国的山川河流、州郡

◇◇保存在西安碑林的石刻《禹迹图》(绘制于宋代)

地县以等比例尺的方式精确勾画出来,位置标注之准确令人无法置信它来自一千多年前。即便在地理标记上已经表现得如此绝顶优秀,但它似乎依然志不在此,它将现实的山川河流、古今曾有过的重要州郡城,以及四千年前大禹治水的传说结合在一张地图之上,它试图在宣告远超出地理范畴的政治主张,那就是今天的中国永远是古代的延续。

这不是一张地图,而是一种文明的叙述。在这里,中原的脚步所能到达之处的所有城池都被标记进了华夏的框架中。四千年来,尽管朝代更迭,时间变化,中国的延续性也未曾中断,这种来自上古的延续性解释了城市的来历与面貌。

所有以华夏为天下的君主都曾想过要成为这张地图的王,这张地图意味着一个从夏朝开始,从未断绝的天下,城市则是这种观念的延伸,古老中国的每一座城市里都共存着数千年的历史。

它必然有用来供奉上千年先贤的文庙。大一些的有城隍庙,小一些的有土地庙,首都之城有宗庙,普通城池有祭坛。

趋同的过程就是族群之间意义认同的过程。人与动物、草木最大的区别莫过于,我们始终在为生命存在本身寻找意义。周朝的高级学者们用延自上古的经验解释了这个意义,一本《易经》涵盖了宇宙与人事的变化,一部《周礼》示范了国与家、人与物的秩序,这些经典成为中国人理解意义的重要源头。

◇◇《周礼》

所有的人类族群,无论是按季耕作,还是随机烤火渔猎,群居的人类都需要在一种强有力的秩序中结成稳固的意义同盟。而把意义解释为天道的华夏诸族,既有与生俱来的优越感,也有对其他文化更大的包容与吸纳能力。

华夏从不信仰唯一的神,华夏信仰的是宇宙运行的终极规则,遵守的是由人类天然的情感而衍生出的家族秩序、国家秩序,而牢牢掌握着规则与秩序解释权的中原政权也就成为文化的中央。它们不断地影响、同化、融合、吞没五百里甸服之外的族群,西周之际,与周王室关系的亲疏决定着一个国家的文明开化程度。

这种文化的吸引力让很多与中原没有任何关系的族群当权者,纷纷要为自己的祖先编造出一段出身汉族的历史,比如此刻,正在南京这片土地上针锋相对的吴、楚、越三国。

在生活习俗上与中原迥异,且断发文身的吴越之地,吴国宣称自己的先祖是周古公亶父的王子泰伯、仲雍。距中原更远,族群更为复杂的越国则宣称自己的先祖是夏朝君主少康的庶子无余。

与中原确实关系不大,充满荆楚文化特色的楚国则为自己寻找了一位更古老的中原先祖,炎帝的后代、黄帝的夏官祝融。可能年代过于久远而说服力不足,当新兴的周人举旗讨商时,为了摆脱荆蛮的身份,楚人的首领鬻熊千里迢迢、将身来至帅营前,成为周文王出征的马前卒,用生命为自己的孙子熊绎争得一个"子爵"的封号。尽管这个爵位是周朝低等的爵位,尽管周王所封的土地不过五十里,但被承认是华夏的身份还是让楚人珍视,被正式册封的这一天也成为楚国历史上的建国纪念日。

这种习惯竟成为一种传统。元代以前,历代开国皇帝莫不想尽办法要与古老的中原政权拉上些关系。直到清末,那些远离中原又颇具声望的家族,也无不以家谱的方式,为自己的第一代祖先添上些中原的身份,哪怕这身份不过是谪居的官员、流寓的文人或征蛮的将士,都让整个家族似乎拥有了一种作为中国人名正言顺的底气。

"以斧劗毛、以刃抵木"的越人是这样,"水行而山处"的吴人是这样,"纫秋兰以为佩"的楚人也是这样。南京则成为这三国问鼎中原的交锋地,那时的南京是一片争战之地。今天的市中心原本只是一片莽莽苍苍的原始丛林,台地上的人们消失以后,城市的中心被无休无止的刺榛、蕨类、藤蔓重新覆盖,靠近长干里一带的高地上有土人在周边挖了两道长长的壕沟,他们将头发砍断,手臂刺满龙蛇的形状,称呼自己是龙之子。很快,他们将被文明的进程所吞没。

◆ **男人的复仇**

春秋时期的地图变得异常重要。

上百个以洛阳为精神中心的诸侯国在征战、对垒、阴谋与会盟中为自己国家的地图做新的定义。

楚国的地图又一次蚕食了晋国的边界后,几列单辕两轮战车迅速从晋国都城出发，径直向吴国奔去。

路旁土台高榭的建筑渐渐稀少，路面也更加颠簸，驾车的御者松了松缰绳，战马浓烈的鬃毛在风里甩得更加肆意，车上坐着的男人伸手扶了扶自己被颠歪掉的冠。这车虽是战车，但车上坐的男人不是负责格斗或者射箭的士兵，他叫巫臣①，楚国的大臣，刚刚逃到晋国，如今作为晋国的使臣，千里驱车，去为吴楚大战拉开大幕。

吴国的宫殿还很远，几乎没有像样的路，大部分时间，巫臣不得不让车手停下来，先用长戈砍去那些纠缠得像栅栏一样的荆棘丛。车子有时候走得很慢，陷在淤泥里时整个车身都发出低沉的咯吱声，四匹马一跳一滑，气喘吁吁，汗气腾腾，好像再也走不到目的地。

这个时候，就总会有几个断发文身的土著远远地朝他们好奇地张望。土著好奇的不是人，而是战车，他们从没见过中原的战车，四匹高头的大马身披明晃晃的甲片，两个全身铠甲的战士，有人背着箭，有人抱着戟，还有个戴着高冠的滑稽车夫，就算是陷在淤泥里的狼狈模样，也还是有几分威风凛凛。

与这些人所生活的晋楚之地相比，吴国就是一片蛮荒之地。

现在总算，路好走了一些，车上的巫臣在颠簸的战车上盘腿坐好，夏姬秋水一样的眼眸浮现在眼前，他忍不住嘴角上扬，竟感觉到一丝甜蜜。这时的夏姬已经四十七岁，巫臣也是花甲之年，但两人的身体依然潜藏着对彼此强烈的渴望，甚至当他们终于在一起时，一种无忧无虑的恍惚与温情还能包裹他们，让他们挣脱年龄的桎梏，在新鲜而丰富的探索中沉醉。

为了和这个女人长相厮守，巫臣筹谋了整整十年，等到她历任丈夫都死了，等到曾垂涎过她美貌的楚庄王也薨逝，等到她已

---

① 巫臣：芈姓，屈氏，名巫，字子灵，史书称其"为色而谋"。

经四十七岁，巫臣才敢用背叛祖国，投靠晋国的方式，与夏姬私奔。在对女性不够友好的历史叙事中，这件事并没有演绎为不朽的爱情，而成了荒淫与猎奇的代名词。

正史不歌颂爱情，司马迁也不能理解巫臣。

楚国的男人也许并不在意一个迟暮美人，但他们在意背叛！巫臣没来得及带走的家眷全部都被楚人杀掉。愤怒的巫臣指天发誓，要用国之战让昔日的祖国疲于奔命。

巫臣知道，扎着椎髻的吴王寿梦不会拒绝他的帮助，而晋国最希望看到的也不过是强大对手楚国的衰败，几乎是一拍即合，巫臣踏上了出使吴国之路。

春秋贵族的冲冠一怒往往就是天下版图的大变动。

前有巫臣，后有伍子胥。

春秋时的战争其实是克制的，相比较一千年前血流漂杵的蛮荒之战，沾亲带故的春秋霸主之间，车轮战更像是国与国之间的六艺考试。披着犀甲的战马拖着单辕两轮的战车在急促的鼓声中两两相对，战车擦肩而过之际，长戈锐戟，金属尖锐的咯噔声传来的瞬间，往往就已经点到为止，决定了胜负。

巫臣熊熊燃烧的复仇之火照亮了荒蛮中的吴国，他带来了中原的武装，教会了只擅长水战的吴军驾驶战车。勇蛮的吴军士兵几乎不理会中原战车相接时的君子之礼。巫臣带来的战车成了他们横冲直撞、大开杀戮的绝好武器。

激动的吴王寿梦在巫臣的帮助下连续发起了好几次对楚战争，什么贵族礼仪，什么晦日不打仗，什么不擒二毛①，统统没有的事，吴国可以打胜仗！吴国可以说"不"！吴国甚至能称霸！

吴楚之战，五战五胜！巫臣用吴国的野心狠狠地报复了自己的祖国。而时运不济的楚国在不到百年间又迎来第二波更为惨烈

---

① 不擒二毛：不捕获年长的人。二毛，斑白的头发，常用来代指老年人。

的报复。

相比较巫臣，伍子胥更悲情。

巫臣的出走是自己的选择，而伍子胥的出走是楚王杀父杀兄之后的被迫逃亡。

现在，他躲在南京江边的芦苇丛中，花白的芦苇窸窸窣窣的声响让他疑心追兵是不是马上就要扑过来把他抓回楚国，像哥哥伍尚、父亲伍奢一样被砍掉头颅。

◇◇伍子胥像

三天前，六合的棠邑（今南京市北部的六合区）官衙，伍尚穿着醺黄色的曲裾，微微欠身听使臣转述楚王的口谕。他大概听明白了，父亲因为亲近太子被捕，楚王让他们兄弟俩即刻动身回楚国都城，如果回去，楚王答应免他们父亲一死。伍尚抬起头看着眼神躲闪的使者，回了一个字："诺。"

伍子胥愕然地瞪大眼睛，几乎不相信自己的耳朵，竹窗外的风卷着秋叶狠狠地砸在窗棂上。他拖住哥哥的腰带："回去就是死！"

"我知道，为人子，别人告诉你回去父亲可以免死，哪怕明知道是骗，也该回去。"伍尚脸上看不出表情，可伍子胥的脸上已经抽搐了很多次，他攥紧拳头恨恨地砸向竹木窗格："我不回去！"伍子胥怒气冲冲地踢飞墙角的陶罐，神志昏乱地跑回自己的卧室，一下子倒在卧榻之上，又迅速弹起，眼睛里泪水泉涌，整个身体因为无奈、愤怒而气得发抖，他知道自己要立即逃跑。

哥哥从棠邑被押回楚国的那天，风刮得特别起劲。伍子胥躲在草垛里，看着哥哥的背影，所有的表情都被收起，那一刻，任侠好勇的伍子胥死了，活着的是一心复仇的伍子胥。

江风急卷过来的芦苇毛刺让他打了个激灵，回忆戛然而止。伍子胥下意识地摸了摸了脖子，饥肠辘辘的肚子开始挣扎，窸窸窣窣的声响又在芦苇丛中响起。

"谁？"

伍子胥猛地抽出佩剑，弓着身子闪进芦苇丛更深处。

"苇中人，你不就是一个穷途末路的士人吗？"提着一篮子饭羹的渔夫苍老平淡的声音在芦苇丛外响起。

伍子胥可能是在这个时候才对复仇这件事真正燃起了希望，因为他发现这个素不相识的老渔夫宁愿自杀也不愿泄露他的行踪。

这样的人还不止一个，比如在他逃亡途中给他送食不求回报还自刎而死的浣纱女。在他们以生命为代价的帮助下，伍子胥成功逃到吴国。如果说巫臣复仇成功的故事给予了他绝望中的指引，那么这些底层人的朴素情感则让他夯实了楚王必败的信心。

伍子胥的复仇是痛苦的，父兄因为忠诚而被楚王杀害，有国不能回。他的复仇也是中国历史上最痛快淋漓的，为了报仇，他投奔吴国，扶持公子光篡位，十五年步步为营，终于率领吴军攻进楚都，挖出楚平王的尸体，鞭尸三百，痛快非常。

虽然最终他也难逃父兄一样的命运，因为功高震主而被吴王夫差砍去头颅，但在这一系列的杀戮征伐中，男人的复仇、权力的征战、文明的推进，却让南京从一个荒蛮之地慢慢成为一座真正具有军事意义的前线堡垒。

◆ 成功的刺客

寿梦看着季札在阳光下给自己行礼，季札侧脸上微微的汗毛被阳光烘染出一层浅浅的金黄色，寿梦恍惚间仿佛又看到那个当年蹒跚学步、乳臭未干的小男孩，嚷嚷着要听乐师奏乐玩的样子。

现在，这个小男孩已经束发带冠、右衽系带，他还是经常听乐师奏乐，但对乐的理解水平已远超乐师，甚至与遥远的中原周王室里精通雅乐的大臣相比也毫不逊色。看到儿子这样争气，寿梦心里抑制不住涌起一个父亲强烈的骄傲感。

这个儿子满足了一个父亲在孩子身上所有的虚荣心。

全世界都认为吴国不过是断发文身的化外之地，寿梦自己也只知道重要场合要扎个椎髻，他明白这是吴国想要称霸的最大短板，战车只能让他打赢对手，不能让他打服对手，礼乐不能让他直接打赢，却能让他被真正接纳。

他将对礼乐文明的叹服转化为对臣民们学习中原文化的要求。学得最好的就数小儿子季札，季札不仅学得很好，还能游历各国，点评乐章，让那些眼高于顶的诸侯心悦诚服。

寿梦想将整个国家托付给季札，可季札不愿意僭越三个哥哥之上。这个儒家的隐者向父亲深深行了个揖礼，退出殿外。殿堂里，只剩下无数灰尘在阳光打进的光束中上下沉浮。

这些看似未曾直接发生在南京的历史，却成了南京城建史与英雄录的前传。

吴楚之战的烽火中，楚国抢先在南京建起第一座军事堡垒，并将这里命名为"棠邑"。棠邑第一任行政长官伍尚还没来得及在与吴国的战斗中表露自己的忠心，就因为父亲被谤而连坐赴死。紧邻的吴国和越国趁机先后在这片土地上建立起了各自的军事据点。

它的城建史就这么在诸侯们对地图扩张的野心中生长，它的居民们在变幻的王旗下，却出奇的平静而深刻，比如专诸。

专诸大约是中国有史以来最成功的刺客之一。

在棠邑的时候，他像一头蛰居的猛虎，跟人打架拳拳上风，但只要母亲一声招呼，就立即从猛虎变回温驯的小猫。巨大的行为反差必然隐藏着清醒且深刻的自我认知与控制力。

伍子胥能识人，他并不知道自己不久后将因为父亲的事而被追杀，但他知道他要立即与专诸成为朋友。

伍子胥敬重专诸的母亲，专诸就和伍子胥成了八拜之交；伍子胥狼狈投吴，专诸还提醒他："吴王好勇而骄，不如公子光亲贤下士，将来必有所成。"

这是专诸的眼光。

果然只有公子光才愿意接受伍子胥，成了伍子胥复仇大计的政治依靠。

公子光想要刺杀吴王僚，通过伍子胥找到专诸，不提刺杀的事，只是经常送肉送布，向他母亲请安问好。专诸知道，这是恩，他得报。匹夫报恩，唯有一命。

这是专诸的义。

尽管决定以命报恩，可当听说公子光想要他刺杀吴王僚时，专诸还是提出了疑问："为什么要杀他？"他要一个原因。

这是专诸的清醒。

公子光向他详细地解释了当年爷爷寿梦为了传位给最贤能的小儿子季札留下遗命"兄终弟及"，于是公子光的父亲诸樊传给了二弟余祭，余祭又传位给了三弟夷昧，夷昧要将王位传给季札的时候，季札坚决不接受。这样的话，应该返回轮到诸樊的儿子，也就是公子光继承王位，但夷昧的儿子也就是现在的吴王僚贪权不让竟自立为王，所以杀吴王僚是为正名位。

专诸又提出第二个问题："既然老国君有这样的遗命，为什么不让以前的臣子提出来？"如果吴王僚自己退位这样就不用手足相残伤先王之德了。

这是专诸的理性。

公子光向他解释了吴王僚的为人，吴王僚是一个权力欲极强且手段狠辣之人，此事不成，公子光必死。这样说来，也只有刺杀一途。但怎么刺杀，专诸给出了非常专业的意见："凡事轻举无功，必图万全。"

这是专诸的智慧。

他们探听吴王僚最大的嗜好是吃鱼炙，专诸便专程去太湖边学习烹鱼之技，一学三年，鱼炙之味登峰造极。

这是专诸的隐忍，也是专诸的专注与悟性。

凭借这些清醒且深刻的认知与控制力，刺客专诸终于在一次给吴王僚呈鱼炙的机会中，凭借一柄鱼腹中削铁如泥的短剑，一击成功。

南京人专诸，成为中国历史上的传奇刺客。

这段惊心动魄的刺杀成为公子光、伍子胥大业的起点。公子光成了吴王阖闾，伍子胥成了最痛快的复仇者。

南京这个小小的边邑则在这些人物的故事里登场。如果说泰伯、仲雍第一次为这里带来关于中原的模糊认知，那么伍尚、伍子胥、渔父、专诸则为这片土地赋予了真切的情感与清晰的面貌。

在争夺中原话语权的厮杀与混战中，南京别无选择，几度易主。楚国城邑喜欢用"陵"为名，比如鄢陵、广陵、平陵、兰陵……楚威王为南京起名金陵，筑造城池，寄寓了与其他陵邑一

◇◇范蠡筑城长干里（王彬　供图）

样巩固疆土的厚望。吴国则在这里苦心经营濑渚邑、固城，这两个城邑残留的土城墙直到今天在农人的田地里仍留有余迹。越王勾践占领南京后，命大夫范蠡筑城长干里，这是南京市区有确切年代可考的最早古城。如果说楚国的棠邑在江北，吴国的固城在郊外，那么这座越城则真正位居城市的中央。

长干的意思是两座山之间的高岭，长干里就是高岭里，地势高拔，虽然范蠡可能并没有真正参与这座小城的建设，城池的遗迹却一直留到了今天。作为一座为进攻楚国而设立的根据地，越城城周不过"二里八十步"，甚至都比不上一个大学的标准操场，却因这选址眼光的独到成为南京数千年繁华的渊薮。

棠邑、固城、长干里的营建让南京的样子在模棱不清的历史深处烙印下军事、商贸的模样。征服与被征服的拉锯战中，曾生活在这里的人们为南京留下了楚人的激烈情感、吴人的耕织故事、越人的风流想象，它的城市基因里从一开始就流淌着多元文化混同的血脉，这为它丰富的城市意象提供了无数可供追溯的文化源流。

秦王政二十六年（前221），吴、楚、越三国两百年世仇争斗的最终结局以越国灭吴、楚国灭越，终而归秦告终。南京在新的秩序里，因远离中央核心而再一次沉寂下来，过去的堡垒被丢弃、风化、坍塌，城市在沉默中积蓄力量。

◆ 秦始皇与秣陵

秦朝的建立就像是一座巨大桥梁的搭建。

描述秦朝的郡县就像描述这座桥的每一块木料或砖石。

李斯有时候向嬴政汇报他的帝国时，要花费很长时间来描述这些木料或砖石。嬴政会饶有兴趣地问他："到底是哪一块石头哪一根木头支撑起了我的帝国？"

李斯也会慢条斯里地回答："陛下，每一个。"①

嬴政对这个回答很满意。

与松散的先秦不同，嬴政的大秦第一次让中国成为一个整体、一个系统、一个拥有通畅血管的巨人。

嬴政用书同文、车同轨，用纵贯全境的"高速马路"建立了一个平衡的中华。

在他之前，华夏的平衡是靠"天下五服"的政治地理格局想象，靠先进文化的天然吸引力。但这种吸引力就像是月光，能量有限。大秦不是，大秦将每一个城市都当作大桥里的一块石头、榫卯里的一根木头、身体中的一个器官，以至于最终它像太阳一样，将它光芒的余温永久地留在了中国。

恢弘、整肃、各具面目而又精细如生的兵马俑至今还在散播着帝国磅礴、紧密的气象，完全可以从这些兵马俑的细节里窥见整个国家随时调动的高效、协作的状态。凭借这种帝国调动能力，嬴政用长城为中国划出真实的界限，用驰道将中国南北数千公里之地紧密连接，用灵渠开通南北货运。

长城以外，是动荡的、游牧的、失衡的外族。长城以内，是长久的、农业的、均衡的帝国。驰道则犹如粗壮有力的血管从帝国的中央都城咸阳开始辐射四方，一封南京的文书送到咸阳，秦朝的邮差在驰道上打马赶路，不过数日，就可以摆在嬴政的案头。

高效运转的帝国让这泱泱天下，竟可为一人所掌控。

这个人在司马迁的笔下相貌奇异，"蜂准，长目，挚鸟膺，

---

① 这段对话来自［意］卡尔维诺著、张密译《看不见的城市》里马可·波罗与忽必烈之间的一段对话。嬴政和忽必烈这两位皇帝在功业征战上几乎无敌，他们所各自建立的帝国在他们各自的时代里都无比庞大，卡尔维诺曾让忽必烈问马可·波罗"你是为了回到过去而旅行吗？"这里化用他们的对话，就像是一场回到过去的旅行，当每一个君主开始审视自己的帝国时都会对帝国的支撑产生好奇与追问。

豺声,少恩而虎狼心"①,这几乎是一个面目怪陋的病弱阴鸷之人,考虑到司马迁是汉臣,这样描述前朝的帝王倒也并不奇怪。

真实的嬴政经历过安全感极度匮乏的童年,以及一段因为母亲肆无忌惮的风流韵事而压抑的少年时期,这些经历构成了一个复杂的秦始皇。

他虚荣心重,所到之处,封禅竖碑,自我表彰;他暴戾古怪,一次他以为是湘君女神引来的风让他受阻不能渡湘水,于是立遣三千囚徒,伐尽山林报复湘君女神。极度的暴戾与高度膨胀的自信让他甚至不介意与超自然的力量作对;他残酷无情,没有任何人知道他是否有过爱情,他未曾立过皇后,尽管他有二十多个子女,但没有让任何一个属于他的女人留下过姓名或痕迹。焚书坑儒自然也是他被后人诟病的一大黑点。

但他格局阔大,胸有天下。他从不屠城,反而秦女子嫁给异国人所生之子,都可称为"夏子",自动拥有秦人的身份,受到秦国的保护。在这种宽松的政策下,首都咸阳秦人不过三成,余者皆是六国之人。

他让整个中华从夏商周三代所设计的理想乌托邦中走了出来,真真切切拥有了一个南北交通的天下,且这个天下只有一个属于首都的核心。

他让帝国境内每一个家庭都从井田制中解放出来,有了可以凭借耕种获得丰衣足食的希望,也让有志于建立功勋者得以施展身手。

要知道他接手的是一个分裂、对抗、屠戮、互相残杀了上百年的诸侯纷争之地,而他铁腕治国十二年,中国境内,从未发生重大事变。毕其一生,他所追求的无非是一个长久和平的中华。

不可否认,这是一个集权体制,但诚如黄仁宇先生所说:

---

① 〔汉〕司马迁著:《史记》,北京:中华书局,1982年版。语出《史记·秦始皇本纪》。

"秦国是一个以警察权为主的国家。它与现代集权国家的重要区别是后者将一个业已多元化的社会扭转回去以遂行其狭义之目的。嬴秦则不待社会多元化，先已构成集权体制。"①

中国历史基因由此深植，两千年来，帝国未曾超越过秦朝对国家的格局想象。这格局既让中国在农业一元化经济占上风时，以压倒性的优势成为天下核心；也让中国在农业一元化经济严重落后之际，成为帝国沉重的枷锁。

南京在春秋战国时期的最后一个身份是楚地。在嬴政大秦帝国的平衡网上，农业生产远远落后于中原的南京不值一提，但"楚虽三户，亡秦必楚"的谶语，却余音不散。

嬴政第五次出巡他的帝国时，曾路过这座当时主城区还未开发的荒蛮之地。很多传说认为他经过这里时，有方士告诉过他"金陵有王气"，于是嬴政凿山破天子气，把金陵改名为牲口吃草料的"秣陵"，原来的吴邑"朱方"被他改名为穿着红衣的囚犯"丹徒"，藉以羞辱这块土地。

嬴政可以为一阵风挡了他过湘水，就怒发三千人尽伐湘山木，自然也能干得出一时兴起，凿山泄水之事。但历史不是演义，我们不能确定他是否真的因为"王气"而凿过金陵山，泄过金陵水，也没有任何记录表明他在巡游过程改过小地方的地名，但秣陵这个地名确实在秦朝第一次出现，流经城市的河流也因为他的缘故从此被称为秦淮。

这时的南京确实被刻意贬抑了。

这里面最值得玩味的，倒不是秦始皇是怎样刻意贬抑南京，而是秦始皇对待象征着"王气"的天道，以及先秦时被视作神本身的自然的态度。

天道是宇宙运行的大规则，天命不可违，这是几千年来，中

---

① [美]黄仁宇：《中国大历史》，北京：生活·读书·新知三联书店，2007年版，第36页。

国人信奉的真理。显然,嬴政并不完全这么认为,他既可以终结象征天道的周朝自称始皇帝,也可以迁怒湘水之神,责罚神灵。他将天下牢牢掌握在自己的手中,为泰山封禅,为松树赐爵,为自己寻觅长生不老药以期成为永远的帝王,如果必须死,那他也要在陵墓里造出全部的天下,日月星辰、江湖山川、秦军大阵。

某种程度上,他是把自己当作了创世神。

他开创了全新的天下,也为今后的天下做出万世的榜样。

从他以后,每一朝开国君主都将天道当作中华维持平衡最好用的工具,但每一朝开国君主也都不曾真正信仰、敬畏过天道。

◆ 从内里成为中国

年纪轻轻、渴求荣誉的刘彻接替了易于冲动的刘启,成为汉人的新皇帝。这一消息传来,匈奴单于感觉有些不妙。因为通过探子们得到消息,这个野心勃勃的年轻皇帝,发誓要将他的帝国推向巅峰。

事实证明,骁勇的将军与"明犯强汉者,虽远必诛"的强大威慑力确实让这些草原上的匈奴人头疼了很久。

刘彻对荣誉的渴望不仅仅是武力,他在追求一个旷古烁今的功业。如果说嬴政建立了一个地表上的统一帝国,那么刘彻正在建立的正是一个精神上的统一帝国。

他需要统一的不是度量衡、文字或车轨,而是对世界的理解方式。

这个压力自然交给了读书人,先秦时候争鸣不已的百家,或者简单的焚书坑儒,都已不适合继续作为一个大一统帝国的鲜亮旗帜。

他们必须将复杂的天象、地理,已有的信仰、经典、习俗,甚至已经发生过的全部历史大事融会贯通,完全消化,最后给出可以自圆其说、经得起反复推算、足以掌握天道的操纵方式。

刘彻甚至希望凭借这套操纵工具，与神祇直接对话。

从巫祝时代延续下的神话思维需要通过阴阳、五行、四象这些看似包含着某种内在逻辑的方式成为真理。比如，这个逻辑真理就包括孟春之月帝王要穿青色衣服，站在房间的东边，挂起青色的旗子，因为只有这样，人的运势、国的运势才能与季节、时气、宇宙因贯通而变得和谐。

国家崇尚的颜色、百姓服役的缘由、城市建设的布局、社会生活的安排，深刻地嵌合进五行四象时令的宇宙观中。这种宇宙观与政治学深度连接，与儒家经典紧密结合，再一次解释了世界。

不得不承认，西汉的政治儒学对当时中国向心力的凝聚，社会阶层各安其分的稳定起到了相当积极的作用。

国家在文化的解释下，合理、合道、合自然之规律。

深入钻研了这些学问之后，你会产生掌握天地之道的充盈感，仿佛看清了局势的走向，增长了智慧，明白了生之意义。

如果你不曾深刻钻研过这些学问，也没关系，政府会通过知识的综合、简化给你一个可以理解的道理，让你心安。他们会告诉你做农民最好，因为农桑为天下之本；会告诉你要忠于君主，因为众星拱北斗，这就是天道。你是人就得遵守天道。不然，天理不容。中国社会就在这种意义的指导下，得到了长久的秩序与稳定。

南京这座城市恰好从山水地形到城池设计都完全对应了这套解释体系，以至于在华夏的舞台上，它注定引人瞩目，既吸引野心，也吸引正义。

不过，此刻的南京，在大汉治下依然叫秣陵，不过是隶属于丹阳郡的一个小县，存在感不强，即便先后有四个侯王分封于此，也没有留下多少可歌贤愚的野史稗谈。政治的舞台在中原，城市还没有被注意，唯有土层之下，大量的汉墓让我们看见斯时人生。

与六千年前北阴阳营、营盘山墓葬相比，很明显，这一时期的南京人已经基本接受了中原文化，成为实打实的汉族人。先民时期的信仰无迹可寻，那些古老的面具所定格的神秘力量在一次次中原文化的圈层推进中，彻底消弭。几千年后，通过考古发掘，我们才知道原来这片土地上还曾有过那么古老、新鲜的生活。

汉建武六年（30），来自洛阳的李忠被任命为丹阳太守。他眯起眼睛看向远处的田野，那些小小的不规则的田野在大片浓密的灌木丛和荒草地中几乎看不清种的是什么。

人们身上的衣服很混乱，尘土飞扬的田垄上，穿着短褐、头扎椎髻的中年男人抱着锄头正在和一个腰上扎一圈蓑衣、胸前文满龙蛇的半裸青年渔民说话，他们大概在商量婚事。青年渔夫搔了搔脑袋，乱糟糟的头发贴在头皮上。

李忠摇摇头，决定为这片土地带来一些深刻的改变。

> 是时海内新定，南方海滨江淮，多拥兵据土。忠到郡，招怀降附，其不服者悉诛之，旬月皆平。忠以丹阳越俗不好学，嫁娶礼仪，衰于中国，乃为起学校，习礼容，春秋乡饮，选用明经，郡中向慕之。垦田增多，三岁间流民占著者五万余口。

《后汉书·李忠传》中，寥寥数行，新旧文化的更替跃然其上。在李忠这样的汉代行政长官的努力下，南京地区古老的吴风越俗为中原礼仪所覆盖。李忠执政三年间，来到丹阳郡开垦田地的流民就有五万之多。

成为汉人的南京人，从内里，成为中国的一部分。

他们习礼乐，遵天道，学"五经"，事农耕。他们的墓葬里，有能敲出音阶的编钟,一次可以吃五种口味的鸳鸯火锅,以及未喝完的莲藕汤。他们与此时长城以内的人们一起渴望长乐未央,有了精神上共同的归属感。

六千年前,还处于新石器时代的地方文化,在分合、融汇的过程中,最终为黄河流域的夏商周文明所吸引、收纳。

两千年前,春秋、战国的不断碰撞,将华夏的核心推展到黄、淮、江、汉,形成中国文化共同体坚实的"核心",而秦汉,则在此基础上,成为一个庞大的共同体,完成了对天下的布局。

天道、伦理、农桑成了帝国的三大终极真理,指向了关于天下的最高理想,并将这稳定的中华一直延续至清朝晚期,如果世界经济从未经历过工业革命那般突飞猛进的发展,那这个天下也许还将持续更久。

三 文化的冲突

◆被打破的平衡

越人爱上了船上楚国的封君子皙①。

越人棕色的手臂上文着龙蛇的图案,葛布短衫贴住微微出汗的身体,他正在给子皙摇舟。小舟、船桨、水纹与他们的身体一起在月光下摇晃。

风在撩子皙的衣带,他腰上垂着的香囊散发出清幽绵长的香气。

越人看着月亮下的子皙,侧脸线条如同玉雕。他忍不住一边摇橹,一边唱起家乡的曲调,神情像一匹刚刚放进草场的小马,带着几分调皮和得意。

---

① 子皙,芈姓,熊皙称公子皙。楚共王子,康王弟。

滥兮抃草滥，予昌枑泽，予昌州。州𨥉州焉乎，秦胥胥，缦予乎，昭澶秦逾，渗惿随河湖……

音调嘹亮又婉转，仿佛有一些深切的东西在音调里弥漫。

子皙听不懂他唱的是什么，越人的眼睛在月光下澄澈如水，水里又似乎燃烧着火焰。

随从告诉子皙歌词的意思："今夕何夕兮，搴舟中流。今日何日兮，得与王子同舟。蒙羞被好兮，不訾诟耻。心几烦而不绝兮，得知王子。山有木兮木有枝，心悦君兮君不知。"

那时候的越人热烈、大胆、直接，那时候的吴越有自己的语言和歌谣。

仅仅百年间，越人就已将他们的歌谣彻底遗忘，当人们再唱起《越人歌》时，已是经楚人翻译后的汉家腔调，没有人记得越人的语言、歌谣和神明。城头上的旗帜从大秦黑旗换成了大汉红旗，大量文化消弭得无声无息，残存的遗迹染上了浓烈的汉族色彩，融进了华夏的整体框架中。

语言消失以后，风俗也变得支离破碎。

等到李忠来了以后，南京的土地上，很少再看到断发文身、以渔猎为生的吴人。即便看到，他们也只是文字意义上的吴人，而不是拥有自己传承，属于独立民族的吴人。

李忠就是大汉的宣传队、播种机与执行官。

他面目坚毅，绝不为儿女私情所惑，他绝对忠诚，彻底且坚决地将中原的礼乐一寸寸扎进江南。

他丝毫不惧怕阻碍，环首刀上森冷的血槽与寒光凛冽的长戟会帮他解决所有麻烦。

短短三年，李忠凭着迁来的五万多流民，垦殖出大量荒地，为南京教化中原礼乐的突出政绩，在三公考核中名列第一，调任豫章太守。

语言与习俗，最终不过成为史书上一笔带过的细枝末节，城市在大汉帝国中国化的进程中被驯化。

但也有不能被驯化的地方，比如长城以北。

长城以北，到处是干涸的河床、枯黄的草甸和大片的黄沙。始终在迁徙的牧民和过于漫长的寒冬都让农桑与礼乐无处下脚。

所以，长城既是两种文明的自觉分隔线，也是汉民族保证帝国平衡的终极依靠。抽离长城，我们将面对完全不同的生活方式，马背上骁勇的游牧骑兵却并不打算放弃南下的尝试。

有时候，帝国也会产生困惑，为什么他们既不能像吴越一样纳入中华，又不能像"荒服"那样老死不相往来。

他们总是在秋冬草木凋零之际，趁长城以南的农民丰收后，突然引马南下，烧杀掠夺。冬天让他们失去了草场，但饥肠辘辘的胃并没有因为天气而放过他们。

长城是我们为守住农耕文明划定的底线，但它几乎从未真正抵挡过游牧民族渴求通过掠夺获得生存权的强烈欲望。

理解了两种文明不可调和的矛盾后，秦朝用驰道、邮差、军队、统一的文字语言将全国牢牢收进一张巨大的帝国之网中，大汉则将这种形式上的统一加以了精神上的提炼与总结。这两个朝代达成了一个重要的基本共识，那就是我们所竭力追求的帝国平衡将控制在长城以内。

长城以内的吴越可以理解农耕文明，可以放弃自己的语言、风俗可以迅速被驯化，而长城以外的北方游牧民族不可能将所有的草原、荒漠都变成塞上江南。这是不同文明形态融合之前的必要冲突。

古代中国的全部国家历史，也无非是华夏这个天下核心的文明推进、受挫、融合、再推进的过程。它从形成那一刻起，就不断同化周边文明，一方面华夏文明强大的先进性确实带来巨大的吸引力，另一方面固化的一元化农业经济也确实无法吞吐所有不同形态的文明。

中华的帝国竭力要维持的平衡是建立在对礼制的认同上的，礼是中国文化的根本，而这个根本是建立在节令流转的农耕定居生活中的。

如果不能定居，怎么会需要礼乐制度？怎么能理解"修身、齐家、治国、平天下"的价值观？怎会认同以华夏礼乐为核心的天下观呢？

整个古代史就是华夏天下观的推进史。

进展顺利时，华夏往往在统一的价值观下凝聚为一个强大的完整帝国；发生对冲时，有时会凭借更为强硬的军事力量将他们拒之漠北，有时也会就此分裂，比如魏晋南北朝。

还有一些阶段，华夏会整体让位，比如元、清。但政权的更替无法掩盖华夏文化巨大的同化力，每一个扎根于中国的民族如果希望顺利接管这个老大帝国，它必然会最终认同中国人的价值观，认为自己也是华夏。这样一来，朝代的更替确实只不过是换了坐在龙椅上的人而已，其他一切，经济、思想、文化、制度从未过分脱离过秦汉立下的框架。

然而，平衡还是被打破过。

中平六年（189），凉州军阀董卓进京。在他身后，是长达百年，汉朝政府与不肯被中原文化同化的羌人之间发生的伤筋动骨的战争。

迁入陇右凉州的羌人，居无常所，依随水草，不事五谷，放牧为生。他们并没有被中原文化所同化，他们本身就是一个有着自己信仰的部落，他们崇拜最强大的战士，希望以战死作为自己最荣耀的褒奖。山谷间高大的河曲战马，不仅让羌人进退自如，放牧生活的自由轻松还逐渐同化了周边的汉人。

这是帝国决不能容忍的，源源不断派过去的残暴酷吏以及缺乏变通的政策最终彻底逼急了羌人，他们居然仅仅靠着竹竿、铜镜为武器就将战火烧至整个陇右地区。持续多年的对战，日益庞大的军费开支将汉廷拖进深不见底的泥沼，平衡的帝国被彻底拉垮。代表陇右势力的董卓进京，意味着东汉皇权与地方权势之间的彻底失衡，又一个百年的分裂、对战即将拉开帷幕，这一次帝国的分崩，成为南京作为城市本身传记的正式开场。

接下来这一百年，南京隆重登场，从此再没走出过历史舞台聚光灯的照耀。

◆ 孙权来了

历史就像是一条望不到边际的链条，环环相扣，但往往漫长的时间里乏善可陈。

有时候，历经上千年都不过是事情叠着事情，人物叠着人物，漫不经心，按部就班，英雄时代如同流星，璀璨但稀有，但往往为了这个英雄出场，诚如茨威格在《人类群星闪耀》中所言："一个民族总是需要产生千百万人，才能涌现一个天才；需要流逝千百万闲散无聊的时光，才能出现一个真正的具有历史意义的人类星光灿烂的时刻。"[①]

城市就是如此。一百多万年前，这片土地上开始有古人类的活动痕迹；六千年前，以北阴阳营为代表的原始村落在农业文明的曙光中生长。四千年前，密集的原始聚落让这里的文化拥有了自己的名字"湖熟文化"。

在这些聚落的基础上，南京有了最早的城邑。三千多年前，中华门外有商周的建设遗址；两千五百多年前，楚国第一次为这片土地留下了拥有名字的城邑；接踵而来的吴越则在这里建下城池。

漫长的时光里，南京都只是中国化进程里的一处被正史忽略

---

① ［澳］斯·茨威格著，张玉书译，《人类群星闪耀时》，北京：人民文学出版社，2021年版，第1页。

◇◇中华门外（拍摄于20世纪30年代，金陵图书馆 供图）

的平淡之地，它的流逝闲散时光折叠进历史里。然而，一个人的出现改变了南京，这个城市今后几十年、几百年，甚至上千年的命运就此逆转。

这个人是孙权。

当长城在北方连成一线时，秋风也刚刚把紫金山的水杉叶染黄。从京都洛阳回到江都的张纮，这时候还很年轻。京都的老师韩宗博士盘腿坐在银杏树下的草席上教会他读懂《易经》《尚书》，大学者濮阳闿在黄土夯实的院子里踱着步子教会他《礼记》《左氏春秋》。现在是他要好好消化这些知识的时候。

经过满山黄叶的紫金山，张纮还没有想到这座山会和他产生怎样的联系，他急着赶回吴中为母亲奔丧。至于以后，张纮皱眉，吕布那边肯定不去，三姓家奴还想招揽他？其他人嘛，时势千变万化，再看吧。

忙完母亲的丧事，张纮像被寒潮打蔫的茄子，坐在草堂席上发呆。小书童一路小跑颠进来报："主人，孙将军又来了。"

孙策这段时间拜访得很勤，孙策美姿颜，说话爽朗，性格阔达，很招人喜欢。张纮请他进来，竹影在纸窗上拉得老长，两人坐在草堂席上。孙策说着说着有些激动，眉宇间一点英雄气概就浮泛起来："我先君与袁氏共破董卓，功业未遂，却被黄祖所害。我现东据吴会，报仇雪耻，为朝廷外藩。君以为何如？"

张纮开始还推辞："我不过一个空劣之人，现在又在母丧，怕是没有什么好的谋略能帮到您。"

孙策不依，竟落了泪："您不能推辞。"

英雄泪戳中了张纮，他也想图谋一番事业，也想遇见一个明主。孙策是，孙权也是。可是，此时的孙氏不论是复兴汉室，还是另起炉灶，都不那么名正言顺，既不是汉帝托孤的大臣，也不姓刘，算不上皇亲国戚。

等到孙策故去，孙权继位，想要建都时，这个先天缺憾就愈加明显。精通中国古代典籍密码的张纮决定为他们铺一条通衢大道。他想起了那个秋天在南京见过的漫山黄叶。

老师们当年教给他的知识精华，就是对历史和人性的认知。

张纮深知帝王来自天命，而天命的本质是相信，需要得到这种相信就必须有大量的铺垫，来自历史纵深的铺垫与现实印证的铺垫缺一不可。

他现在需要成为一个能讲好故事的人。

孙策战死后，年轻的孙权接任东吴，他比他的哥哥更信任张纮，把张纮当作自己的长辈。

东吴定都到底是选择武昌、苏州，还是南京，当然需要因形势而定。从东吴大本营苏州运送军需到武昌是逆流而上，耗费民力，人们"宁饮建业水，不食武昌鱼""宁还建业死，不至武昌居"。而定都苏州也不理想，这里离魏蜀太远，战事调动不便，南京其实是此刻军事意义上最好的选择，但南京不能诞生于军事选择，它必须诞生于天命选择。

张纮不动声色地走访了南京乡野的一些老人，用田野调查的方式搜集与王气相关的证据。在他的不断引导下，楚威王埋金镇王气、秦始皇开山泄王气的传说变得丰满清晰起来。

而他当年在洛阳学过的《易经》、拜过的名师，让他有能力沿着儒家阴阳五行的精微之路，将南京的山水地貌对应进星宿四象之中，仿佛这片土地天生就是为帝王而生。

古老的金陵王气说，在这一刻扶摇而上，同时代所有来过这里、有远见的政治家，都给予了这座城市极高的评价，比如刘备、诸葛亮，他们极力劝说孙权在这里建都。

三十岁的孙权在积蓄已久的舆论推动中，第一次顺着楚平王金陵邑残败的断阶，爬上清凉山残砖断壁荒草莽莽的石头顶。

滚滚长江东逝水在他脚下潮打空城，白浪一线线卷过来，没过红色的巨大岩岸，像万千战舰排空而来，和他哥哥一样，这个少年成名的英雄此刻心里也激荡起万千浪潮，他要在这里规划一座继往开来的城市。

这时候的南京与老成持重的中原文明相比是松散的，就像一个尚未开蒙却浑身是劲的愣头小子，卷着裤腿在齐膝深的山溪水中捞鱼虾玩，没料到先生直接把他后颈脖一拎提溜上岸，打上几个手板心，然后，他老老实实地从"天地玄黄"开始念，一路念到豁然开朗，独当一面。

东吴就是这个先生。一排排还散发着竹子清香的篱笆插进新街口松软的土层中，来自武昌的椽、桷、檩、梁、柱……一船一船，沿着长江顺流而下，成了南京太初宫新鲜的骨架。一段"浪花淘尽英雄"的历史舞台，也就此聚焦在了江东。

孙权为南京带来的是一场影响深远的城市文化启蒙，是承上启下的吴地文明的接续与可能，也是绵延数千年、划江而治的地域希望，更是整个江南崛起的先声。

从他以后，中国始终多了一种可能，而南京则在这可能里崛起。这种崛起，不仅仅有政治意义上的核心分化、转移，更有中国多元文化、多元政治格局力量的崛起。

◆ 左思的怀想

最好的城市总是会被人们反复怀念。

陆机告别南京赶往洛阳时，总是在秋风里想起南京，他想为南京写赋，却无法起笔，因为那城市太绚丽、太辉煌，也太悲伤。

陆机的爷爷陆逊当年火烧连营七百里，夷陵之战几乎团灭蜀汉军队，使得爱哭的刘备只能躺在白帝城里唉声叹气，再也动不起与东吴对战的心思。

陆家三代人，眼看着南京成为建业；看着太初宫从骨架到血肉丰满，皇城从断壁残垣到建制恢弘；看着长干里商贾云集、跃马叠迹；看着最后一任吴主孙皓光着上身出城投降。

颓势是从孙权晚年开始的。

这个少年英雄头发花白之后，思路也变得龙钟起来。

陆逊惊讶地发现，这个曾经和他把酒言欢的豪迈英雄，已经不能像正常人那样思考帝国的未来。即便有好几个已经成年的儿子，老来得子的孙权还是打算立只有八岁的幼子孙亮为储君。

乱世之中，国赖长君，这个决定无疑是东吴坠入深渊的开始。

为了捍卫这个决定，孙权把所有支持过其他皇子的大臣赶尽杀绝，连胡子花白的陆逊也被他在大殿之上驳开颜面，大肆斥骂。

东吴开疆拓土的英雄气让位于内斗昏庸的权力角逐。三国人物，故垒西边，英雄时代落幕。

陆机每一次想起爷爷，就会想起那座城市。

英雄虽然落幕，但英雄的伟岸、英雄的意志、英雄的快意恩仇和成王败寇都已留在时空中。哪怕是冷街偏户、陋夫小民也都在英雄的时代里被震撼、被影响,被痛快淋漓的情绪所感染过,更何况南京这样聚焦过豪杰、播撒过历史的诗情、筹谋过壮丽鏖战的城市。

陆机很想把这一切写下来,却不知道从何写起。有朋友跑来告诉他有个叫左思的青年要写"三都赋",陆机想也不想就嗤笑起来,左思?凭什么?一个从没有见过建业繁华、出身寒门的黄毛小子,也敢为这样伟大的城市立传?他配吗?他行吗?

陆机带着几分醋意将桌上铺好的纸墨潦草地推到一边,自己视若珍宝的城市与回忆,一个随随便便的粗鄙之辈也敢四处张扬要成为它的书写者?他从牙根里挤出几分嗤笑:"这家伙要是写成了,我保准拿他的文章来盖我的酒瓮。"

左思听说了陆机的嘲讽,脸上却一丝没动。从小到大,他不知道听过多少比这更难听的嗤笑鄙薄。他出身寒门,面貌丑陋,怀才不遇,但他知道自己是一棵涧里的孤生松。

他没去过蜀国都城,也没去过建业,但他听过太多关于这几个城市的故事。

他积郁了一生的才华从没有被人看见,却因为这几座城市的光芒而名垂文史。

当他开始落笔时,绿水长流的河岸边立着的朱红的城阙、青石的砥道、浓密的槐荫,飞甍舛互、朱轮累辙的街市在墨迹里着上颜色,溢出活泼的喧腾声。

横塘查下,邑屋隆夸,高门鼎贵,魁岸豪杰!

一个从未去过南京的人,为南京写下第一篇传记。

陆机读到这里,握着卷角的手开始微微颤抖,他几乎要流出泪来,那些被撕碎的美好又一次飞来眼底。

他仿佛也跟着左思又一次顺着朱雀门往外望,那个他少年时见过多次的秦淮河，河以北是孙皓穷奢极欲建起来的巍峨宫殿与苑囿，河岸两旁商铺林立，房屋毗邻，居民如聚，河中船行如织，川流不息。秦淮河以南的长干里一带，是贵族和平民聚居的场所，官宦商贾之家大多居住在这里，人声鼎沸，商旅辐辏。河岸边一些低矮的房屋，因为炊烟不断而将墙壁弄得有些污秽不堪，喧嚣吵闹的街道上络绎不绝的马车甚至会把行人挤到墙根。

城市已不再是《周礼》里规定的前朝后市，它的规划布局已然突破了古老华夏对城市的刻板想象，遵循了河流的走向，遵循了人们对城市的欲望与期待。

可是，转瞬间，西晋大兵压境，石头城潮水依旧，万千战舰已不见吴儿身姿。

孙皓赤裸半身，绑缚舆梓出降，一片降幡出石头，浪花淘尽英雄！

南京城内，再无东吴。

嬴政当年修建的驰道两旁，巨大的青槐树浓木成荫。那些在东吴治下，休养生息、扎稳江东的东吴大族，一部分被迫随孙皓一起从青槐树下，扶老携幼迁往洛阳；另一部分则跌落尘埃，"同于编户"，和老百姓并没有地位差别。

来自中原文化的嘲笑，在很长一段时间都没有停止。

西晋政府认为"吴人轻锐，难安易动"，觉得他们"屡做妖寇"。东南人物翘楚华谭到了中原参加察举考试，被北方大族王济当众嘲笑："君吴楚之人，亡国之余，有何秀异而应斯对？"

在北方大族的眼中，吴人显然不能与中国相提并论。而忍辱负重的吴人却执拗地希望为家族延续地位。然而，即便是久负盛名，被晋朝称为"南金"，赞誉为"东南之遗宝，宰朝之奇璞"的陆机、陆云也不免被北人肆意羞辱。

即便受到晋廷的重用，他们依然被中原权贵骂做"貉子"，有意辱没他们的人甚至会当众称呼他们祖父的名讳。可即便这样隐忍也换不来苟且余生，复杂的晋朝政局里，在北人怨恨猜忌中挣扎的双陆终被处死。

临刑前，陆机想起家乡华亭高岗上的鹤唳、白云下的苍狗，以及那承载了他家族几代荣耀的城市，何可复闻，何可复见？

大臣之死让吴地不再相信中原，作为一个经济、文化、风俗都与北方隔阂很深的区域性社会，复国的念头越燃越烈。

街巷里，扎着总角两髻的黄口小儿牵着衣角奔来跑去，暮色中，小儿唱着"宫门柱，且当朽，吴当复，在三十年后"的儿歌，嘻嘻哈哈地从街栏边穿街过户，打闹嬉戏。

南京城内，几乎所有的小孩都会唱这类歌谣，有小儿唱"局缩肉，数横目，中国当败吴当复"，有小儿唱"鸡鸣不附翼，吴复不用力"，天真无邪的曲调与大人听了故作惊怖的样子让孩子们唱得更欢。

很明显，这时候的南京人并不认为"中国和吴"是一个概念，文化的冲突在地域之间划出深深的鸿沟。孙权的野心、陆机的叹息，成为江南大族们划江而治的情感底色。

和仅仅靠木棍和铜镜就可以暴动的羌族不同，江东是为自己争取政治权，而羌族是为自己争取生存权。吴和中国文化大同小异，最大的区别也就是地域的天堑之隔，而羌族与汉族的差异却是文化形态的根本不同，他们之间是你死我活之争，吴和中国不过是话语权大小之争。

可以想象，如果没有秦汉从肌理到肺腑的文明同化进程，中国将和欧洲一样，分裂为诸多不同的国家，有着各自不同的秉性。而现在，南京的权贵们读着和中原权贵们一样的竹简，在雨雪霏霏之际，也会吟哦几句"今我来思"。祭祀之时，迈着同样的禹步，如果说有区别，也不过是口音不同，认作神圣之地的山陵不同，比如洛阳在北邙山，南京在紫金山。

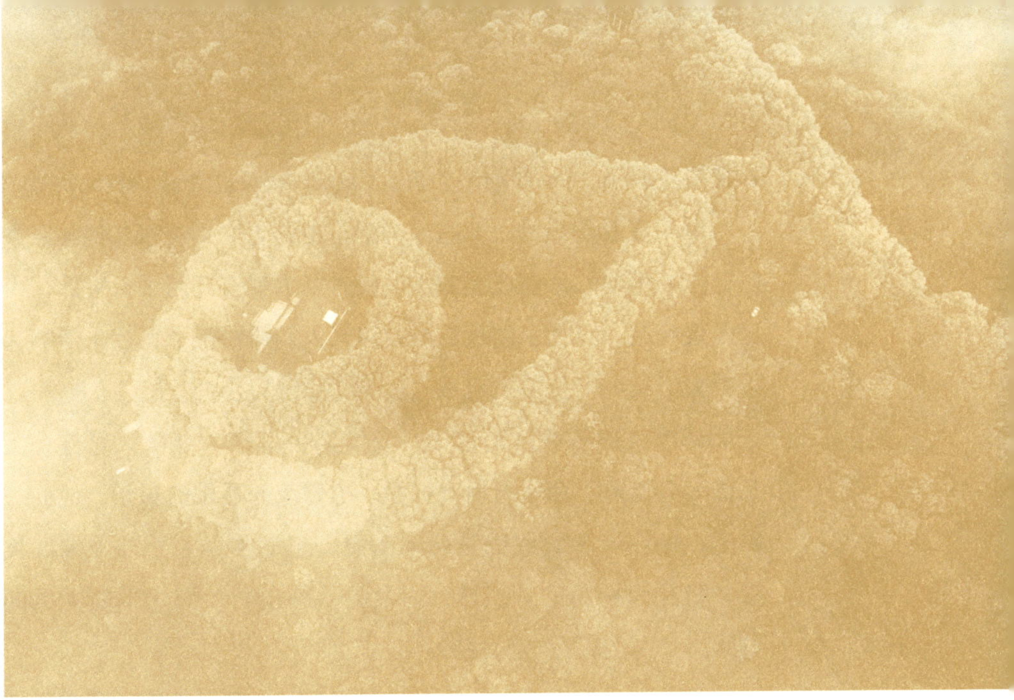

◇◇紫金山（泱波 供图）

四　另一种平衡

◆司马睿的上巳节

汉民族需要一堵坚固的长城，也需要一座有弹性的城市。

长城为这个民族提供了地理上实实在在的防线，而一座有弹性的城市则为这个民族留下了华夏不灭的可能与重新生长的希望。

这个希望在司马睿的上巳节开始生根。

那年上巳，春光很好。清溪河边，蚩襂垂髫的女子，总角短衫的小儿都在攀枝折柳，嬉水笑闹。与这一刻的春光相比，中原被屠戮的少女、烧尽的宫室离他们太遥远。

宗室的牛车缓缓行在垄上，碧青的油罗伞下，顾荣半支起身子，在春光里眯缝着眼，一股暖暖的慵懒劲漫上来。身为江东世家，顾荣对这个城市充满情感，那些桥头挽柳枝的女孩纤细的长衣带层叠翩飞,让顾荣也恍惚忘了此刻城市尴尬的处境。

顾荣正看着出神,纪瞻家的牛车也赶上来,纪家几代江东豪门,排场不输顾家。祓禊的水滨仪式马上就要开始了,突然,由远及近响起一阵恢弘清越的钟鼓声,人们纷纷停下,朝乐声响起处看去。

清溪九曲桥头,转过来一支浩浩荡荡的大部队,起首一队是戴乌金笼冠、穿玄青色大袖衫、抬着笙鼓器乐的男子,他们一路走,一路奏。紧跟的是两列头戴金色兜鍪、顶上饰着朱红长缨、身穿筒袖铠的护卫队,一色的执戟肃目,阳光下明晃晃的刺眼。

顾荣伸手将车帷卷高,坐直身子朝那支仪仗望去,猛然瞧见一抬被众人簇拥的肩舆两侧,竟然是琅琊王氏的王导、王敦两兄弟,他们正领着一帮有头有脸的士族骑着高头大马缓缓而来,包括他俩在内的所有人都微微低着头,姿态恭敬地跟在这顶十六人抬的肩舆旁。

肩舆上,赫然坐着从洛阳来南京的西晋宗室,已在南京称帝两年的原琅琊王司马睿。顾荣有些心惊,忙命车夫紧赶几步,并上纪瞻家的车,纪瞻也正在找他,两人隔着车栏会了一眼。

两日后,司马睿的府上,多了许多来拜会的江东士族。

这是《晋书·王导传》的一处片段,司马睿"及徙镇建康,吴人不附。居月余,士庶莫有至者"。

北地荼毒,南人岂忘,陆机等人所受的侮慢、戕害犹然在目,一心想复国的吴国郡望之族,又怎会主动拜会西晋宗室。已扎根江南的魏晋高门琅琊王氏,倒在吴地还有些威信。颇具远瞩的王导便与时任扬州刺史,也就是南京地区首席行政长官的从兄王敦一起,策划了这场上巳出行秀。

"会三月上巳,帝亲观禊,乘肩舆,具威仪。敦、导及诸名胜皆骑从。吴人纪瞻、顾荣,皆江南之望,窃觇之,见其如此,咸惊惧，乃相率拜于道左。"①

　　王导、王敦用这场上巳秀传达了三个信息：第一，我们过同样的节日，习俗相同，文化同源，我们之间是南北之别，而不是夷夏之别；第二，我们作为北人南来的塔尖人物，在江南根系已深，论话语权与掌控力并不逊于你们本地士族，现在我们辅佐司马氏政权的心意已决，跟不跟我们一起，你们看着办；第三，司马睿坐没有任何遮挡的肩舆，没有像顾荣、纪瞻那样乘车坐轿，就是让士民看看他的威仪，司马睿不是西晋那些"何不食肉糜"的草包皇帝，他扶得起，当得住。

　　城市接受了司马睿，也就接受了中原。

　　抱着复国理想的江东士族，在司马睿身上看到了"吴当复"的希望。此时的华夏正处于"国将亡"的绝望中，在整个中国历史上也不多见的混乱局面正在上演。没有人愿意细看那段时间的中华，没完全开化的匈奴、鲜卑、羯、羌、氐等胡人部族趁着西晋内乱、国力空虚之际，起兵杀入，连年战乱，两千万中原汉人被杀得只剩下四五百万人，他们绝大多数死状惨绝，令人不忍卒闻。

　　这是华夏第一次失去了它的核心，"人皆相食""白骨遍野""千里无烟爨之气，华夏无冠带之人"，城邑荒毁，流民遍地，生的最大希望就是逃到江南。

　　从黄帝时期就笼摄四野的中原华夏，在不同文化、种族之间的剧烈冲突中第一次走到了行将崩塌的边缘。

　　所幸，中国还有南京。

　　这片被李忠等汉家官吏深刻教化过的土地，与中原本质上已不再有分别。南京的春天，衣带翩飞的吴人与汉人穿一样的衣服，在同样的节日里迎接共同的神。

---

① 〔唐〕房玄龄：《晋书》，北京：中华书局，1996年版，第1038页。

那时候的长江，江面比现在宽阔，风急浪湍，缺乏成体系水军的胡人很难饮马江东。

侥幸在南京站稳脚跟的晋朝王室边缘人物司马睿，亲眼看着西晋永嘉之乱后，仓皇逃难的中原臣民数百万，活着逃至江南的，不过十之二三。局面的混乱惨烈让已经称帝登基的司马睿内心难免不安。身为晋人，虽有王导、王敦的支持，面对有着文化差异与极强地域观念的吴人，耳听着巷口小儿拍手齐唱"中国当灭吴当复"，不能不觉得如芒在背。

看到顾荣对他恭敬，司马睿有些心虚，他说："寄人国土，心常怀惭。"

顾荣听了这句立即撩起衣裾实打实向司马睿行了个拜礼："臣闻王者以天下为家，是以耿、亳无定处，九鼎迁洛邑。愿陛下勿以迁都为念。"

顾荣心里清楚，所谓天下，就是一种观念，华夏的中心在人，不在哪一个具体的城市，而东吴也不可能与华夏彻底分离，还不如借司马睿之手，复兴一个全新的江东！

很快，童谣被重新解释，在《晋书》中，"局缩肉"被解释为中原要缩减人民的语言，"数横目"也被剖析成吴亡东晋起这四十年间的事。

谶语就是人心，解释了预言，也就安定了人心。

吴人到底和羌人不同，羌人以战死为最高荣誉，一生都离不开马背牧草，学不会礼乐进退，吴人可以。

在太守李忠开的学校，光着上身的"文身"青年学会了穿上短褐，约上媒人，抬上聘礼给心爱的姑娘提亲。扎着椎头的乡野老头们也享受起春秋两季、吴王旧日殿前乡饮酒礼上小辈们对他们的礼拜尊重。

从"天地玄黄"到"大学之道"，从阴阳四象到三纲五常，从桑间濮上到三书六礼，东吴早已与中原面貌相通。

如果是这样，吴国是否独立重要吗？

重要的难道不是活着的人要选择怎样的生活吗？

当他们捧起竹简时，来自洛阳的落魄士人听得懂吟诵中的讽喻。当他们穿戴高冠博衫时，来自中原的失土之臣，看懂了这衣冠的礼乐风流。他们可以一起挽起裤腿，在春水溪边，追想孔夫子"吾与点也"①的生命自由，可以共同在朝堂上，引经据典，理解农耕经济所追求的大国平衡，追随华夏精神所代表的正统与意义。对这一切看得清清楚楚的陈寅恪，在他的《金明馆丛稿初编》里一针见血地指出中原士族与东吴士族："实为同一气类。"钱穆也认为"国家是精神的产物"②。既然如此，只要精神一致，何愁国家不复？

王导、王敦、顾荣、纪瞻，甚至司马睿，他们接受的文化本质上并没有什么不同；地域风俗带来差异，在精神认同与现世追求里，不值一提。

如果这一切并不妨碍他们各自家族的荣耀与权势，他们有什么必要一定要重新建立一个孙姓的吴国？中原又有什么必要一定要保证一个没有吴人的国？看懂了这一层的顾荣、纪瞻等人把司马睿建国当作吴国的复兴，明白自己要什么的王导和王敦则把司马睿建国当作晋朝的中兴。

在南京，华夏找到了新的平衡。

◆ 新的南京

城市在新的格局里施展开来，一千五百多年来，南京从未忘记那一次上巳节的水滨吹过的春风，它再也不是从前的南京。

---

① 语出《论语·侍座》，孔子问学生们的志向，曾皙说"莫春者，春服既成；冠者五六人，童子六七人，浴乎沂，风乎舞雩，咏而归。"孔子非常认同，说："吾与点也。"后来，"吾与点也"就成了儒家的生命理想，在这个理想里，有和煦之社会，自由之生活，审美之意趣。

② 钱穆：《中国历史精神》，贵阳：贵州人民出版社，2020年版，第74页。

它不再位居权力或主流文化的边缘，它开始装下整个天下。它小心地收藏了来自权力中心的衣冠，从口音开始，接受了一个更开阔的自己。今天的南京话与先秦时期的吴语截然不同，在中原语音猛烈突兀的冲涤与缓慢而坚定的渗入中，南京人形成了与吴侬软语截然不同、抑扬顿挫、充满"生动语式"的语言风格。

长江与长城相隔千里却异曲同工，它将北方的骑兵拒之江北，让中原颠沛流离的人们重新拥有安全感。江南沃土又让扎根于此的侨民、吴人富足。更重要的是，中原主流文化与吴文化在城市空间里聚集、碰撞、整合，最终支撑了所有士族大家的信仰。在这个过程里，南京逐渐拥有了一种独特的力量，这力量足以令它担得起人们对华夏的一切想象。

"金陵王气"赋予了城市天然的神圣性，长江天堑给予了城市真实的安全感，士族豪门与嗅着机会蜂拥而来的侨民们为城市带来了蓬勃的活力。

当一个城市具备神圣、安全和活跃的经济这三大要素时，这座城市必将兴盛。此刻，南京作为华夏精神的核心点，已然成为北方朝代更替混乱频繁的乱世中，一种参照与念想。

最初的屠戮渐渐缓和后，鲜卑、羯、氐、羌人先后在北方建立了属于他们的政权。然而，在中原的土地上，面对远远高于他们的文明，他们又怎会不效仿。拓跋氏汉化与鲜卑族历代君王对汉文化的仰慕和追随使得南京成为一种微妙的制衡点。他们向往南京，又希望取代南京。他们渐渐不愿承认自己的胡人传统，认为"大禹出于西戎，文王生于东夷，顾惟德所授耳"①。汉族人的圣贤大禹、文王都是夷人、戎人，我们凭什么不能成为他们？

---

① 语出《晋书·刘渊载记》，刘渊为匈奴人，却认为建立真正的基业应该宗崇华夏。他还认为匈奴人也可以主掌中原，因为大禹、文王也不是出生在中原。

越往后,他们的心态越复杂:有人认为胡人不能做帝王,告诫自己的子女以后要归晋;也有人认为自己才是中华正统,是王师,东南不过是南蛮文身之地;还有人承认东晋政权与自己政权都有着华夏合法性。无论哪种态度,其核心点都是对华夏正统的臣服与认同。

南京这一次站上舞台,让华夏的核心从此脱离了具象的土地,而成为一种意义的象征。它让中国人第一次明白,文化的多样性并不可怕,文化的排异性才是悲剧的开始。

这一次,司马睿凭借着上巳节的政治秀,让吴人接受了中国。从那以后,再没有纯粹意义上的吴人,而只有属于华夏的吴地。几乎披发左衽、文化丧绝的中原,随着南渡的衣冠,在南京得以喘息,城市庇佑了曾塑造过它面貌的文明。两千年来,无论这个民族到了何种危险的境地,只要这文明精神还在,华夏就不曾真正灭亡。

这一次,南京城被选中,也开启了中国政治地理格局的另一种平衡。三百年间,中国朝侧翼迅速发展,整个华夏的框架再也不是只以中原为核心,华夏已然成为一种精神的合力,精神所在,就是核心所在。

这一次,天下格局从一元中心过渡到多元中心,东南一带的开发让江南为今后的中国储蓄了巨大的能量。

范文澜说:"在东晋南朝时期,长江流域开发出来了,使隋唐封建经济得到比两汉增加一倍的来源;文化事业发展起来了,使隋唐文化得到比两汉提高一层的凭藉。"[①]

这就是魏晋南北朝时,南京之于历史的意义,这层意义让后世中国多了许多底气与光辉。这一时期的平衡也是精神意义上的平衡,所有的政权都以华夏为目的后,华夏也就一直存在。

---

① 范文澜:《中国通史简编》,北京:商务印书馆,2010年版。

◆ 不同的平衡方式

五百年后,渔阳鼙鼓动地来,胡人出身的安禄山抛掉了他满肚皮的忠诚,逼得盛唐四处流窜,有一支流落江南,再一次留下了衣冠、礼仪与诗篇,史称南唐。

又五百年后,无限繁华的开封故都,几乎是在国家经济力量最强盛的状态下国破山河改。靖康耻激起臣子恨,南京再一次成为华夏的庇佑所。金人的军队杀过了长江,宋军在南京的血战让躲在吴地深处的南宋朝廷得以西湖苟安。

最终,只识弯弓射大雕的成吉思汗,终结了南京,也踏平了世界上四分之一的国土。他不需要华夏,但他的孙子忽必烈依然选择用华夏的方式治理中国。

令人遗憾的是,元代所割裂的不仅仅是一个延续的中国,而是中国人对华夏精神的真正理解。元代所启发的明代、清代并没有继续唐宋的开放、进取,而是将华夏的平衡之道理解为保持最低水准的一致,以至于明清两代的中国成为历史上庞大、稳定、单一的平衡国家。

宋、元时的江南,已成为"国之命脉""财赋渊薮",宋、元的南京也从一个政治、军事型城市,兼而有了经济城市的气质。这些丰富的积累最终成就了南京,让这个城市可以实至名归地成为大明开国的首都,这是城市的巅峰,也是中华命运盛极而衰的转折点。

明代的中国讲究一种极致的平衡。

朱元璋能想到的最好的国家形态就是一个完全平衡的中国。国土是平衡的,首都南京位于中国的中央;人口是平衡的,通过强制迁徙就可以实现基本平均;行业是平衡的,人民分为不同性质的户,世世代代各户做各事。崇尚平均主义的朱元璋,为了防止局部地区经济领先发展,总是强迫领先地区向落后地区看齐。

夏、商、周三代的平衡是一种对地理格局想象的平衡，秦、汉的平衡是一种对整个中国行政地域的统一控制和对万事万物理解上的平衡，魏晋南北朝的平衡是一种华夏精神统领下的平衡，唐、宋则是开放中的平衡。元代也曾短暂的追求过农耕社会的平衡，但很快就因其混乱的内政而放弃。

明朝追求的平衡却是一种集权专制下，将整个帝国推回至一个大农村的低级平衡。明朝开国对商业的极端打压在整个中国历史上都是少见的，保守的经济政策让中国退回僵化的农业一元经济中。

如果说宋、元都是世界性帝国，那么明代则是一个封闭型帝国。明代所追求的平衡从掌控的平衡、意义的平衡、精神的平衡转而成为控制的、具象的、实际的平衡，这种成为桎梏的平衡方式让中国慢慢停下脚步。明代因为后期几任皇帝的不作为而让制度镣铐渐渐松散，清代却因几代励精图治帝王的出现让镣铐越铐越紧，趋于顶峰。

那个曾经对世界开放、包容，追求和而不同的中国在明代就已经成为一个暮气沉沉的中年人，他拒绝再把目光投向世界，他维护华夏的纸面意义而不是精神内核，他相信自己就是天下之中。晚清，这个过于老成的"中年人"慢慢衰老，他再也不能接受任何一点新鲜的东西。枯萎的中国再也维持不了一丁点的平衡。

作为大清"裱糊匠"的李鸿章，在南京留下帝国垂死挣扎的最后努力——金陵制造局，试图用工业化的机器弥补与世界的差距。可怜的大臣们依然想跟上世界，但那时的他们已不能理解世界。

他们并不知道捍卫三代以来的礼乐教化、经济格局、等级秩序有什么错，几百年的精神阉割让他们想象不出还可以有跳出这个框架的华夏。每当他们念出一句"奉天承运"时，真的可能饱含着泪水，没有人会怀疑他们对这土地抱有的深厚情感，他们信奉的终极天道却再也不能给予帝国命运的垂青与新的指引。

这是古老中国的兴衰史，也是一个城市的兴衰史。城市忠实地记录下了一切，你可以在它的街巷、郊野里，从它的地名、口音中打捞起那些巨大框架里的细小事件，它们没有被湮没，它们指示着城市的过去和未来。

五　与京城对话

◆河流与城市

河流在城市中蜿蜒而过，一边塑造了城市的性格，一边定义了城市的边界。

河是神秘、深邃、未知的，它很少隆隆作响，它永远无声地流淌。沿着河水，我们渐渐摸到了城市的秉性。比如说，秦淮河穿城而过的南京，就不同于渭水流经的西安、洛河为界的洛阳、永定河畔的北京。它连接了南京的各处，将城市分成不同的区域，越靠近它，城市越丰富。

漫长的城市历史中，秦淮河多数时候都是污浊的，河底堆积着腐烂的淤泥，河面上漂着菜叶、垃圾，甚至动物尸体。每一个夜晚，河岸纤细的芦苇都在轻声慢语地娓娓叙说城市的故事。当早晨的阳光映照时，它又波光闪耀。

河流于南京就像是城市的脉搏。几乎所有的城市都与河流有着亲密的关系，它们之间的故事却大不相同。

凭着黄河支流丰沛的水流，当年的西安曾是关中沃土，是华夏最早的象征。它有山河表里，雄峰重重，关隘天成，它有西周以来最古老的王城，是盛唐之时最荣耀的首都。当雨水适中，黄土肥沃时，渭水流经的西安就是一个长治久安、当之无愧的天下之中。

在这里定都的中国拥有过中华历史上最长久和最强盛的朝

代，然而蓦然回首，长安也已灯火阑珊。大西北日益恶劣的生态环境，对城市作为天下之中时的超负荷索取，远离大河造成的水资源不可控，关中的枯竭肉眼可见。

接替它成为天下之中的是洛阳，贞观时期，骑马早上从长安大明宫里出发，不紧不慢地走，天还没黑透也就到了。

洛阳群山合围，江河相依。罕见的城防形胜优势让它长期压倒中原诸城，更久远的文化溯源让洛阳拥有一种饱满、绰约、令人信任的形象。洛阳有时候是幽默的，让人想起那个吐着舌头的老子李聃，有时候是风姿的，让人想起翩若惊鸿的洛神，以及竹林下那七位袒胸长啸的男子。它的形象如此立体，数不清的华夏文化在这里生长，如果说中国人都有一个心理上的故乡，那就是洛阳。每逢亲友问起，冰心就可在玉壶。洛阳倒从未衰败，然而它总是被觊觎，胡人的战马踏平过几次城市的荣光。

这两座城市都处中原，像同胎异卵的孪生兄弟，血脉一致，成长相似，都是华夏天命所在的正统之处，拥有它们，哪怕只拥有其中之一，也可以获得血脉上不容置疑的正统性。南北朝时，在洛阳定都的北魏，君主做着做着就把司马睿的江东当作了南蛮化外之地，城市给予他们的底气足可撑起一个华夏国家的自信。

但两座城市并不完全相同，这种区别就像是兵马俑与卢舍那大佛之间的区别，前者威武肃目、强大恢弘，后者慈悲仁厚、灿若星辰。

两千多年前，汉光武帝选择了洛阳，将那因过于强大而成焦土的西安留给了下一段传奇。在他的授意下，班固用一篇《两都赋》宣告了西安的离去。"蘧然失容，逡巡降阶，揲然意下，捧手欲辞"[①]，城市之间就此作别。

[①] 班固《两都赋》的政治目的是通过长安、洛阳这两座城市的对比，暗示洛阳之盛况已远超当日西汉首都长安。本句以宾客喻城市，东都主人（洛阳）说完之后，西都宾客（长安）惶恐失色，退下阶沿，情绪低沉，拱手告辞。

◇◇夫子庙的秦淮画舫（金陵图书馆　供图）

◇◇秦淮河流经夫子庙（金陵图书馆　供图）

南京的登场没有这么抒情。司马睿的背后是中原涂炭，流民遍地。过江的士大夫们，望着长江水，想起河洛，相顾落泪。与西安、洛阳相比，这里一开场就缺少"天下定一"的气魄。它似乎不太能长治久安，这让人们怀疑起金陵王气，指责南京是一座意志消沉的短命城市。它仿佛偏安即足，事实上，东晋，甚至整个南朝，统治者一统天下的意愿确实并不强大，更别提南宋，缩向后方，乐不思蜀。那些所谓的北伐一方面只以长江为界确实不足以保证南朝偏安，国防线必须上推到淮河，才能真正实现划江而治；另一方面则更多是一场场收服人心、自证正统的政治秀。

然而，它毕竟是南京，它扼守长江下游，领袖东南，通海控淮，它必然要领受来自中原所赋予的华夏使命。西安与洛阳已不能再庇佑华夏的子民后，南京敞开了胸怀。

南京仿佛从很久以前就在为这一刻做准备。在遥远的六千年前，它敞开过胸怀接纳了所有周边比它更先进的文化，它的墓葬里有来自中原新石器时期的物件，也有来自良渚文化精心打磨的玉饰。西周时期，它抚慰过长途跋涉的泰伯、仲雍兄弟，让周文王得以安心登位，也让流落在外的周朝王子得以重整羽翼，就此安住。

它在孙权的指引下，放开过面向海洋的航路。当东晋建国，衣冠南渡，整个中国的政治势力转移与华夏文化的保存让南京瞬间长大，它的统治区通达大半个中国，它的影响力迅速辐射了几乎整个东亚。正如日本学者吉村怜先生所说："从文化上来说，六世纪的南京宛如君临东亚世界的太阳，围绕着它的北朝、高句丽、百济、新罗、日本等周围各国，都不过是大大小小的行星，像接受阳光似的吸取从南朝放射出来的卓越的文化。"①

它早已不再仅仅是江南，只要中华需要，它可以成为华夏的

---

① ［日］吉村怜著，卞立强、赵琼译：《天人诞生图研究：东亚佛教美术史论文集》，上海：上海古籍出版社，2009年版。

中心，它可以为中国打开南北平衡的多元政治格局，让中国的政治想象第一次离开中原。

唐宋之际，中国经济力量的南移，也让南京有了更多可能。所以，尽管宋代选择了开封与洛阳，但唐宋以来经济一直仰赖东南的局面依然让南京积聚了更多的实力，这种实力让朱元璋甫一开国，它就迅速攀上了中国城市所能到达高度的最顶峰。从那时起，它不得不一次次与北京对话，接下来的整个中国史，重要的节点也几乎都发生在南京与北京。

◆ 守护观念上的中国

衰落的中原将华夏正统的底气郑重地交给了南京，在中国历史上，它是唯一从未被异族占据过的国都，它的政权都是华夏。凭借这份底气，只要华夏的概念还在，它就永远有机会再次崛起，这样的资本让北京无法忽视。元末之后的五百多年里，这两个城市之间的对话，就已说尽了整个中国的政治格局和民族命运。

名字是城市对自己的身份认知，这种认知的意义不断被政治目的修改、操纵。城市曾各自被命名为"应天府"与"顺天府"，一旦哪一个城市在这政治争斗中落了下风，它的名字就因为提防而被修改得更加驯服，比如清代定都北京，南京就被称为江宁，朱元璋的大明、孙中山的民国定都南京，北京则被呼作北平。

两座城市之间一直互相提醒着对方的命运，南京让晚清北京清醒地明白了自己并非天下之中。明城墙下，静海寺内的一纸《南京条约》让帝国颜面无存。也是南京，让晚清北京彻底知道了自己已失去控制地方的能力，太平天国定都南京，声势浩荡的新政权即便支撑未久也已彻底动摇了清政府的根基。

中华民国的旗帜挂上南京城头后，晚清北京黯然退场。然而，中华民国只是给予城市短暂的荣光。1937年后，又不得不放弃了它。

1949年之后,北京重新拾起了荣耀,而南京也保留了京的名字,它不必再改名,因为新的世界里,神授的天命已不再具备号召力,名字自然也不会再被忌惮。

与北京掌控中华、背靠燕山、俯视华北平原的霸气相比,南京既亲手接过中原的权杖,续过华夏的命脉,也曾长久被贬抑,数次被屠戮,经历过剧烈跌宕,它有一份洞晓世事的宽厚感。它就像王谢旧居,传说都在,只是燕子来时,已是寻常百姓家。

它像是中国版图的一道黏合剂,南京以北是凝重的华夏,以东以南是活跃的华夏,而南京就是这两部分汉文明天然的交汇点。城市以北基本上属于官话方言区,是统一的中华民族的主体部分,也是孕育炎黄部落的摇篮。南京以东以南是跟官话几乎是两个语言风格的形形色色的方言区。在这些方言区里,几乎所有的家族都希望将其郡望先祖遥定在北方一处更悠久的地方。他们在语言上仍然保持原始的痕迹,但无论在血缘上和感情上都已与北部中国交融了。

这个交汇点很久以前就已存在,近代的历史更是证明了这一点。北方传统的介入,南方新潮的涌现,在这个深藏霸气的城市里胶合,使南京成为汉民族的中心。

历史上,南京是汉人反击非汉民族统治的中心和理想的寄托地。朱元璋反抗元朝,洪秀全造反清朝,孙中山建立民国,南京都是他们的首选之地。从情感和便利上讲,秦岭、淮河以南的人更易接受南京的领导。而中古以来,秦岭、淮河以南在文化史和经济史上都已经在中国取得了绝对的优势。

虽然经济富庶,但当深谋远虑的北京接过大明帝王之都的旗帜时,南京也就再一次收敛起光芒,它太熟悉这种处境了。这场迁都让城市失去了帝国的掌控权,也让城市在某种程度上更加自由,以至于形成独属于南京的市民精神。

我们把目光再一次投向西安、洛阳、北京、南京这四座城市，会看到它们都曾作为中国的行政中心而存在。政治，而不是商业，决定着中国城市的命运。城市时运的涨落取决于统治王朝对其位置的喜好、防御的需要或者食物供给的便利程度。

"居天下之中，礼也"，都城不仅仅是儒家传统的世俗权力控制的城市，也应当是"中央王国"的中心点，这中心点的神圣感通过帝王的权力得以呈现、置换。世界上只有一个耶路撒冷、一个麦加，但中国可以有数个神圣之城，这是华夏平衡的微妙之处，它没有固定的中心点，帝国要找的是自己的平衡点。

早熟的中国文化很早就放弃了固定的神坛，他们的智慧是通透的，不依靠地面地标的指引，因为他们知道沧海桑田，地面上的东西都不可能永恒，即使流着牛奶和蜜糖的绿洲也会变成荒漠沙岭。中国人靠宇宙星宿的对应来确定帝国的天命所在，相比变动不居的大地，宇宙如此稳定，而拥有对宇宙解释权的文化属性让华夏充满弹性。

中央之于地方，犹如躯干之于手足，政令要像血管与神经一样流畅；地方之于中央，犹如众星之拱北辰，环侍甚谨。一朝血管堵塞，神经坏死，或者众星生异，尾大不掉，帝国也就失去了平衡，比如东汉末年、中唐而下，那时的中国或群龙无首，或枝强干弱，帝国需要再次寻找新的平衡。

其实，中国的朝代几千年，换种角度看去，都像是一个时代。帝国的平衡靠的是天命所授的神圣、儒法并用的规则与农业经济的支撑。偶尔有几个朝代在经济支撑上走得多元了一些，比如北宋的王安石变法，因为相适应的规则并无改变，只能惨淡收场。再有几个朝代在经济支撑上过于保守，死守土地，比如明代，终究也是悲凉落幕。这些朝代更像是同一个人的不同时期，这个人的本质几乎从未变过。

核心城市的转移代表着在帝国框架下，不得不调整平衡的中心点。西安资源的枯竭，让城市无法提供"天下之中"的能量支撑，为了继续持续中原华夏的神圣与中央控制力，核心城市转移到了洛阳。当东南经济发展已远远超越中原，成为帝国重心之所向，六朝的繁华、大明定都南京也就顺理成章。

不过，即便朱元璋牵强创造出南京地理中心论，南京作为一国之中的控制力依然稍有逊色。南方城市布局的局限，对北方游牧民族鞭长莫及，都让这座城市对长久掌控整个中国有些力不从

◇◇1929年，刚建成的中山陵（金陵图书馆 供图）

心。这让南京总是有一种知其不可而为之的悲壮，它总是在等待"光华"，它的城门甚至把这使命镌刻在门楼之上，提醒城市它的宿命。这"光华"是一种华夏理想，意味着城市始终把历史的责任担在肩上，因为城市有光华的理想，华夏就永远可以在这里找到重生的希望。

南京让人们真正明白了中国是一种观念，在这个观念里，所有认同华夏精神的土地，都可以成为中国。

古老的中国，有着农业文化天然的保守性，而游牧文化和商业文化都有着天然的侵略性，它们需要占领。理论上，所有认同华夏精神的土地都可以成为中国，但实际上如果不是农业文明形态，其实很难认同华夏基于土地而形成的文化观。每当秋风扫落叶、牧草枯黄、边关风劲角弓鸣时，北方的骑兵便会蜂拥而至，那是长城防不住的游牧劲旅。两千余年，无险可扼的漫长边防让中原文明在与北方游牧文明的较量中，屡次落败，输给游牧文化的中华，又总是在南京重新建立了农业文化的堡垒。

六千年来，城市带领它的主人从台地上渔猎为生的北阴阳营人、湖熟人到吴越断发文身的土著，它曾为楚文化所激荡，也曾让吴歌缭绕。它归附中原那一刻，就已经准备在某些时刻担当起华夏的责任。两千多年间，如果没有一种内在的极坚强的精神，屡次的劫难之下，中华何以存续？

这种精神，是中国人的天下观，而南京就是这个观念的守护者。

作为一种集体记忆，南京的厚重无城可及。

◇◇车水马龙的南京长江大桥(泱波 供图)

第二章 城市的符号

引子　故事的分类

想要真正地了解南京，人们也许还是希望按照时间的顺序，通过大殿上的君王、城头上的将军、学府里的青年、河舫上的女子，以及那些曾经塑造过南京的家族来熟悉这座城市。

我们可以遵照时间留给城市的故事，循着飘荡在城市上空的记忆，来重新讲述南京，用一种轻松的、平视的方式，来认识它。因为了解一座城市的简便办法，就是了解人们如何在这片土地上生老病死。

过往的集体记忆在城市里慢慢凝固成符号。这些符号的影响触及每一个个体，无论当你谈及历史，还是阅读与文学有关的书籍，南京都可能在某个片段里突然出现。也因此，每个人对南京都会有充满个性的想法。这种想法不是知识，而是一种潜意识的感觉。

曾接纳过一切的南京深入人心，即便你从未来过这里，你也会在到达之后，唤醒一种似曾相识的记忆。

现在，我们需要在这些感觉中认识这座城市。

南京的城市布局很像一座现代图书馆，所有的故事都不是随机摆放，而是有着特定形式的分类。这些分类让我们在探索这座城市时有了方向。

穿越这座城市,你会遇见无数的符号,有些是有形的,比如纪念馆和指路牌;有些是无形的,比如一句对白、一个影子。你可以随意选取其中的一些,与城市产生连接。通过连接,你可以深入到城市的内心,听见它的叹息。

当我们无从知晓城市的书架上究竟放着些什么书时,认识它就得靠手气了。也许你随手抽出一本,全是些无关紧要的琐屑,而另一本,就可能给你带来深刻的共鸣,每阅读一行都让你能感受这块土地的魅力。但这些魅力依然是杂乱的,你很难从随机的阅读中找到章法。

南京的书架上,所有书籍正按照价值、趣味、来路与想象被归类,古老道德的箴言、对规则的执拗见解、与女子有关的情话,以及大量真假莫辨的故事填塞着巨大的书架。

它们被摆放整齐,一目了然。

现在,我们要遵循图书分类的方式,让探索本身也拥有意义。

对于城市,我并不认为了解它大量鲜为人知的枝节有多么重要,这本书也不是一部关于南京的百科全书,这里不会记录每座建筑的飞檐廊柱、不同景点的来龙去脉,这不是一份旅游指南,也不是严格按历史顺序先后登场的琐碎传记。我更关注城市给人带来最为重要的部分,那些令人们的社会生活更具有价值和趣味的部分,有道德上的指示,也有审美上的愉悦,更有城市得以流传至今的原因之所在。

有些城市因为变化太大,我们已无从在今天的街巷里找到城市昔日的品质。但南京不同,南京地平线上,城市天际线并没有遮蔽老城墙的余晖,反而成为城墙的映衬,一些古老的地名更是以一种格格不入的情调,坚持讲述昔日的故事。

比如听起来很不知所谓的"白下",它是在纪念东晋年间幕府山下的白石筑垒。它是汉族政权经历一连串的存亡之战后,城市得以从垒垒白石的基础上建立而成的渊源。再比如"马群",听起来仿佛田园牧歌般遥远,今天却云集着城东最尖端的产业,这是朱元璋当日养马之地,如今,以地名的方式温和呼应着城市的明朝风光。

御道街、成贤街、龙江关、评事街、颜料坊……历史以地名的方式生活在城市的大地上。

无论细节如何,在真实与传说之间,在地表的遗存与史书的追忆之中,南京都已被塑造出一种坚固可靠的形象,比如王者之城、名士之城、离乱之城、复兴之城、正朔之城等。这些被人们熟知的城市符号让我们知道城市曾经发生过什么。

一　王者之城

◆襟怀天下

南京的王气,不是风水意义上的龙盘虎踞,也不是帝王之都的景致风物,而是城市气场里那种襟怀天下的气象。

南京没有留下北京紫禁城那样的帝王宫殿,也未曾像西安那样动过重建大明宫的念头,而城东的钟山和郊外的王陵却为南京的王气留下了永恒的注解。

陵墓作为中国人的终极信仰,让这座王者之城留下了无法忽略的帝王景象,甚至这座城市的标志也来自一尊栉风沐雨的六朝帝陵神道兽——辟邪。

法国人保尔第一次看到明孝陵时,城内太平天国运动刚刚平息。他在明孝陵石牌坊门谕令"到此下马"的铭文前停住,朝左右张望,芦苇丛中有几块断碣,一块巨大的黑色花岗岩石碑上详细镌刻着参谒陵墓的各项规定,铭文几乎要被苔藓侵蚀得看不清了。保尔仔细辨认,读出上面写着禁止损毁器物、高声喧哗和破坏清净水池的要求。

不远处，那些形态怪诞的巨伟动物雕像交替出现，神道尽头转角处的文武官员石像如同幻影一般，保尔看着它们庞大而零落的身影浮现在苍凉野地里，想象那位东方皇帝是如何跨过这重重门槛、"享受"过极尽哀荣的葬礼，永远长眠。他心里生出许多对历史的感慨，觉得这个巍峨的皇家陵寝如同死神的宝座，离去的大人物反而使得这片土地不朽。

◇◇明孝陵内的石碑（金陵图书馆　供图）

几十年后，日本作家芥川龙之介来到这里，看到离离青草中立着的巨大的石像与残存的石基，倒吸一口冷气，这气势哪怕衰颓至此，也远远不是奈良郊外那种凄凄碧草中追忆腰佩银钉宝刀的贵公子的寂寥之情所能比拟的。

这气势里有帝国曾睥睨天下的阔大。民国时，明孝陵是著名景点，神道上或跪或立的巨大动物雕塑，受了几百年的风雨摧蚀，已变成灰黑的颜色，象背上往往还驮着游客扔上去的碎砖石。穿过神道，尽头是一整座山，正中的石上刻着"此山明太祖之墓"，不熟悉中国墓葬制度的游人很难想象整座山林便是一个皇帝的陵墓，他们生时帝国辉煌、死后陵墓也铺陈得如此阔大。

与明孝陵遥遥相望的，是东边一幢高阔的白石大厦，那是孙中山陵寝，如今中山陵的名头要比明孝陵更响，游客们大抵都是要爬一爬中山陵的台阶的。如果幸运的话，爬台阶的时候赶上

◇◇明孝陵内武将石人（金陵图书馆　供图）

游客稀少，可以看到紫金山的峰峦反衬在青白色的大殿、阔深的长阶直铺到地底，蕴蓄深藏、庄严伟大的气概足以令人心生敬畏。

一位是大明创业帝王，一位是中华民国的缔造者，生前都在这城市里谋划复兴华夏的大业，死后都选择了同一个山麓，成为城市的一部分。

和他们一样选择这片山麓的还有南京的第一位皇帝孙权。孙权选择南京是这座城市成为王者之城的开始，南京郊外的六朝陵寝、牛首山上的南唐二陵、紫金山麓的孙权墓、明孝陵、中山陵是这座城市作为王者之城的永恒印记。

无论是朱元璋墓碑前"治隆唐宋"的评语，还是孙中山牌坊上"天下为公"的理想，都让这座城市拥有了襟怀天下的阔大气象。

它不仅是一座城，因为这些王者，它成为一种国家理想。在这种理想里，我们希望六朝繁华未曾跌落，希望治隆唐宋，希望

◇◇远看明孝陵（泱波　供图）

◇◇远看中山陵（泱波　供图）

天下为公。为城市开启这些理想的是四十七岁的孙权,追溯这个理想则还要更早。

◆ 意义与象征

南京是在东汉开国功臣、丹阳太守李忠的手里变得像一个中国的城市的。

在李忠之前,这里是吴、楚、越相争之后的化外之地,秦始皇给了城市一个歧视性的名字——秣陵,大汉则让其在中国化的进程里脱胎换骨,李忠的铁腕开发让城市迅速吸引来了大量的掘荒者、商人……这块地表上出产谷物与鱼类、地表下蕴藏着丰富矿藏的土地在西汉迅速成为一块香饽饽。

刘濞的野心就在这山海之利中开始膨胀。

叔叔刘邦当年把他封为吴王时,在他后背上轻轻拍了一下,掌心与脊背接触的瞬间让刘濞感觉异常阴冷。他知道刘邦既要用他,也想防他。

每每想起叔叔刘邦手掌抚上来时那阴冷的触感,刘濞就不寒而栗,叔叔那轻轻一拍就像一个没有打下来的巴掌,始终悬在他的余生里。直到后来,他看到儿子刘贤被外甥刘桓从长安送回的冰冷尸体,那一瞬间,那个巴掌才算是真真切切打了下来。

刘贤的尸体已经臭不可闻,刘濞的恨意也势不可当。

他盯着使者,眼睛要滴出血来,作为人质的儿子不过和太子下棋起了争执,就被太子用棋盘砸死,他凭什么不能出这一口气,凭什么要等着朝廷一巴掌一巴掌地扇下来,直到把他们这些诸侯都扇进黄土里。

攒着这一口劲,刘濞异常起劲地经营江南,他治下的地域,有矿山与盐,也有船和百姓。他甚至以钱代役,让百姓不受差役之苦,这一番民心所向让南京长久地记住他。

即便他最终失败了,一千年后,苏轼看到的南京依然"老濞宫妆传父祖，至今遗民悲故主"。①

城市的特色就是城市本身的集体记忆，人们所记住的一切塑造着城市的空间关系，而这种空间关系也熏陶着继续生活在这里的人们。

刘濞打着"清君侧，诛晁错"旗号领头造反，在这场预谋颇久的动乱中，刘濞征用了吴地的大部分成年男子，他们中的许多人都没能活着回家，包括刘濞自己。但刘濞终究还是为以后的中国留下了一个充满经济想象力的江南。

南京的政治想象力则来自刘彻。

刘彻和南京的直接关系，勉强只有他娶了出生在南京的阿娇，但刘彻对南京的间接影响则是千秋万代。

当年馆陶公主刘嫖嫁到南京的时候，就没想过要永远留在这里，将女儿阿娇嫁给未来的皇帝成了她最深的筹谋与跳板。少不更事的刘彻看到阿娇时，一句"金屋藏娇"让刘嫖认准了这个筹码，也让刘彻一脚踏上了帝王之路。

刘彻最大的功绩是为中国插上了一根精神的脊梁，形成了一个文化的体系，规范了一套制度的框架，以至于刘彻的大汉，一句"犯我强汉者，虽远必诛"至今仍会令中国人热血沸腾。

无须详列他的历史功绩，也不必纠结他那昏聩的暮年，单凭可以解释一切的文化体系，以及在这个时期成型的大汉民族就足以标榜千秋。

如果说周代为华夏提供了一个框架的想象，嬴政为华夏落实了一个具体的中华，那么刘彻为华夏构建了一套可保持帝国平衡的价值体系。从某种角度来说，在这个体系里，只要天道还在，中国就是永生的。

---

① 该诗句出自宋苏轼《于潜女》一诗。原诗为""青裙缟袂于潜女，两足如霜不穿屦。觟沙鬓发丝穿杼，蓬沓障前走风雨。老濞宫妆传父祖，至今遗民悲故主。苕溪杨柳初飞絮，照溪画眉渡溪去。逢郎樵归相媚妩，不信姬姜有齐鲁。"

刘彻的大汉让中国人将五行、阴阳、四象在万事万物上的对应从早期原始的神话思维中跳脱出来，落地为扎扎实实的学问、知识、判断与信任。

知识分子们为汉武帝构建了一套可经纬万事万物的文化体系，为权力的向往者们打开了新思路，也启发了后世的想象力。在这种思路和想象的催生下，"金陵王气"的传说悄然生根。

秦汉时期，完全没有任何关于"金陵王气"的相关记载。记录"金陵王气说"这段逸闻的裴松之甚至比孙权还要晚上一百来年。如果这个说法可靠，刘濞大可不必用"清君侧，诛晁错"这种经不起推敲的借口。要知道用这个借口起兵，汉景帝诛了晁错，几十万大军怎么收场？反正打定主意要谋反，为何不用现成的"金陵王气"，做几场天命在我的政治秀，就像陈胜吴广剖鱼肚得天书、汉高祖斩白蛇那样，也许得到的支持率还高一些。可惜他没有，几乎可以判断，那时候的南京还不曾有王气的传说。

晁错一诛，刘濞的军队立即师出无名，两个月不到刘濞就战败被杀。

师出有名太重要，曹操一辈子不敢真的称帝，因为他是汉丞相，他"挟天子以令诸侯"，他的一切正当性来自他不称帝。

刘备不同，刘备姓刘，这是老天爷给他的名分，他称帝赢得的历史同情分要远高于其他政权。

孙权既不姓刘，也没有弄一个汉朝小皇帝放在身边，称帝野心虽然呼之欲出，却迟迟不敢捅破，以至于曹丕、刘备都称帝了，他却只能窝窝囊囊接受了曹丕给他的吴王封号。

九年以后，抓住魏蜀交战的间隙，孙权在武昌正式登基。他的理由是汉祚运尽，曹丕是孽臣，"天意已去于汉，汉氏已绝祀于天，皇帝位虚，郊祀无主"，自己敬畏天命，不敢不从，只好即了皇帝位。

这封诏书措辞不够硬气，也不能行为自洽。既然曹丕是孽臣,为何九年前接受他给你的封号?汉氏已绝祀于天,那刘备算什么?这不得不受、不敢不从的天命体现在哪里呢?

南京的重要性此时就渐渐在局面中凸显出来。

辅佐过孙家兄弟的谋士张纮就是刘彻思想体系影响下,典型的汉族精英知识分子。

当张纮为南京讲好了一个"金陵王气说"的故事后,也就意味着这个吴头楚尾的小小城邑即将拥有属于自己的意义与象征。

这是一座诞生于预言与期望中的城市。

《三国志·吴书》中详细记载了孙权定都之际,围绕这座城市所做的舆论设计。除了江东父老的口耳相传,还有政治人物的助力佐功,比如和孙权曾同一战线的刘备、诸葛亮就不遗余力地赞美过南京"龙盘虎踞,气象非凡",预言这里将成为帝王之都。有学者考证,认为诸葛亮没有来过南京,这不重要,世间一切本来就是无中生有、有中成实,重要的是,当人们认为你将要伟大时,你是否可以真的伟大。

南京,接住了这个预言。

◆ 成为一种理想

东吴至陈,六朝三百七十六年,踏踏实实地在南京坐着龙椅的三十多位皇帝,让金陵王气成为城市真真切切的符号。

开国帝王用来登上政治舞台的作秀工具,亡国之君可能真的深信不疑。比如六朝最后一个皇帝陈后主陈叔宝,三百多年的金陵偏安让他深信这座城市有"王气"的护佑。隋军兵临城下之时,陈叔宝一边抱着张丽华逗乐,一边大言不惭:"王气在此,齐兵三度来,周人再度至,无不摧没。今虏虽来,必应自败。"

然而,边疆告急,尚书仆射袁宪万分焦急,火急火燎地入殿请兵。

身形猥琐的都官尚书孔范凑上前:"长江天堑,隔断南北,今日隋军,岂能飞渡?"他扭头朝袁宪瞥了一眼,"这般着急,是要做什么功劳吗?"气得袁宪拂袖而去。然后,君臣两人倒唤来歌姬,喝酒纵乐去了。

隋文帝杨坚打下陈朝不过朝夕间事,但就算是俘虏了陈叔宝这个政治废物,杨坚也还是对这流传数百年的"金陵王气说"有真真切切的忌惮。为了大隋帝国的长治久安,隋文帝下令将昔日的六朝宫殿"平荡耕垦",全部铲平,废为耕地。

这是南京为自己的王气说付出的最惨痛代价。

即便六朝留给了南京那么璀璨丰富的文化遗存与城市气质,地表上,属于六朝的宫阙、建筑却几乎一无所见。整个六朝,如果说还剩下些什么,恐怕也只有郊外的六朝王陵,那尊在野外栉风沐雨一千多年的神道兽辟邪了。作为城市王气的象征,这尊镇墓兽在一千年后成了城市新的标志。

对于这座城市来说,预言的来源已不重要,王者之城的政治符号经由一代代的帝王坐镇,早已与这土地融为一体。无论信与不信,它都已成为城市的一部分。

帝王的居所宣告着城市神圣的所在。时间向前推进一千八百年,新鲜的翠竹篱插进了新街口一带松软的土层中,太初宫在从前将军府寺的基础上开始营造,神龙殿作为这座宫殿的正殿,此时还有点吴地图腾的地域色彩。神龙殿外,朱红的城阙左右对立,气象巍峨,从宣阳门到朱雀门外是皇帝专用的驰道,青石磨路,平整如砥,道旁青槐浓荫蔽日,两边绿水长流。殿外的几重门,已然成了儒家文化浸润之后的起名方式,比如东边的升贤门、西边的明扬门、正东的苍龙门、正西的白虎门、正北的玄武门……

簇拥在这一段驰道两侧的是星罗棋布的各级官署,顺着官署往前就到了河流两岸,王府民宅商铺挨挨挤挤。它们共同生成了一个体面的江南,有着理想与追求的江南。

它们没有遵循古老华夏对城市的刻板想象，不再是《周礼》里规定的前朝后市，而是遵循了河流的走向，遵循了人们对城市的欲望与期待。

后来，它的名字叫"建业"。这一建，建立了东吴、江南乃至未来整个华夏的基业。

此后六朝，城市规划大致如此，虽有重筑或修建，"经画皆吴之旧"。孙氏东吴为南京扎扎实实地建了基，立了业，打开了属于"金陵王气"的神秘宝盒。

如果说东吴之前的南京还没有来得及形成属于自己的城市风格，那么接下来的六朝则为城市打开了新的世界。六朝的南京以超越中原的主流性、正统性和独创性让这座城市一跃而成为当之无愧的王者之城。

南京从此不仅仅是一座城市，而且是一种理想。在这个理想里，六朝一遍遍接住来自中原的衣冠、礼乐与文明，一次次接住华夏不灭的星火，六朝让华夏"天下之中"的地理想象成为一种文化意义上的绝对吸引，南京曾因这吸引力而凝聚起了乱世中的华夏之光。

六朝是偏安的，但六朝不狭隘，它始终将整个中国装在这个理想里，而真正让这个理想实现的是朱元璋。如果朱元璋能穿越未来看到自己的墓碑，他应该是欣慰的，因为"治隆唐宋"这四个字的评语正是他穷其一生孜孜以求的国家理想，几乎所有有资格在他陵墓前留下评语的人物都认同他是一个伟大的帝王。

民国时明，孝陵享殿中央挂着明太祖的画像，左右有国民党元老于右任手书的硬木对联一副"复汉室河山　为民族争光"。

朱元璋所做的也正是国民党最初所要追求的，他们喊着"驱除鞑虏，恢复中华"的口号掀开了清朝的屋顶。他们的领袖孙中山先生的陵寝就安置在朱元璋的隔壁，高高的石牌坊重檐高耸，题额上"民族""民权""民生"字样丝毫未变，一路从山脚下的

◇◇中山陵(金陵图书馆　供图)

◇◇在中山陵上俯视南京城(金陵图书馆　供图)

"天下为公"到正殿前的"天地正气",无不提醒着城市,它曾有过的襟怀天下的气象。

蕴藏着雄秀气概的明孝陵与壮阔的中山陵就这么默然相守,而失去陵墓建筑,屈居于明孝陵脚下的孙权墓则以长眠梅花山的方式与所有这片土地上的帝王一起,成就着这座王者之城。

孙吴历时五十二年的政权为南京留下了一座永远复苏着希望的王者之城。可以说,来自中原的司马睿最终继承的,不是西晋,倒正是孙吴留下的城市。当司马睿惭愧自己寄人国土时,东吴的旧臣用华夏的平衡精神纾解了东晋的窘迫。

元朝末年,刘伯温用一句"此王气应在金陵,十年后王者起,佐之者其我乎!"的论断,再一次复苏了王者之城的雄心。这一次,它在朱元璋的筹划下成了天下之中,完成了一个王者之城应有的担当,以至于总有人相信,南京是一座隐喻之城:得到它,也许就会得到天下。

今天,孙权指点过江山的石头城仍在,人们还可以看到刘禹锡见过的城墙,沧海桑田,江水早已改道,城墙之下芳草幽深。老师傅带着徒弟们在城墙下不紧不慢地打着太极;城头几株孤独的树年复一年的仰望天空;颇有闲暇的大妈聚在夹竹桃花丛旁,用自带的小音箱播放节奏欢快的流行歌曲;不远处,女人拉着牵狗的绳索自顾自地遛弯,人群彼此之间没有交集,在各自的世界里沉浸,空气里流溢着一种平静的欢喜。

这是孙权与他的后来者们,最喜欢的城市。

二 名士之城

◆ 同一气类

六朝时的南京实打实地成了一座名士之城。

六朝的名士不是一个名词,而是一个形容词,是一种风流,是一种气象，是一种隐隐然又浩浩荡荡的个体精神。

那天，当司马睿扶起顾荣时，名士与名士之间的强烈磁场就已将南京与华夏紧紧地吸扣在一起。

那天，大殿里没有一丝风，蝉在宫外的槐树麻点般的叶子里扯着嗓子嘶鸣。顾荣一边起身，一边嘴上说着宽慰司马睿的话，如释重负的轻松感在他们身体里蔓延开来。

这一次，他们都找到了对的人。

世代生活在江南，他们已被烙上了吴人的标签，中原怎么对待他们，他们怎么对待中原成了世族们纠结却又无法言明的心结。

司马睿是中原正统王朝的一个缩影和象征。离开洛阳，离开王城，司马睿也是慌张的，吴人会不会接受一个中原人成为他们的王，意味着吴地会不会接受再次成为中国的一部分。

开始，他们选择了广陵度支陈敏，想复刻一个孙吴江东。

陈敏出身寒微，没有乘过牛车，也想不通雪夜里的月亮有什么好看，上巳的风从未撩动他枯燥且坚硬的心。他精明，但充其量只是个粗莽的军人。

当游牧民族的弓箭射进洛阳的宫闱时，羸弱的中原已经陷入一片混乱，东吴复国的念头趁机在小儿奔走的童谣里曝光，蠢蠢欲动的北地将军们看准这是当年刘濞富甲海内的宝地，一个个摩拳擦掌想要趁乱捞上一笔。

晋惠帝太安二年（303），河南新野人张昌举兵反晋，他的部下石冰率先攻破扬州。军士们逢门便蹋，翻箱倒柜搜寻黄白之货。《晋书》说他们"专以劫掠为务"，城市偏安一隅的宁静被打破。

陈敏面对汹汹叛军倒是站对了队伍，和东吴旧将一起，将石冰之流杀了个丢盔弃甲。这一仗打开了陈敏的视野，他发现这些东吴旧将只在乎将叛军赶出江东，完全没有乘胜追击的意思，江东安全了，他们就立即收兵回家了。原来，匡扶晋室、恢复中原跟他们一点关系也没有。

精明的陈敏嗅到这里面的机窍，一时间"收礼豪杰，有孙氏鼎峙之计"，隐隐然想要做孙权第二。

顾荣开始没有细想，他觉得中国丧乱，胡夷内侮，复振华夏的可能性不大。陈敏能帮东吴复国听起来好像也还不错，所以当陈敏打算任命顾荣做将军时，顾荣还劝他："现在我们江南倒是人物齐全，将军你有孙吴的谋略神武，如果能信任我们这些江东大族，大事可图。"

顾荣等人要的是一个能复兴江东的人，如果陈敏可以，为什么不试试？然而，用老南京人的话说，陈敏这人不太上路子，跟顾荣这批江东士族明显不是一类人。陈敏做事缺少远略，为人无趣，刑政更是没什么章法，麾下子弟和石冰之流差异不大，不过是些提戈劫掠之辈。广陵华谭闻说，赶紧给顾荣写信："陈敏这个人顽冗下才，您觉得他行吗？"

顾荣收到信的时候，南京已入冬，他看着乌檐外纷飞的白雪，突然意识到，他们这群人要找的不是一个统治者，而是一个同类。

他们要找的是一个能理解高门士族，甚至比他们还要更具才略声望的领袖。陈敏出身下品，才能庸劣，毫无士族气质，岂能堪任。两个月后，旧日大族们，周玘、甘卓、纪瞻等人又一次联合起来，请晋出兵，里外应合，狠狠地对付了陈敏。他们砍断朱雀桥，收船南岸，陈敏隔着秦淮水恨得直跺脚，他恨顾荣出尔反尔，却不能明白自己到底败在哪里。

清醒过来的顾荣迅速领兵，亲自督战，擒杀陈敏。

顾荣做将军，杀伐决断，两军阵前毫不含糊；顾荣做名士，照样风华卓绝，恣情任意也毫不逊色。

他当年跟着投降的孙皓，入洛阳做官，和陆机一起被北人嘲笑，深知凶险的顾荣学嵇康饮酒，一连数日大醉不醒。

朋友张翰跑来看他，勉强劝了两句。顾荣怆然："吾亦与子采南山蕨，饮三江水耳。"

他太想念家乡的水、田间的风。

张翰也是名士，他也喜欢南山蕨，三江水，见秋风起，想起吴中的菰菜、莼羹、鲈鱼脍，转头对人说了句："人生贵适志，何能羁宦数千里，以邀名爵乎？"然后就命人备车，径直回了千里之外的吴中家里。在洛阳看人脸色讨来的一点功名利禄哪比得上适我心志更重要！

高贵的灵魂是相互吸引的，当年张翰仅仅听了会稽人贺循在船中弹琴，琴声清越，就与他一见如故，相谈甚欢。贺循告辞要走，张翰舍不得，问他去哪儿。贺循说去洛阳。张翰转身和他一起登船就走，连家人都没有告诉一声。

顾荣和贺循一样爱弹琴，顾荣在南京死后，张翰去吊丧，坐在顾荣坐过的床上连弹数曲，抚着琴身大哭："顾彦先还能再欣赏这琴音吗？"哭完就走，连丧也不吊了。

如果早几年，他一定也是阮籍的知己，他们一样蔑视陈规，清高自傲，才气纵横；他们都有干净的内心，有着深刻且纯粹的情感。阮籍是"阮步兵"，张翰就成了"江东步兵"。

张翰、顾荣、贺循、阮籍……他们才是一类人。

如果让他们来选择一个领袖，他们更愿意选择自己的同类，比如王导那样的人。

王导风姿飘逸，见识过人，气量非凡，北人因为他人物出众，时常挤在路边看他，有时候看得太痴迷，不知不觉就跟着他走到了府衙门口。南人也把他当作士族们的雅望所在。

王导听得懂南山蕨、三江水，明白张翰坐在顾荣生前床上弹琴就是对他最好的吊丧。唯一与他们不一样的是，王导除了诗酒，还有一颗克服神州的心。

刚刚南渡过来时，这些中原士族约着游山玩水。一次，他们在新亭雅集，风光好，花酒意浓，周顗突然放下酒杯，长叹一声："风景不殊，正自有山河之异！"所有人顿时兴意阑珊，亡国之痛奔来眼底，不由得相顾落泪，只有王导，愀然变色，痛声说："当共戮力王室，克复神州，何至作楚囚相对？"

可以想见，顾荣、张翰、纪瞻、周顗、贺循……他们即便并没有像王导那样，有着一定要戮力王室、克复神州的想法，但王导这样的人，与他们显然是"同一气类"。当王导低着头为司马睿在上巳节开路，顾荣并上纪瞻家的马车，彼此之间会个眼神之际，江东就已经懂了他们到底需要一个怎样的领袖。

与同为士族的王导相比，陈敏之辈何足观！与一定要恢复孙吴政权相比，曾洛阳为官的南士们，心中又何尝没有华夏。

北来的侨民们以南京为中心，在周边安置下来，南方的士族，以南京为中心，聚集在新的权力核心周边。与以往那些朝代不同的是，此时的南京，再次出场，已经格外鲜明。

再没有哪个时代，像此时的南京一样，是以美、精神的高贵、思想的深刻与灵魂的自由来品藻人物，统治城市。

士族的话语权空前强大，"同一气类"让他们在杀伐残暴的历史里留下了许多鲜明而生动的瞬间。相比较权力、利益，他们更像是一种文化的自觉聚合。这种聚合不以俗世间的功利为目的，而以是否相通的精神交流方式，是否相似的文化趣味为标准，是他们，让南京成为整个世界史上独一无二的文化都会。

此时，皇帝的权力已被分担，"号令权威多出于强臣"，但这一时期的强臣不是一人，而是一整个社会阶层。与东汉外戚专权，明中晚期魏忠贤为乱，并不相同。这是中国历史上绝无仅有的一个时期，一群充满才华，有着高贵的身份、准则与理想，尊重并向往独立人格精神的人执掌朝政。

因为他们，城市开始有了底蕴，它不再只是荒野中开拓出的繁华之地，不仅仅是财富的所在，而是人的所在，文化的所在，审美精神的所在。可以说是顺着士族的血脉，才让南京拥有了与所有其他城市都不一样的文化气质，是他们让城市真正成为文化的载体，而不仅仅是被欲望所支配的都市。

他们尊重皇权，更尊重自己，这一场上巳秀里，看似是司马睿选择了东吴士族，中原选择了南京，倒不如说东吴士族们选择了司马睿，南京认同了中原。

◆ **王导家的聚会**

每到上灯时分，朱雀桥头乌衣巷一处乌黑的屋檐下，就有一排素色羊皮灯笼挂出来，光线很安分，声势并不夺人。那是王导家的门楼，外面看起来声势并不嚣张，里面园林池木，曲折幽深得很。

巷子里，牛车铃声一次次响起，青衣小仆一次次卷起门帘，贵族世家的旧灯火，点亮华夏文明的新温度。

堂上时常喧闹，但不低俗，言谈大多高雅却不抽象。侨民、吴士，甚至胡人，交杂错落，桌上北地的酪、奶，江上的鲈鱼，珍馐满盘。王导披着士族们最爱穿的玄青色大氅，顾盼笑谈，宴会上人人尽欢，转头瞥见几个不善言辞的胡人好像在席间有些拘束。王导便迎上去一边弹着手指，一边用胡语高声说"兰啫、兰啫"，这是且乐、且乐的意思。胡人闻之大笑，局促顿消，满堂欢声。

华夏万般诗文在这一次次宴席上沉淀为席上的点心、杯中的酒、局上的且乐。历史深不可见的裂痕在这推杯换盏中慢慢弥合，南北之分、夷夏之辨统统消解，这是一个新的城市，带着新的理想、新的生活、新的故事。

王导就是历史推到聚光灯前的定海神针。他不仅会说胡语，也会说吴语，暑热之季，北人刘真长去拜见，见他裸腹贴着弹棋局连说:"何乃渹!"这是吴语"太热"的意思,刘真长很讶异,王导居然在自己私宅里也说吴人语,可见他已将自己深深地放进了这片土地。

这也大概是今天南京话最早的雏形,洛阳话与吴语在南京的暑热秋凉中反复碰撞,从王导到侨民,从顾荣、纪瞻到东吴旧民,语调变得南北折中,语汇变得尤其生动,侨民与吴民变得不再那么尖锐不同,城市在王导等人的努力弥合下,正在慢慢形成自己的风格。

当然也有权谋、野心与欲望。

王导的堂兄王敦就是一个既敞亮也深沉,既欢悦也阴郁的人。

他人物秀朗,但眼睛像胡蜂,据说声音也有点像豺狼,他有韬略,也有野心,锋芒直逼晋室。他有权臣狠毒专横的一面,一旦决定图谋篡位,就可以立即杀掉反对自己的族中兄弟,逼得皇帝司马睿郁郁而终。他也有大丈夫洒脱真诚的一面,他沉迷女色,家有美妾艳婢数十人,当有人规劝他不要太惑溺女色时,王敦听后,就直接打开后门,听凭姬妾各自离去。

他擅打鼓。当年在洛阳,晋武帝让他当众打鼓,王敦捡起鼓槌,顾盼之间如若无人之境,三通鼓敲得雄爽无双。

他喜欢喝酒。喝完就唱曹操的《步出夏门行》,一边高唱"老骥伏枥,志在千里,烈士暮年,壮心不已",一边用铁如意击唾壶,没有人知道他在想什么。但"击缺唾壶"这个词永远地留了下来,人们用这个词来形容一个人渴望知音而不得的郁慨。

若干年后,他失败了,作古了,晋室还在。大将军桓温平蜀,大宴僚佐与缙绅,人们见桓温在座中谈古论今、英气勃发,一身的豪爽磊落之态令人神往,很多人发出赞叹之词,而见过王敦的人却深深叹息:"遗憾你们这些后辈都没有见过王大将军!"

与王敦的强烈自信与蓬勃野心相比,王导一生辅佐晋室,新亭对泣时那一声"当共戮力王室"是他发自内心的情感。王敦起兵，王导每日率宗族二十余人跪在宫阙外请罪。正碰到好友周颛入宫，王导哀求他："伯仁，我一家百口就托付给你了。"周颛毫不理睬，径直进宫。明明周颛进宫后与晋元帝司马睿饮酒时，恳救王导，言辞备至，出宫后见王导还跪在宫外等着求他，周颛却喷着酒气说："我要诛杀那些乱臣贼子，换个斗大的金印，挂在手肘后！"

后来，王敦入主南京，把持朝政，问王导，周颛是用是杀。王导默而不语。于是，王敦杀了周颛。没多久，王导整理朝廷文书，翻到周颛救他的奏章，字里行间言辞感人，殷勤切至。一时间，他执表流涕，悲不自胜，对诸儿说："我不杀伯仁，伯仁却因我而死，在幽冥之中，我愧对这样的良友！"

他们都有着极其鲜明的个性，周颛厌憎王敦叛乱，却不迁怒王导。为王导恳求，却不希图他感恩，至死不以此事求饶。

那是城市里一代人的气质，他们无论功业如何，都有着强烈的个体尊严，有着自由的精神与磊落的气度。这气质不分南北，属于士人，也属于士人精神影响下的城市、家国。

他们的存在让苦于世故、累于案牍的人看到了另一种可能，让人们知道生命就是生命本身，只要遵从内心，天下奈你又如何。

他们的存在也让中国文化的体面有了更鲜活生动的样貌，让人们知道真正的体面不是锦绣衣衫、豪门高位，而是骨子里的傲气与自尊，是王导的气量，也是周颛的不屑。

后世屡屡指摘中国传统文化的消极面之一就是整个中国传统社会"重家族，缺少个性自觉，孤往独到精神不获发扬"[1]时，显然忽略了南京在中国历史上，曾因那一批个性自觉的生命而留下

---

[1] 许思原：《中国文化之评价》，刊于《历史教学问题》1997年02期，第23—31页。

的精神遗产。

◆ 自由的灵魂

所有事件都将逝者如斯夫，唯有人物，会永远新鲜。

六朝南京，那些精神史上极自由、极解放、最富于智慧、最浓于热情的一代人被住在三山街的刘义庆写进了《世说新语》。

他写得充满表情，平静的记述里饱含着赞赏、倾心、怀念与祭奠。

从此中国，自由的灵魂有了具体的面貌。

在刘义庆以前，写人物传记的模范之作是三国时期的刘劭。他在洛阳写《人物志》，这是一部既有意思也没意思的书。

人的筋、骨、血、气、肌与金、木、水、火、土五行一一对应，人的秉性与弘毅、文理、贞固、勇敢、通微的特质又一一对应。这五种特质又与"仁义礼智信"一一对应，符合三纲五常之道的就是好人，不符合的就是坏人。

每一个人物都像是一道小学数学题，简单、清晰、答案唯一。

这是中国文化在汉武帝大一统的解释之下，自然的流露，我们能凭借阴阳、五行、四象来解释世界，怎么不能用这套便捷的知识解释人心呢？

华夏民族对归类和比附的狂热喜好在这套知识里被发挥得淋漓尽致，所有颜色、方位及自然界中的一切事物都对应着五行中的某一类。宇宙是一个精密联系的整体，在归类中，人们试着理解这层联系，归类的方式有些是凭属性，有些是看读音，还有些则只能意会。这样，人们就可以理解为什么中国人求雨时，会觉得在蛤蟆头顶上写一个火字就可以带来雨水[①]，历代的史官们会认

[①]《周易》中孚卦中有"蛙鸣求雨，得其所愿"之句，古人认为蛤蟆水居，通过蛤蟆鸣叫可祈求降雨，古代多部文献均有记载求雨仪式上取蛤蟆作法，额上书"火"字，为逼其求雨之意。

为天上的某个星星移动了位置就意味着人间的政局有所变动。刘劭自然也会觉得将人物的特质与金木水火土对应起来是天经地义的事。

只是，过于牵强附会的道理会让人感觉分外浅薄。

如果三纲五常就是人存在的全部意义，那生命多么枯燥和无趣。

刘义庆的城市里，人是不生硬的。

他通过对一个个人物的生动刻画，写出了中国历史上最浪漫、自由、真切的灵魂。在汉赋的包围中，在善恶的标准中，在脸谱化的塑造中，他居然不用辞藻的铺陈，而只以从容真切的朴素笔触、清新自然的文句做到了这一切。

在刘义庆笔下，桓温北伐经过金城（江苏句容），看见自己早年担任琅琊内史时栽种的柳树已经有十围那么粗壮，不禁攀着柳枝，泫然泪下："树犹如此，人何以堪！"

桓温雪天到钟山里打猎，碰到王濛、刘惔这几位当时名士也在山阴赏雪。刘惔见桓温一身戎装，问他："老贼欲持此何作？"桓温说："我若不为此，卿辈那得坐谈？"

桓温曾因北伐功高而想逼司马睿让位，把控朝政，病之将笃还谋划如何在临死前逼位称帝。在传统道德的评价体系下，桓温必然脱不了脸谱化的忠奸之辩，可即便桓温的儿子桓玄曾短暂篡位称帝[①]，也并不妨碍刘义庆对桓温不掩温情的记叙。

刘义庆笔下人的是立体的。他们不掩饰自己的欲望、心气，把流芳百世抑或遗臭万年作为人生追求都不值得过于惊讶，真正值得惊讶赞佩的是属于人个体的风神气度。

王子猷乘船到南京，遇到桓子野从岸上过，他叫住人家："闻君善吹笛，试为我一奏。"桓子野这时已是朝中显贵，他看了

[①] 史载，桓玄于大亨元年（403）冬，威逼晋安帝禅位，建立桓楚，改元"永始"，仅80天即被北府兵将领刘裕讨伐兵败而亡。

一眼舟中的王子猷，一言不发，取出笛子，吹了三曲回环之调，吹完，一言不发，上车离去。自始至终，两人未交一言。

因为他是王子猷，一个可以大雪之夜，驾舟访友，却在别人的山门下独自赏了一晚月亮就兴尽而返的王子猷。

因为他是桓子野，一个听到好听的清歌，就连呼"奈何"、一往情深的桓子野。

他们完全不必相识，因为他们本就是同样品级的对话者，自由的灵魂让他们之间甚至不需要言语，就可以凭着音乐、凭着大雪、凭着气度产生一种极其畅达的精神连接。

一个真正伟大的时代，也一定是给予了女性自由的时代。

西汉刘向的《列女传》，东汉班昭的《女诫》将女子牢牢束缚为家庭的奴隶，而《世说新语》里的女性，活出了真正属于自己的人生。

她们是可爱的，也是犀利的，既有才情，也充满个性。王导的夫人不认同三妻四妾，别人告诉她，自古礼仪就是如此，她问这礼是谁做的，人答："周公做的。"她就回怼："周公做礼自然如此，如是周婆做的礼就不会如此！"

有林下之风的谢道韫，听到小叔子王献之在厅堂上和客人"谈议"，辩不过客人，赶紧让婢女在门上挂一青布幔，隔着布幔接过小叔子的议题与客人继续辩论，客人理屈词穷，只好认输。

她回家见弟弟谢遏的玄学修养和精神境界提升得不快，就斥问他："你怎么都没什么进步？是你每天公务太忙，还是你本来天资就不高？"

东晋末年，孙恩、卢循起兵，谢道韫的丈夫王凝之是守备，却没有任何应对，资质平庸的他在敌军兵临城下时还是只知闭门修道。

谢道韫只好亲自招募数百家丁日日训练。贼至，王凝之赶紧出逃，旋即被抓，与子女皆被孙恩所杀。谢道韫听闻，从容自若地拿刀出门杀敌，砍杀数人后被抓。

孙恩见她毫不畏惧，竟然被她的气度所震慑，派人将她与唯一幸存的外孙刘涛一起送还会稽。孙恩之乱平定不久，新任会稽郡守刘柳去拜访谢道韫。他们谈了什么不得而知，只知道刘柳逢人就叹："内史夫人风致高远，词理无滞，诚挚感人，一席谈论，受惠无穷。"

在性别禁锢深重的古代中国，女性可以光明正大地斥责、贬低男性，可以自由表达思想、喜好，可以傲骨清冽，畅快淋漓，时代风气可想而知。

这些只做自己的自由生命在城市里独放光芒，他们追问生命本身的意义，存在的价值。相比较外在虚妄的东西，他们更关注内心的思辨、平静，为人的精神与气度。人们不愿意被束缚，不再压抑、克制自己的情感、欲望、追求。

整个六朝，任情成为一种时尚，哪怕是暴民贼寇，在磊落而真诚的情感面前也会有所畏惧。

因为他们，时代在黑暗中透出伟岸，城市在文明中生出意义。

◆家学与气度

一方水土一方人，南京人似乎天然就厚重、淡定一些，有些地方把他们叫大萝卜。这种淡定源自六朝。这份淡定气质代代传下来，要得益于南京的士族家族传统，而这个传统也深刻影响了中国。

秦代的家庭是一个交纳赋税的基本单位，为了收更多的税，秦代强迫一个家庭里，儿子成年后必须分家。汉代的家庭是一种人伦生活的日常场景，人们在家里追求的是现世享受，长乐未央。而六朝的家庭则是家族文化的传承与教育的温床。

为了保证家族的绵延昌盛，每一个士族家庭都会投入相当精力培养子弟。家族重人才，也就出人才。这些人才代表着他们所属的家族力量，在皇权及其他各大士族的力量消长之间，暗潮涌动。

这一时期的书籍中第一次出现了庞大的、与家有关的词汇，如家道、家法、家风、家门、家国、家事、家祀、家讳、家君、家尊、家叔、家舅、家从、家兄、家弟、家嫂……

词汇的成熟代表着所对应事物的发展与成熟，以家族利益为重的士族在各种力量的对比、竞争中，不得不更加重视门第家风。在重视文化的时代，也只有成为文化贵族，才能获得真正的社会地位，诗书继世就是每一个士族家庭的不二门风。

作为一名合格的士族子弟，无论男女，从懂事起就必须读书认字，少年时博览群书，精通前代典籍；青年时应该就可以读懂《庄》《老》，能参与清谈。如果这位士族子弟还可以做到内心玄远安静，应对机敏，能言善辩，他将给人留下深刻印象。如果他不止于此，还能有真挚与深情，他将成为一位名士。

当然，他们的才华不局限于读懂典籍，擅写文章，工诗文，能著论。精于音乐、书法或绘画，或者哪怕在围棋、射御、医学、历算有过人之处，也都可算有专擅之长，这样的人在南京这座城市里是会被留下姓名的。比如：人物清朗，有见识远略的王导；多技艺，善弈棋的王恬；好古文奇字，妙于阴阳算历的郭璞；善谈论，性好《庄子》《老子》的庾亮；喜欢杂伎的王廙；雅好音律的成公绥；神识沈敏、风宇条畅的谢安……

他们都是时代的卓绝风华之人，但他们被津津乐道的不是他们身上的峨冠博带、肘后大印，不是他们的功名厚禄、翻云手段，而是他们做为人本身的才情、光彩。

这种才情光彩，虽有天分使然，更有赖于后天的教育。家中子弟才情之高下，最能够表征家族教育的程度，进而反映家族的实力。琅琊王氏家族书法家辈出，陈郡谢氏家族文学家多有，其他家族无有出其右者，这就足可确立这两大家族卓越的社会地位。

比如颍川庾氏也是东晋大家族之一，庾翼精书法，年少与王羲之齐名。后来，王羲之的书名高居其上，庾翼内心颇为不平，给人写信时愤愤不平地抱怨："小儿辈贱家鸡爱野雉，皆学逸少书，须吾下当比之。"

他们不嫉妒豪奢富贵，他们愤恨才不如人。

六朝的九品中正制度及人物品藻，大大地刺激了士人之间的审美竞争。士人是否受尊重要看他的清谈能力、文学才华、风神举止，或是整体素养。"风流"成为标示人物之才情的符号，一个士人，能有"风流"之誉，便可视为第一等人物。由此，为了彰显自身的风流才情，士族子弟无不着意于文化素养的提高，着意于自我身体语言与日常行止的修饰。名门望族的概念在这里不仅仅指出身功勋，更是子弟学养气度。

出身陈郡谢氏的谢安显然木秀于林，他得到了家族给予的最好教育，他也将这教育用在自己的子侄辈上。如果说王导只是周旋各种力量之间，竭力守成，那么谢安除了继续平衡大族势力外，还更进了一步。一次次击败来犯之敌，一次次为东晋开疆拓土，彻底稳定了晋室安危，既为城市留下士族最高光的一笔，也为中国留下了衣冠不灭的安稳。

关于谢安，最著名的事迹是北方前秦大军一路南下，逼近扬州，建康危急。谢安派侄子谢玄迎战，仅以五万人将北朝十万大军几乎全歼。

淝水之战，来自北方的苻坚率步兵六十万、骑兵二十七万，禁卫军三万、水军七万顺江而下，直逼建康，这样声势浩大的军队"投鞭于江，足以断流"。连谢玄都慌了，谢安没慌。他安排妥当之后，就在家中小园里与客人下棋，前方战报送来，谢安看了，随手就放在一边，面上神色不改，举棋如故。客人忍不住问战局如何。谢安平淡答他:"小儿辈大破贼矣。"

本来棋力比客人稍逊的谢安,这次轻松赢了来客。

等客人告辞,谢安才舞跃入室,木屐上的齿被门槛折断了都不知道。他当然是激动的,这一战,意味着建康安矣、东晋安矣!以少胜多,兵行险招,古来少见,谁也没有必胜的把握,心里怎么可能没有波澜,胜了怎么可能不欣喜若狂。

但他是谢安,他内心有家族教育所给予他的文化力量与个体修养所支撑的玄远深静,哪怕骤雨狂澜,面上也平淡如故,哪怕欣喜若狂,也只是恰如其分。

他一生大半光景悠游山水,出海大风浪,满船惊恐,只有他吟啸自如。他似乎总是那么镇定,桓温篡逆,建康城里人心浮动,都传桓温要杀他与王坦之。王坦之非常害怕,谢安却神色不变。桓温入朝,接待百官,众人汗流浃背,王坦之连手板都拿倒了,谢安却能从容就座,淡然对桓温说:"我听说诸侯有道,守卫在四邻,明公哪里用得着在墙壁后面安置人啊?"桓温一时失笑,忙命人撤走伏兵,与谢安笑谈良久,终不敢杀他。

他一生唯一失态,是北伐大捷,一路收复神州,直到将整个黄河以南重新归入了东晋版图后,功高震主,孝武帝开始猜忌功臣。那日,孝武帝大宴群臣,席中有人吹笛,桓子野伴着笛声抚筝而唱:"为君既不易,为臣良独难。忠信事不显,乃有见疑患。周旦佐文武,《金縢》功不刊。推心辅王政,二叔反流言。"

桓子野唱的是曹植的《怨歌行》,歌声俯仰可观,道尽君臣猜忌的痛苦,唱得既慷慨又恳切。孝武帝司马曜面有愧色,而座中谢安则早已泪流满面,透湿衣襟。

江左风流唯谢安!他为士族品貌精神留下了一个可以仰望的高度。他们那个时代,"风神潇洒,不滞于物"的状态备受追崇,有他们在的南京城,深刻、从容、平静、潇洒,有着骨子里的高贵。

这份从容与平静来自他们首先是自己,然后才是匡时济世的士。

谢安四十岁之前悠游山水,只谈玄理,他尊重每一个独立的人。他欣赏自己寡居的嫂子敢在大庭广众的宴会之中情辞慷慨、洒逸气概,鼓励婚姻不幸福的女儿离婚再嫁。礼教对于他们这辈如同虚文,为了方便与自然相往还,谢安还发明了方便登山的木屐,人称谢公屐。在常年的内心涵养中,他养成了深海一样波澜不惊、举重若轻的气度。他本可以做一世的逍遥散人,但当城市面临劫难、东晋难以为继时,他也可以挺身而出、力挽狂澜,因为他是谢安。

这是属于他们那一代人淋漓尽致的生命。

◆ 思想的光芒

南京在这个动荡而离乱的时代,以一个少年的无畏,迎来了传统中国的第二次思想巨变。作为这场文化思想推翻与重建的中心点,南京为古老的华夏开出了新的世界。

六朝时期的南京,见证了中国文化在整个思想精神上的转变,城市里那些饱读诗书的学子通常有着更敏感的嗅觉。人们不再认为阴阳五行为主干的宇宙时空是一切存在的依据。他们要追问更加根本的问题,究极更加本原的世界。

居住在长干街官厩里的中书侍郎张湛,在他做注的《列子注》中明确提出只有"道"或"无"这种永恒又超越的本原,才可以充当一切的依据。

逻辑与义理被重新审视,六朝的南京,知识的传授不再是庙堂讲经的严肃板正。每一个对生命、道理有自己理解的人都可以凭借论辩而崭露头角,少年的肆意驰骋给被儒术一家独大所禁锢的僵化经学注入了新鲜、活跃且深刻的思辨,先秦以来多种思想得以在这场思想巨变中重新绽放出光芒。

人们争先恐后地为人本身存在的意义而活，世俗规则所捆绑的价值观被抛弃，《人物志》那样以政治功利为标准的人物品评方法再也没有人追捧，人们欣赏的是《世说新语》里那些真挚的情感、鲜明的个性，人格之美被广泛推崇，人物的精神风貌为城市、为华夏、为历史留下了珍贵宝藏。

这是一场属于华夏的启蒙与复兴。

城市作为文明的容器，曾容纳过这些自由而纯粹的灵魂，高尚而鲜明的人格，让南京在中国文明史上，成为思想启蒙与人性觉醒的生发之地。

他们的焦灼与挣扎、纯粹与真切、深刻与清醒，开拓了中国知识分子自在而又自为的一方心灵秘土，文明的成果就是从这方心灵秘土中蓬勃生长出来。

在这片土地上，人们更容易经由精神的路径而找回自我，在六朝精神的滋养下，每一个被深深束缚过的灵魂都可以在这里得到空前的救赎。在城市的山水之间，士人们抛却尘俗，于自然之中倾注生命的热忱。六朝以后，山水审美成为中国士人独立的审美特点。后世那么多人爱住在金陵，焦竑、王安石、袁枚、吴敬梓……难道不是城市的精神指引让他们在这里得到生命的呼应吗？

秦汉以来的礼教制度在这场人性的觉醒中被重新解读，士人的理想追求经过名士们的调整，从面目板正的君子变为"外玄内儒"的理想人格。

这种理想人格的拥有者，必须具备深邃的思想和高尚的品德，也必须拥有个人魅力与高超的审美水平，他们的人生充满浓郁的人文情怀与深厚的美学意味，他们的生命有着独立而超越的价值意义。他们似乎都是一群哲人，为后世中国每一次的启蒙提供思想资源与哲学起点。

◆被塑造过的城市

春秋时期，士有思想的纵横与自由，却也只能如孔丘一般，知其不可而为之，再大不了也就和庄子一样不愿与权贵同流合污，宁可曳尾涂中。他们对时代无能为力。彼时，贵族的体面是刻板的，打仗时见了对方国君的战车，必须停下来行礼问候，哪怕要俘虏敌人的国君，也要再三表示惶恐歉意。这些贵族是傲慢的，他们并不需要思想的启蒙，也并不希望为百姓做启蒙。

秦汉时期，士不过是争着把自己所学货于帝王家的读书人，思想不同可能还会面临被坑杀的命运。皇帝直接任命的官吏，取代了贵族的地位和作用。

汉武帝大兴太学，培养了大批的读书之士，而汉朝的九品中正制让家族势力成为时代的荣耀，士家大族才由此根基渐生。他们代代读书，代代为官，与汉末军阀人物一起，成为新时代的绝对力量。

这种绝对力量和皇权之间的牵制形成一种政局上的约束与平衡，总让时代不至于太坏，因为这力量似乎总是在提醒权力收起一些獠牙，放出一些自由。

南齐朝的时候，出身寒门的纪僧真因为武功卓著而担任中书舍人。他很渴望士族的地位，觉得自己现在参与政治机密，权力在握就有了机会。他恳求齐武帝："臣本是一介武夫，有幸受到皇上的赏识，我没什么要求，只是希望得到一个士大夫的名分。希望皇上恩准。"

齐武帝也很无奈，只能告诉他，是不是士族这种事我插不了手，你去问问士族同不同意接纳你。纪僧真觉得自己领旨了，赶紧到当时的士族首领江斅家拜访。刚刚坐下，江斅就对左右说："把我的座位搬一下，离那家伙远一点！"

纪僧真极其尴尬地告退，怒气冲冲地从江斅家回来，脸涨得通红，太阳穴青筋突起。直到此刻，他才真正弄懂了皇帝当时跟他说那番话的意思，明白了"士大夫故非天子所命"的含义。

六朝时期，皇权无法干涉士族的门第权，这门第权不是天子所命的，而是士人家族在权力、文化、精神上代代传承，靠士人一代代的功业学养风度积累而来的。

六朝时的士族之风，曾吹起过帝国最为自由的民风，这一群教养良好的阶层，让整个社会看见了中国人的精神之美、风骨之美。毫不夸张地说，六朝成果之丰硕远胜两汉，直开以后宏阔的唐宋文明之格局。

章太炎在《检论》中说："嗟乎！赫赫皇汉，博士黯之。魏晋启明，而唐斩其绪。宋始中兴，未壮以夭。"

赫赫中华，大汉天朝，是那一群只知穷经死读的博士让帝国的光芒黯淡下来，是魏晋为华夏精神重新开启光明，随着士族在唐以后的消亡，中国再也没有过这样风骨清健、美好、真诚，风华璀璨，有着自由与尊严的贵族们。唐宋以后，士族的传承便逐渐衰微，明清以降，士的人格已成为替帝王歌功颂德的附庸，几百年泯灭斯文尊严的结果就是让晚清中国形如枯槁、国如牢笼。

有人把魏晋六朝称为中国的文艺复兴，但西方的文艺复兴是一个"走出罗马"的过程，他们再也不会重回罗马。遗憾的是，中国的这场所谓的"文艺复兴"，最终还是走回了过去。

从薄伽丘的《十日谈》到莎士比亚的悲喜剧，从达·芬奇的《蒙娜丽莎》到米开朗琪罗的《大卫》，文艺复兴让西欧人从枷锁沉重、日渐虚伪的中世纪神学中解放出来，重新发现了自然，唤起了人本身的觉醒。六朝的文化似乎与这场文艺复兴有着很多的相似之处：欧洲人从神的天国来到人的世界，我们已经摆脱了荒诞不经的谶纬之说，我们也在对老庄思想的一遍遍重温中再一次发现了自然，拥有了人的自觉。这两场发生在不同时代，不同国家的思想启蒙运动都带来了巨大的艺术创造力。毫不夸张地说，两者都唤醒了一个新的时代，但我们早于他们一千三百多年。

西方文艺复兴运动之后，人们可以凭借快速增长的工商经济与日渐繁华的市民生活，充分享受财富、快乐与幸福，可以在科技探索世界的过程中，发现世界、塑造世界。而六朝时期的中国，动荡而黑暗的政局、古老的社会经济结构，远不能真正安放自由的人生。

门阀世族的代代传承虽然有优势，但也难免堵塞广大底层的上升之路，上下层之间缺乏流动性，一个相对僵化的社会则无可避免。寒门子弟无论怎样努力都难脱穷困，世族子弟就算读书不佳，顶多名流圈里排不上号，他们依然能靠家族积累养尊处优。如此一来，这两个阶层都会消极处世而不思进取，城市将因此而变得圈层化，国家将因此而缺乏长久的活力。

最终僵化的六朝被北方蓬勃的骑兵打败，他们不得不带着他们的情感继续颠沛。南朝陷落，作为奴隶被押送北朝的大量士族官员，只身上路，凡是有碍赶路的老弱病残之人统统被北朝士兵杀掉。一位士大夫背着他在这场劫难中剩下的唯一五岁幼子在奴隶的队列中艰难前行，他苦苦哀求军士，保证一定会跟上队伍，这才被勉强同意暂时不杀掉他的小儿子。没过几天，远超想象的苦难跋涉让这位背着小儿的大夫步履越来越沉重，士兵们不顾可怜的父亲的凄厉哭求，将小儿活生生抛掷在雪地里，剩下来的父亲在鞭子的抽赶下踉跄地跟着队伍，不过几日就因思念儿子病死途中。

这些鲜明、自由、深情的灵魂在战火中次第凋零，整个中国重新回到"天人感应"的循环中。

在这一趟从南京到洛阳的迁徙中，倒是有一个人活着走到了终点。他叫颜之推，他留下的《颜氏家训》成了每一代中国父母的必读书之一。这颇像一个隐喻：战火与野蛮摧毁了城市的文明，踩灭了自由的精神，但总有种子默默地留存，在以后的时代里激起回响。

与欧洲的文艺复兴相比,虽然我们在觉醒之后又掉回黑暗之中,但这一场觉醒并没有失去意义,属于那场觉醒的时代依旧伟大,因为有过这群人的南京与没有这群人的南京已经截然不同,有过这群人的中国也不再是过去的中国。六朝可以兴废,制度可以再次奴役人民,但个体精神的独立与自由,完美人格的全新塑造一旦生成,就成为中国文化的"伏藏"[①],哪怕我们一次次掉回黑暗,这精神的存在总会在关键时刻,接续起士人的担当,启发思想的解放,照亮前方的路。

任何一个古老的都城都可以寻找到宫殿的遗迹、帝王的故事与繁华的河流,这并不鲜见,稀少的是城市的品质,那种根植在血脉之中,养育过几百年,在衰微中也能放出光来的品质。被王导、谢安等人塑造过的南京,就这样永远留下了骨子里的自尊与体面,有过他们的城市也永远记住了士大夫的样子与文明的方向。

这是南京的幸运,曾被王导、谢安等人塑造,那王谢堂前的燕子,是寻常百姓家从乌衣巷捎来的文化符号。这符号是那么具体,你今天还能看见秦淮河边粉墙黛瓦的王谢故居。王导是否从这里上马,谢安是否在这里下棋,都不重要,重要的是城市空间里永远留下了他们的名字和风度,华夏文明里永远留下了他们的情感与精神。

三 离乱之地

◆ 苏峻之乱

晋成帝咸和二年(327)冬,南京被流民帅[②]苏峻攻破。

[①] 藏传佛教中莲花生师为后世弟子之福运而埋藏起来的自己的秘密教义及其密典,历经几个世纪陆续被发现。后用来指一件很珍贵的东西被埋藏,最终又被发掘出来。
[②] "流民帅"即指流民军的首领。

大火顺着风烧进官署，金色的梁柱在火舌吞噬下砸向青石台阶，丝质的窗幔迅速卷成灰烬，巨石和木梁在高温下，因为爆裂而发出闷雷般的声响，燃烧范围之广使人们误认为整个城市都陷入了火海，后来清点，"台省及营寺署一时荡尽"[①]。

这并非城市最后一次起火，未来，城市还将再次、再次陷入火海，一次比一次更甚。

此刻，东晋侍中钟雅站在宫城上只觉得烈焰灼人，他知道宫城即将被破，庾亮走得匆忙，只说城中事都托付给他。没有军队，这叫怎么个托付法？

看着越烧越烈的大火，钟雅狠狠跺脚，长叹一声，转身进了大殿。

狂暴的流民军士来自战祸频仍的中原，他们在北方多次与胡羯交战，骁勇彪悍，既失去了自己的家园，也没有被南方政权完全接受，只能靠在城市的肉体之上放肆妄为证明自己的存在。

数月后，苏峻攻破宫城。

王导与光禄大夫陆晔、荀崧、侍中钟雅等人在正殿陪着已经吓得浑身筛糠似的晋成帝。

苏峻带兵在殿外梭巡了几番，几次犹豫，还没敢进殿，他知道自己没本事取代晋室，进殿也是自讨无趣。但这么多年流离颠沛、寄人篱下、被呼来喝去的日子，苏峻和他的流民士兵都过够了："给我放火！烧后宫！"

钟雅看着窗外影影绰绰的大火，听到女子在大火噼啪声中尖叫，忍不住抱怨起庾亮："不是元规，何来今日！引狼入室！"

庾亮也是名士，长得姿容俊美，为人峻整严肃，但做事比起王导来要专横决断得多。

如果说王导是一剂黏合剂，那庾亮就是一台无情的切割机。

[①]〔北宋〕司马光：《资治通鉴·晋纪·晋纪十六》，北京：中华书局，2005年版。

晋成帝是东晋第三任帝王，登基时不过五岁，庾亮是他的舅舅，和司徒王导、右将军卞壸、车骑将军郗鉴、丹阳尹温峤及领军将军陆晔共同受诏辅佐他，都是顾命大臣，谁比谁高一等？庾亮就偏偏要比他们高一等，对王导这样通达宽厚的人都要压一头。

他觉得自己能力突出、依法断事、底气很足。杀司马宗室，外调士族大员，排挤提防名将陶侃……

王导有时候实在被气着了，出门遇着西边来风，便缓缓举扇遮住额头："元规尘污人。"他确实对庾亮不满，可当人们传言他们将相不和时，王导却公开说："吾与元规休戚与同，悠悠之谈，宜绝智者之口。"

这是王导的气量，却挡不住庾亮的膨胀。

东晋小心翼翼的平衡其实早已山雨欲来风满楼。

本地的东吴士族、南渡的侨姓士族，还有南渡时间较晚，没有机会进入政治结构圈的流民势力在东晋孱弱的开局里互相制衡，稍有差池，就会引发不满、战乱，甚至逼宫事件。

人们不再想着如何克服神州，风姿绰约的广袤江南，早已让他们乐不思蜀。先一步在江南站稳脚跟的世家大族甚至不愿意让后来人加入，从他们手上分一杯新鲜的羹。但随着中原的不断溃败，流民越来越多，流民帅也越来越强。

起先是安抚这些流民帅，把他们安置在江淮一线，既不会对东晋政权造成巨大威胁，也可以抗击南下的胡寇，拱卫东晋的边疆。

要知道真正的南北划江而治从来不是划长江，而是淮河一线。守住江淮，局面才能真正安稳。于是，绝大多数流民帅被安置在下邳、彭城、泗口、淮南等长江以北一线。郗鉴在封山"三年间，众至数万。"①祖逖北伐，朝廷不置可否，连象征军权的铠杖也不赐。祖逖自己招募好军士，将黄河以南尽收为晋土，在北

---

① 〔唐〕房玄龄：《晋书·郗鉴传》，北京：中华书局，1996年版。

伐这事上真的功勋卓著了,朝廷才不得已给他了个虚职。

王敦之乱中,无可用之兵的东晋朝廷想起了流民帅。这些流民帅,比如郗鉴、刘遐、苏峻、祖约……一次又一次为晋室立下大功,朝廷却一次又一次将他们推远。羁縻政策不改,封赏还是虚封,派驻永远是守边抗胡。

积聚的矛盾就这么在庾亮的剑走偏锋中彻底失控。

庾亮是外戚上位,没有深厚的士族根基,为了培植自己的力量,庾亮有心拉拢流民帅苏峻。这一来,局面开始复杂,忌惮横生,暗流涌动。城市在权力争夺的较量中喘息,一场场祸乱在黑暗中酝酿。

晋成帝咸和二年(327),苏峻叛乱。

这一次,他"纵兵大掠,侵逼六宫,穷凶极恶,残酷无道"。东晋府库内"有布二十万匹,金银五千,钱亿万,绢数万匹,他物称是"被抢掠一空。[1]

粗鲁的士兵在苏峻的授意下,将后宫翻了个底朝天,烧杀劫掠,一件不少。他们恨士族高高在上的贵气。为了碾碎这种贵气,他们把朝廷官员驱赶到紫金山脚下,用鞭子棍棒狠狠捶打他们的躯体,听这些平日清谈玄远文字的嘴巴里发出凄厉的惨叫和求饶声,仿佛那不是肉体,而是等待被夯实再碾碎的土堆。

受尽鞭打的官员被逼背着重石巨木往山顶爬,不断有瘦弱、血肉模糊的尸体滚落下来。后宫道路两旁,可怜的宫女、士人被士兵们剥光衣物扔在路边,有人拖一角破旧的烂席子,有人拉几把苦草胡乱往身上遮,找不到遮挡物的坐在地上抠出些土覆在身上。哀号喧闹之声在城市上空形成一道道旋涡,发出可怕的回响。

苏峻占领的南京城,"城中大饥,米斗万钱",百姓"死亡涂

---

[1]〔宋〕司马光:《资治通鉴·晋纪·晋纪十六》,北京:中华书局,2005年版。

炭""骨肉生离",士兵们杀死了城市里的老弱病残,到处都是被火烧过的房子。接下来的几天是城市的炼狱,这个词在此后一千多年的历史中,还将用到很多回。

◆ 卞壶之忠

滂沱大雨下个不停。

尚书令卞壶提着长矛,整领残部在黑暗中拖泥带水赶来。他背上的疮伤像火烧在骨头缝里一般刺挠。两个儿子卞眕、卞盱紧紧跟在父亲身后,马早就累得直喘粗气了。走路的军士们的鞋底上也都粘着至少二两重的烂泥。

卞壶没有心思管疮、烂泥和雨,他的军队敌不过苏峻的亡命之徒,早已节节败退,可他现在还想拼尽最后一点力量赶到皇宫救驾杀敌。

他和那些名士一样,也不一样,人家谈老庄,行事怪诞狂放,好像不这样就不配称名士,他从来不。

他只关心官署案上的卷宗有没有处理利索,只关心城市里水道的通畅、百姓们仓里的谷物与冬天城外破败草棚里的火炭。

有人笑他:"卿恒无闲泰,常如含瓦石,不亦劳乎?"您怎么都没个休闲安泰的时候,整天苦哈哈地干活,不累吗?

卞壶说:"诸君以道德恢宏、风流相尚,执鄙吝者非壶而谁!"你们都以风流自居,这些具体而卑下的事,我不做谁做!

他刚正得不像是魏晋时人。晋成帝登基,王导不满意顾命大臣的人选,干脆称病不出,乌衣巷的羊皮灯笼一连乌了几个通宵。卞壶站出来大骂王导,有负先王,不似大臣。王导听着觉得有道理,不好意思再装病,乖乖地回来上朝了。

世家子弟,到这一代纨绔者多。朝廷给他们的任命,有些是放了外职,有些听起来似乎比较寒苦,子弟们嫌弃,磨磨蹭蹭不肯去赴任,卞壶一个个地骂过去,骂得这些玩世不恭的公子哥儿只好悻悻上任。

史书上评价他,说因为他的存在,城里以私害公之意竟然一时断绝。

苏峻事起,卞壸去劝庾亮,庾亮完全不听。有朋友见苏峻势头凶猛,估摸着苏峻早晚要造反,劝卞壸备良马到时候好逃跑。卞壸笑:"真到那时,要马何用?"

他是个真名士。

现在,他多希望这雨能一直不停,浇灭苏峻烧起的大火。可惜天不遂人愿,他还没赶到皇宫,大雨就已经收声。

正在四下梭巡的流民军士在今天的朝天宫一带猛地撞见一小撮晋军,正准备冲上去砍杀,却猛听卞壸大喝一声,提矛杀进,慌乱中,他扑杀数人。只是到底寡不敌众,卞壸很快力气耗尽战死乱军之中。两个儿子亲眼见父亲惨死,悲愤至极,也冲进流民军中,全部战死。

这一生,卞壸竭尽本分,力挽狂澜。国可救则拼力以救,国将破则死战以殉。他与儿子战死后,夫人裴氏抱着父子三人的尸体痛哭:"父是忠臣,儿是孝子,我还有什么可抱怨的呢?"

卞壸的名字和墓碑如今也已成为南京城市空间里一个永久的符号。从城市最繁华的市中心新街口那座竖起的孙中山铜像底下向西出发,经过一条种满蔷薇花的街道,你就会看见城市里最古老的一组宫殿旧址,红墙黄瓦,万仞宫墙。

这组宫殿叫朝天宫,宫殿之下是东吴冶城遗址,宫殿之上是朱元璋儒教治国的华夏理想,卞

◇◇卞壸墓(文心 供图)

壶的墓与祠就在这宫墙西侧。

传说，朱元璋修朝天宫时，觉得旁边有墓、祠不吉利，想全部迁走。他晚上做了个梦，一个白衣女人指着他骂："难道你就容不了忠孝之人的七尺坟墓？"

那女子是卞壶夫人，这个故事就是卞壶对君王、对城市的影响。

他的名字和他的故事可能已被绝大多数过客遗忘，但只要这符号还在，就总会有人捡拾。符号还在，城市就永远不会失去这离乱里的忠贞。

苏峻的大火烧破晋宫，军事能力不足的庾亮在这场叛乱中屡屡失算，出奔浔阳，好歹凭着名士那一点惺惺相惜，将军陶侃不计前嫌的气度，领回了救兵。

叛军汹涌悍厉，庾亮察觉到带回的军士有些畏惧，立即身先士卒，拼死奋战，这一下士气大振，竟然一举击退叛军。陶侃这时也带着兵，全力配合，在两人的默契进攻下，苏峻处处受掣，咸和四年（329）二月，苏峻之乱平。

南京城在这场蓄意毁灭中，宗庙宫室悉为灰烬，小皇帝只能搬到建平园的茅茨草舍里暂住。城内米价飞涨，国库尽空。温峤建议迁都豫章①，三吴士族建议迁都会稽②。王导说："历史上的孙权、刘备都说过这里是帝王之宅。皇帝的宫殿不一定要奢华，只要大家齐心协力、勤勤恳恳，那么就是废墟也会建成繁荣的城市。如果一心追求乐土，不论城市多么富有，也将挥霍一空，北方还没有安定，建康就是战略要地。如果朝廷迁都，北方一定认为南人胆怯了，我们再想建立起威望就很难了。现在，首要的任务应当是皇室镇静。这样老百姓自然就会安定下来。"

---

① 豫章：汉朝至唐朝的行政区划名，大致相当于今江西省北部（吉安以北）地区的地理单元。

② 会稽：西晋至南朝末年间制辖今绍兴市和宁波市一带区域。

果然，城市在混乱中镇静下来，开始复苏。

这就是南京。它即便是废墟，也依然镇静和体面，有阔大气象与可以想象的未来。这就是中国，它或许不能避免祸乱，但始终被一群最勇敢的人保护着。

◆ 侯景围城

然而，东晋注定不会平静太久。

苏峻之乱虽然让士族们更加克制，却总会有挑破规则的人，比如说四十年后的桓温，他既是东晋门阀政治的参与者，也是这场游戏规则的破坏者。

他已经不再接受那些满嘴玄远，却分不清马和老虎的世家子弟。

为了把他们赶出朝堂，桓温开始北伐，北伐是为了建立功业，建功立业是为了夺权，夺权是为了改革，改革的目的之一就是把这些不务正业的清谈士族清除出去。

桓温的北伐一度到达长安以东的灞上，沦落胡族几十年的汉魏旧民没有人想过这辈子还能见到晋朝的官军，尤其是那些经历过永嘉之乱的老人更是感激涕零，史载关中百姓"持牛酒迎温于路者十八九"。

可惜他功败垂成，在第三次北伐的枋头之战中，桓温惨败于前燕名将慕容垂。他似乎一生都欠这么临门一脚。

他掌握实权，僭权执政后把东晋治理得相当不错，法制严格、户口清查、裁撤冗官，东晋一度"财阜国丰"，将北方几个国家远远抛在后面。

功劳既高，野心也大，滋生出替代司马氏念头的桓温曾留下一句"既不能流芳后世，不足复遗臭万载邪"的千古狂言，却在王谢两家的屡次阻挠中，距皇位仅剩半步之际，病死卧榻。他的小儿子桓玄短暂地产生过称帝的愿望，却因能力不逮，迅速走向毁灭。

权臣更替，王谢士族竭力维护的平衡局面终被彻底打破，次等士族出身的北府兵将领刘裕替代了桓温的功业与野心，他平内乱、灭邪教、平谯蜀、吞南燕、灭后秦，逼晋禅让，登基称帝，史称刘宋。

南朝更替史开始了。

城市的命运在不同帝王的手上辗转，一百六十九年间，二十四位帝王为城市带来不同的格局、风貌与文明。在他们手上，南京曾成为世界文明的中心之一，也是在他们手上，南京颠沛而多舛。

这一百六十九年间，如果说有什么深刻影响过中国，那就是侯景之乱。如果说人间曾有地狱，那就在侯景之乱的南京。

太府寺高大的雕花廊柱巍峨耸立，士林馆的碑林在阳光下有略微的反光，光照不到的台城藏书阁，几十万卷梁武帝萧衍精心收集来的古书编简一直垒上屋梁，陈年的竹简散发着轻微发酵的老旧气，宫殿里到处是历年收集来的荟萃文物，随便拿起一件都会让你摸到几千年文明的纹路。

推开门，雄宏坚固的台城外玄武湖水波连天，渔船像菜市上的瓜蔬一样列靠在岛岸边，顺着台城往城里看去，秦淮河沿岸十几处大集小市，招牌酒幡鳞次栉比，即便是梁武帝那么沉迷佛教，逼重了多少苛捐杂税，城市的繁华也未伤及根本。

侯景起兵时，人们起初不太相信带着几千流民兵匪的侯景会真的攻进台城。围城中的百姓听闻有救兵赶来，喜极而泣，欢呼雀跃。然而，这种欢乐只持续了一夜之久。夜晚总是使人感官活跃，浮想联翩，睡梦的甜蜜毒药使人萌生荒诞离奇的希望，幻想围城已经解困，侯景士气涣散，已被战胜。

然而，仅仅一夜，火就真的烧了起来，城市的一切防备都为时已晚，围城中人不再自欺欺人。他们知道：如今他们是在撕开

◇◇1929年，玄武湖上的画舫（金陵图书馆 供图）

◇◇20世纪20年代的玄武湖（金陵图书馆 供图）

的瓮中被人活烤了。

东西华诸门瞬间卷成灰烬，西马厩、士林馆、太府寺的廊柱在火焰里烧出巨大的声响，六朝文物与古老的书简在大火里瞬间折断了文明的踪迹。

御街上，人相狂奔、踩踏，杀红眼的士兵见人就砍。

侯景围城一百三十多天，城里本来男女十余万人，甲士两万人，米四十万斛。

没多久，饥荒就开始吞噬每一户人家，城里的米一斛卖到八十万钱。

绝望的母亲只能看着儿子在怀里慢慢饿死。

"军士煮弩熏鼠捕雀食之。殿堂旧多鸽群聚，至是歼焉。……御甘露厨有乾苔，味酸咸，分给战士。军人屠马于殿省间鬻之，杂以人肉，食者必病。贼又置毒于水窦，于是稍行肿满之疾，城中疫死者大半。"[1] 守城的士兵只能抓老鼠、鸟雀、鸽子充饥，军人们把马肉与人肉掺在一起煮了吃却因此染上了疫病。侯景在城外的水源处下毒，城里到处都是身体浮肿染上瘟疫行将死去的人。

夜晚，骨头散在城墙壕沟外头，野狗在沟里巡食，无尽的绝望、瘆人的呻吟，痛苦的叫骂声笼罩着这座城。白天，死神和瘟疫顺着决堤的水流、搭着飞涌的箭矢与火球扑过来。人们一个个死去，街上堆满了尸体，因为缺乏食物，他们现在开始吃同类的肉。

侯景破城时"守埤者止二三千人，并悉羸弱。横尸满路。无人埋瘗，臭气熏数里，烂汁满沟渠"[2]。

破城后，侯景纵兵大掠，"初，城中积尸不暇埋瘗，又有已

---

[1]〔北宋〕司马光:《资治通鉴》，北京：中华书局，2005年版，第866页。
[2]〔唐〕李延寿:《南史》，北京：中华书局，1975年版，第421页。

死而未敛，或将死而未绝，景悉聚而烧之，臭气闻十余里"①。你已经完全认不出这座城，它仿佛从诞生之日起就已是地狱，很久以后，"百济使至，见城邑丘墟，于端门外号泣，行路见者，莫不撅泪"②。台城被围期间，城外居民不论男女老少，都被抓去筑土山，"昼夜不息，乱加殴捶"，瘦弱疲惫的人被立即杀掉填进山土，"号哭之声动天地"，人吃人已激不起丝毫异样反应。

然而，灾难并未在侯景攻破台城后停止。侯景把城内仅剩的两三万人全部驱赶到秦淮河北面，将所有庐舍一把火烧得干干净净。烈焰滔天，火光里夹杂着来不及跑出的受害者的惨叫声，想象不出比这更尖利、更令人恐惧的声音了。梁朝大将刘神茂投降后，以杀人为乐的侯景逼百姓围观，看他如何将刘神茂从脚开始，寸寸斩之，至头方止。

"都下户口，百遗一二，大航南岸，极目无烟"③，这一次没有卞壶、庾亮、陶侃、王导、温峤……，而征讨侯景的萧室子弟，各自拥兵，各怀心思，自相残杀，刚一渡过淮河，就任由军士劫掠。

这些萧室子弟带着足可杀光侯景全部兵卒的军队屯扎在城外，远望被水火交攻的台城，在震天动地的号叫、恸哭与死亡的风暴里谋算着皇位。

这一次之后，江南长久没有复苏过来。

它失去了收复中原的力气，巨大而罕见的灾荒压向南京、三吴、江南。"自晋氏渡江，三吴最为富庶，贡赋商旅，皆出其地。及侯景之乱，掠金帛既尽，乃掠人而食之，或卖于北境，遗民殆尽矣。"④

在这场饥荒里，人们像蚁群一样爬向山谷，啃采地上的草

---

① 〔唐〕李延寿：《南史》，北京：中华书局，1975年版，第423页。
② 〔唐〕李延寿：《南史》，北京：中华书局，1975年版，第423页。
③ 〔唐〕李延寿：《南史》，北京：中华书局，1975年版，第424页。
④ 〔北宋〕司马光：《资治通鉴·晋纪·晋纪十六》，北京：中华书局，2005年版。

片、山里的木叶、水里的菱根，人所过之处，草木深郁的江南竟成一片荒野地。"所在皆尽，死者蔽野。千里绝烟，人迹罕见，白骨成聚，如丘陇焉。"①

梁朝大将王僧辩的部队攻入建康后，士兵们不得不先将肿胀恶臭的尸体集中起来焚烧才得以清出一条路。穿过这条路，士兵们看见的依旧是一个可怕的城市。有人闯进一所士族居住的华丽宅邸，在没有被大火烧尽的精致屋厦内，奄奄一息的屋主人穿着光泽犹在的罗绮，怀里散落着金玉，俯靠床边，脸上仅仅剩下一层乌黑的面皮，像一只枯竭将尽的鸟。

士兵们并不在意这个奄奄一息的人，而是抢过金玉，剥下衣服，扬长而去。梁朝的军队纵兵劫掠，几乎屠城一般，掳掠京邑。对掠夺的程度，史书上用了"剽"字。侯景没敢烧掉的梁朝宫殿，被疯狂抢掠财物的梁军一把火烧得只剩下武德、五明、重云三殿。

"剥剽士庶，民为其执缚者，袒衣不免。尽驱逼居民以求购赎，自石头至于东城，缘淮号叫之声，震响京邑。"②残暴而贪婪的士兵们将大量百姓捆缚起来，逼驱他们的亲人花钱将人赎回。从石头城到东城，沿着秦淮河的哭号喊叫之声，传遍整个城市。

这一次，失去骨头和信仰的城市被剥下体面，滚下断崖，粉身碎骨。

这座当时世界上最繁华、壮丽、具有盛名的城市被彻底摧毁，城市里的人们饿死、病死、被杀死、被吃掉……一个曾拥有二十八万多户的城市，几乎成为一片废墟。它必然要被蹂躏，梁武帝晚年的南京，以及曾坐可清谈、出可带军、气度恢弘、胸有华夏的名士们几乎荡然无存，颜之推在《涉务》一篇中记录了躺在先祖

---

① 〔唐〕李延寿：《南史》，北京：中华书局，1975年版，第426页。
② 〔唐〕姚思廉：《梁书》，北京：中华书局，1973年版，第209页。

功劳簿上的"百役不及，高卧私门"的士族们"肤脆骨柔，不堪行步，体羸气弱，不耐寒暑，坐死仓猝者，往往而然"的情状，甚至首都建康县的地方行政长官建康令王复，偶尔碰见一匹马突然嘶叫一声，便吓到发抖说："正是虎，何故名为马乎？"

从这场劫难中侥幸逃脱的颜之推在他的《颜氏家训·勉学》里回忆："梁朝全盛之时，贵游子弟……无不熏衣剃面，傅粉施朱。"而就是这样一群人，却依然自恃门高，轻鄙寒门。侯景来降，向梁武帝恳请，想娶王、谢家族的女儿，武帝说："王、谢门高非偶，可于朱、张以下访之。"侯景愤，发誓："将吴儿女以配奴。"侯景攻下东府城后，"悉驱城内文武裸身而出，使交兵杀之，死者三千余人"。侯景围台城时，又"纵兵杀掠，富室豪家，恣意哀剥，子女妻妾，悉入军营"[1]。

侯景凭一己之力，毁掉了南方士族的百年根基。

然而，对历史来说，侯景之乱毁灭的，也只是一个腐败到极致的梁王朝。梁朝郡太守鱼弘毫无羞耻地公开宣称："我做太守，郡中有四尽，水中鱼鳖尽，山中獐鹿尽，田中米谷尽，村中民庶尽。"这样的国，如何不亡？

侯景之乱后，"中原冠带随晋渡江者百家……至是在都时，恣意哀剥"。名士风流，转死沟壑间，此后再有余响，也不过残晖返照。

这一乱，曾完全有实力北伐中原、统一华夏的南朝彻底萎缩。整个江南从汉以来，积累的经济财富灰飞烟灭。繁华南朝，凋零残破。

◆ 平荡耕垦

退守长江南岸的陈朝，终在陈后主曲样翻新的吴歌声中彻底

---

[1]〔唐〕李延寿：《南史》，北京：中华书局，1975年版，第424页。

谢幕。隋开皇九年（589），一统北方的隋朝，五十一万大军兵临建康城下，南陈后主却自恃王气在此，认为隋军来则必败，结果与两个爱妃在胭脂井中被俘，成为千古笑谈。

陈灭之前，太府卿韦鼎把在南京的田产和房子都卖掉了。朋友问他何故，他说："江东王气，尽于此矣！吾与尔当葬长安。"

隋文帝并不这么看，自小生活在寺庙中的杨坚与陈叔宝一样相信王气的存在，他要毁掉那些可能会影响他基业的城市。

安阳之北的邺城，做过曹魏、后赵、前燕、冉魏、东魏、北齐六朝四百余年的都城，被他迁尽居民，放火焚烧，邺城从此在地图上消失，除了史书上的这个名字，再没有留下任何痕迹。建康得到了完全相同的对待，"建康城邑宫室，平荡耕垦"，城市地面上几乎所有的建筑都被拆毁，推成平地，开垦为田。这座世界上曾经最繁华的城市，转瞬间成为无数片被耕种的田地，土壤之上，一切有形的符号都已消失。

它不再被称为建康，而重新叫回了"秣陵"。

隋炀帝修大运河，也刻意绕开南京，甚至三国时修建的秦淮河至太湖的水道也被淤塞废置，南京彻底成了一个被弃之地。

所有人经过这里，都会忍不住感慨那六朝如梦鸟空啼。

曾经的宫殿成了彻底的废墟。野草、冷月、断柱、残石，除了遗忘，还是遗忘。即便残存着没有完全坍塌的高墙，宫殿也已颓弛，剥落严重。砖石间虬出的枯藤、木门上贴满的干苔，使整个城市成了一个庞大的远年文物。

无数诗人在这里留下对一个时代的复杂追忆，那些死亡的故事为城市挂上离乱的符号，而曾经的绝代风物也让这离乱分外怅惋。

南京之于中国，是一个在仓促中被推上舞台中央的城市，出现在历史聚光灯下的那一刻，城市就已经镇静下来，但根基远远比不上北方中原，所以最迫切的肯定是拓定江南而不是北收中原。六朝南京，让我们看到一个似乎有些瑟缩的城市身影。它的帝国开篇注定只能是偏安，当权臣需要有建功立业的武功时，北伐就成了最好的突破口，只需要有所突破就能自证功业，恰恰也旁证了南朝武力之弱。

三百年积聚的南京与有着千年积聚的中原相比，还只是一个少年，它有气吞如虎的时刻，但更多时候，需要慢慢生长。因为好奇、宽容，它比所有同时期的城市都要蓬勃。因为传说所赋予的神圣，也因为各种符号的堆砌，它比中国任何一座城市都收藏更多的未知。

中原的政权忌惮它，却又无法将它从地图上抹去。隋代推平的宫城，三百五十六年后，李昇在这里又一次建起王朝。然而，仅仅三十八年，南唐的小楼，一夜吹彻玉笙寒，故国不堪回首月明中。

就连统一天下的大明王朝，五十三年后亦迁都北上。作为都城的南京，地理上的硬伤其实无可回避。当时人叹："金陵山行散而不聚，江水去而不留，非帝王之都，亦无状元宰相者也。"这里是历代兵家必争之地，但不得不承认，城市的地理优势被夸大了。它位于长江中下游平原地区，地形多平原，且处于下游地区，虽然城区里有钟山苍莽，其实无险可守。

水口朝外的秦淮河、直横向东的长江水、散而不拢的丘陵山、柔和秀美的金陵景，熏陶了一代代文华斐然的君主，却少见文韬武略纵横天下的王，离乱之城的黯然王气在城市的历史里发酵。

西晋灭吴、隋灭陈都是从上游顺江而下，一战而定天下。曾国藩攻打太平天国首都南京，取上游安庆则全局已定，也难怪颇具战略眼光的曾国藩一打下安庆就欣喜地喊："贼灭矣！"因为他知道，南京已在囊中。

1937年的南京保卫战，更是一场明知不可为而为之的民族尊严之战。南京无险可守，面对日军数倍优良于我们的机械化部队，我们必败，但我们必须战，用这必败中血染的战袍换一把中国不会亡的信念之火。

关于城市必将崛起的寓言让它总是在一段时间的沉默后，遭到新的征服者屠戮，似乎只有鲜血才能暂时洗掉他们对这城市的忌惮。

洪秀全的太平军、曾国藩的湘军的屠刀都曾让城市遍体鳞伤，骨肉俱毁。而1937年的日军南京大屠杀更让这座城市成为人类文明史上的至暗时刻之一。没有一个幸存者会原谅哪怕一星点的战争罪孽，那是城市自诞生以来所遭遇的最大的恶。这场恶为南京留下永久而醒目的伤疤，所有插向天空的雕塑都在控诉苦难，没有终点。

劫难让城市变得厚重，深厚的苦痛中，城市生长出新的意义，提示着文明的彼岸。人们总认为这是一个过于平静的城市，人们似乎都有着大萝卜一般的憨厚淡然。事实上，一切达观，都是对悲苦的省略。今天，所有的伤口都已成为城市的符号，有些是怅惋，有些是震动，有些是警醒。当人们因为某句话、某行字、某处街巷猝然遇见时，南京就已经因为这些符号而永存。

四　复兴之城

◆ 人心所向

它有无数伤口，曾经被凌辱，并且至少有三次失去过它的全部，但它依然伟大，并且一直未曾失去过信念。

与耶路撒冷不同，南京的伟大不由宗教缔造，它不起源于神灵的庇佑，而诞生于政权的争斗，一些人的决定使南京成为"南京"，在这个过程中，城市有了底气与信念。

它经历过一系列激烈变化与暴力更迭。然而，也因为这份底气与信念，它成为华夏文化的避难所，即便一直处在变化之中，它也始终带着使命，这份使命感令它神圣。

当王导在只知对泣的南渡诸位中慨然起身，愀然变色，掷地有声地说出"当共戮力王室，克复神州"时，南京便第一次担起了恢复华夏的使命。

中国文化绵延数千年而不绝，正因为我们的文化，从根子里就不问血统，不看地域，不信仰有形的神，只尊奉永恒的天道。你无法想象没有上帝的西方诸国，却可看到当古埃及人失去了他们的神之后，尼罗河文明也就沉默无继。

中国在诞生之初，就以华夏为天下，而华夏是一种观念，观念在，中国就在。

尽管长安、洛阳、南京都已从首都的位置上退了下来，但我们完全可以想象失去长安、洛阳、南京之后的中国。因为中国的神圣场所不是固定的城市，而是固定的文化。

如果我们不能理解文化传统对中国的重要性，我们将无法理解南京的伟大之处。这是古代中国历史上，唯一一座从未有异族建都的中国首都，也是唯一一座屡次承担过中华文明"救亡图存"使命的城市。因为"一旦中原和北方遭遇游牧民族的致命性冲击，南京就会成为中原华夏文化的避难所；一旦国家重新恢复大一统的格局，南京就把这文明的火种重新交还给中原大地。"①

南京不仅是雄关堡垒，还是华夏文化的复兴之地。

华夏即便经历了东汉末年群雄并起的狼烟、祸乱，最终归晋时的帝国还是维持住了微妙的平衡。

那时候，洛阳是帝国的中心，对于中国这样一个时刻需要保持各种力量平衡的庞大帝国而言，统治者的能力显得分外重要。

---

① 叶皓：《重读南京》.南京：南京出版社，2011年版。

遗憾的是，西晋的第二位帝王司马衷不太具备这样的能力。

司马衷好像不太能分清夏天池塘里的蛤蟆是公家的还是私家的，他不明白没有饭吃的百姓是不可能吃得上肉糜的，也许司马衷并非医学意义上的白痴，但司马衷的智商显然不足以解决他所处时代的诸多问题。

他的妻子贾南风则因为贪婪、专权与残暴直接引爆了西晋王室的内乱。作为一条导火索，贾南风引爆的是西晋自晋惠帝司马衷执政以来一系列糊涂而缺乏远见的乱政火药桶。

火药桶的爆炸威力超出所有人的想象，失控的朝廷让从西汉起就觊觎汉政权的少数民族——鲜卑、匈奴、羌趁乱而起。

象征着华夏天道与神明至尊之所的太庙与首都一起，在异族纵起的大火中坍塌。人们还记得这座始建于太康十年（289）的新宗庙是如何超乎想象和壮丽阔大，这是帝国新的神殿，也是华夏礼乐的演练之所，一代代帝王跪在太庙恢弘的巨阶上感受王权神授的神圣，每一次的盥洗、焚香、拜兴都在赋予他们神性。

现在，太庙廊前三人围抱的沉香木柱在火焰中噼啪燃烧。洛阳城里，丢盔弃甲的武士早已不见踪迹，惊慌失措的少女青丝委地，纵马的胡人挥刀砍向所有遇到的汉族男人。能找到的年轻女子都被驱赶到王城东面，她们将成为鲜卑人的食物。

数万名曾耳垂明月珰、腰若流纨素的汉家少女被当作绵羊一样，驱赶从军，等鲜卑族的军队拔营回程时，几万名女子已经被吃的只剩下八千余人。这是一场赶尽杀绝的种族屠杀，几乎令北方汉人被屠杀殆尽，即便有过一些短暂的零星反抗，但整个中原，依然白骨露于野，千里无人烟。

人类历史上，几乎所有高度文明的城池刚刚被攻克后，下场都是特别悲惨的。因为胜利者明白，他们根本无法掌控、融入、改造这已有的文明秩序，他们甚至不能理解这秩序里的意义，于是只剩杀戮、毁灭。①

如果华夏文明不曾有过喘息，不曾恢复过生机，那此后的中国会怎样？

它还会有礼仪之大，章服之美？还会有除夕端午、辞赋文章？

要知道同时期灭亡的古罗马，再也没有回到昔日的古罗马，那些久远而璀璨的文明在经历过一次次拦腰砍断后，几乎没有再生的力气，古罗马荡然无存，古巴比伦了然无痕，古印度物是人非，古埃及只剩陵墓。

只有中国，它永远流着华夏的血。

失去了长安，还有洛阳，失去了洛阳，还有南京。而华夏从未真正失去过南京，也因为南京，它将一次次重生。

华夏和世界上所有古老的国家一样，它有"神殿"。不同的是，华夏的"神殿"是无形的，哪怕祭祀的天坛被建造得无比精致恢弘，它也是无形的。它可以在任何一处存有华夏之道的地方复生，一山一室、一木一瓯都可以心领神会。中国人认为天下水共一源，如果要临水祭祀，哪怕倒一杯清水放在桌上，只要内心诚敬，也和去大江大湖没有任何区别，所以天坛重要吗？必要的时候，一切都可以从内心里生出，并且同样具备神圣性。体会到了这种实质上的礼乐精神，无论你长着一张"胡人"的脸，还是流着异族的血，你都可以成为华夏的一部分。

孔子说："夷狄之有君，不如诸夏之亡。"按照古人的观念，北朝的胡人杀光汉人后，虽然建立起了自己的国，他们也有君、

---

① 该段来自余秋雨《文化苦旅》中《废井冷眼》一文，北京：北京联合出版公司，2020年版。原文为："在人类历史上，一切高度文明的城堡被攻克后，下场总是特别悲惨。因为胜利者知道，城堡里边已经形成了一种远远高于自己的文明秩序。攻下来后，无法控制，无法融入，无法改造，除了毁灭，别无他途。"本书认为不仅仅是城堡，绝大部分低级文明战胜高级文明后都免不了屠戮，因为只有这样才能证明战胜者的优越感，生出实在的掌控感。

有臣,但没有礼乐,那不是真正的中国。华夏君主虽亡,只要礼乐的精神还在人心,那就还是中国。

现在,南京成了人心所向。

◆ 礼乐与复兴

司马睿还没有登上王位时,王导就已经上书"帝王之要务,莫重于礼学"。城市被这样睿智的人塑造过,是城市的幸运。

吴地虽然也有乡饮酒礼,但乡民多不重视,祭孔也不太隆重,司马家决心让城市经受一次洗礼。

这一次祭孔,规模空前,乡民们从四面八方来看热闹。

钟磬悠长的乐音仿佛从历史深处传出,把人们卷入深远沉醉的音响洪流中。这节奏分明、庄严而又震撼的音符犹如链条,奇妙地链接起来,向肉眼不见的浩渺时空接续起神圣的历史。一座由音乐涤荡过的宏伟华美、缥缈空灵、光彩照人的道德大桥在人们面前无限延展开。

穿着黑红色玄端[①]的从祭、司仪鱼贯而入,磬管锵锵,主祭洪亮的声音在四壁之间回荡,渐渐消散。这声音和早先人们听过的祭司宣告如有昼夜之别,它稳健、低沉,直指人心,那起伏的回音与乐声消散之后,仿佛仍然在他们心里诉说。

场面那么宏大、那么庄穆,一种深刻的情感迅速蔓延开,仿佛场上的人们都已经消失,连一点声音都没有了,只有心与心用乐的节奏在交流,无须语言。

人们第一次感受到礼乐的震撼。这震撼是一种巨大的宁静与相信。泪水从老人凹陷的脸颊上滑下来,在礼乐的神圣光辉中,每一个人的命运,每一代人的命运似乎都被紧紧地融汇在一起。

当这场祭祀结束后,每一个人都感觉到一种向上的力量,仿

---

① 玄端:又称元端,是古代中国的玄色礼服,是先秦朝服的上衣。古代祭祀时,天子、诸侯、士大夫皆穿上参加活动。

佛白昼在头顶上倏忽飞过，仿佛有一种光明的人格在召唤，以至于一切的猥琐与卑微都被超越。这就是礼乐的力量，真诚的礼乐会从灵魂深处唤醒一些光明的影子，也会让人们短暂的抽离卑劣与黑暗。

从此，城市里经常回荡起礼乐的磬鼓声，宫里对祭奠礼的需求越来越频繁，甚至皇帝、皇太子每读通一本儒家典籍并讲授完，都要行释奠礼，他们仿佛是用这个仪式来向孔子做结业汇报。

太宁三年（325），司马绍下诏四时祭祀孔子。

士族们都很乐意参与这样的祭祀，祭祀越正式，东晋的江山越稳固，这仿佛是一种心理暗示，不断地暗示东晋朝堂：华夏的正统在这里。后来，仪轨越来越繁复的祭奠礼让原先配殿显得略有些局促。司马绍首次在太学内单独为孔子建造了孔庙，直到今天，南京的孔庙依然上承着南渡的余绪，它高门重槛，棂星高帜，安放了对文明的敬重。

这是南京能够成为复兴之城的关键所在，它可以完美地接续起礼乐教化，承接中原人心。

没有战争时，城市用礼乐敲响华夏复兴的钟鼓之声；当北方的胡骑一次次扬马纵尘，逼近南京时，南渡的中原人就靠真枪实战的奋勇杀敌，扛起北伐的大旗。

羯族人石勒攻陷襄阳时，活捉晋朝大臣宗室，一一斩杀；当石勒攻陷并州，进逼江北，准备渡江时，是闻鸡起舞的祖逖击楫发誓，自募兵马，收复失地，保障江淮。祖逖渡江，击楫发誓："祖逖不能清中原而复济者，有如大江。"即便没有东晋朝廷的支持，他也可以用自己的一腔热血完成这个誓言。与拿北伐积累自己政治资本的权臣不同，祖逖甚至不曾在建康的皇宫里接受过帝王任何的褒奖，他奔涌的满腔热血是一名汉人对华夏的深刻情感。

四十年后,氐族人苻坚一统北方,厉兵秣马,直逼东晋。他放出狂言:"我坐拥百万大军,只要我一声令下,所有士兵把他们的鞭投入区区长江,足可把江水断流,长江天险还有什么好怕的?"

住在乌衣巷的谢安,摇着羽扇,平静而淡定地招募百姓,挑募良将,布防建康,起兵广陵,面对远远多于自己的前秦军队,临危不乱,意志坚决,让苻坚草木皆兵。淝水一战,苻坚中箭,率领余兵拼命逃回北方。当他们听到风吹过的声音及飞鹤的鸣叫时,被打怕了的前秦军队还以为是晋兵仍在穷追不舍。就这样,饥寒交迫的苻坚部日夜逃跑,回到北方时,百万大军已失去了十之七八。

凭着这一次风声鹤唳的余威,很长一段时间,胡人都没有再南下侵扰。流落在江南,属于汉族的文化得以喘息。

人们大多认定这里是一个偏安之地,却往往忽略了这座城市最伟大的特质——复兴。它是一座有着使命感的城市,偏安只是华夏在复兴之前的能量积蓄。

无论北伐成不成功,只要有北伐的可能,就饱含信念、号召力、凝聚力与绝对正义。可以说南京从成为首都开始,它的母题就是收复中原、统一华夏。

凡是能从这个城市出发收复中原的人必然就是这个城市的王。

桓温北伐,功败垂成;谢安北伐,功高震主。因为人们都明白,这就是南京之所以为南京的使命所在,谁能接住这个使命,谁就拥有城市里无上的威望。

朝代可以更替,但城市的使命从未更替。淝水之战四十年后,斜阳草树,平常巷陌,小名寄奴的刘裕成为这座城市的守护者。

刘裕经历坎坷,早年寒微卑贱,却平内乱、灭邪教、平谯蜀、吞南燕、灭后秦，收复淮北、山东、河南、关中等地，光复洛阳、长安两都，创下了生擒最多国家天子的记录，让百余年后长安城头一次又插上了华夏的旗帜。一时间，金戈铁马，气吞万里如虎，这样的男人又怎会不觊觎皇帝宝座？

元熙二年（420），刘裕逼迫晋帝禅让，称帝建国，改国号为宋，史称宋武帝。

刘裕有手腕，由于生于疾苦，听得见底层的声音，他为人既坚硬也清醒。当年，桓温为门阀政治掘墓的政治理想，倒为刘裕所继承，在他治下，门阀士族尸位素餐者全部被削，也自他开始，血脉浇灌出的门阀政治走向衰落。

他鄙夷那些靠家族门第混日子的门阀子弟，这些家伙徒留王谢风流之表，不存王谢匡世之志。他治下的南朝"寒人掌机要"，学府遍地，苛法不存。那是南京在整个南朝时期最为高光的时段，南京成为江左最辽阔疆域的中心。

他以一个底层人的悲悯，帮助城市摆脱了来自上层门阀的傲慢与僵硬。那些原来因战争需要被征发的奴隶被他放还；许多的苛捐杂税被他减免；凡宫府需要的物资，刘裕按市场价给钱。

与东晋那些士族相比，刘裕几乎不通文墨，但他懂得文化的重要，明白他脚下的这座城市的立基之本是什么。

永初三年（422），刘裕从童蒙之学开始抓起，他大兴礼乐，广建学校，广收书籍。东晋藏书不过四千卷、刘宋初年，官方所藏书籍已有六万多卷。

他和一千年后，从南京出发北伐成功的朱元璋相比，有许多相似之处。他们都出身布衣，早年寒微卑贱，从军后一路靠战功打下根基，手下都有可独当一面的大将，也都有胸怀天下的气度。

但他失败了。胜败之间，其实最根本的不同不在于细枝末节的排兵布阵，而在于刘裕的南京与朱元璋的南京并非同一个城市。刘裕的南京离心离力，士族们各怀心思，经济能力、军事储备远远不足以支撑对整个国家的掌控，那是一个还未成熟的、少年时期的南京。朱元璋的南京，东南富庶、政权稳固，固若金汤的城墙早已堆聚出首都气象，它沉稳强大、粮马具备，既有掌控整个国家的底气，也有平衡庞大帝国的能力，这时候的南京是一个稳健的、中年时期的南京。

◆ **首都的荣光**

南京的青年时期是被轻视的。整个隋唐，南京被长安刻意忽视，倒旁逸出一份繁华落尽的自由，留下惊世骇俗的城市沧桑之美。唐朝末年的四分五裂，使南京在忽视中沉默生长，它成为南唐定都的不二之选。

李昪像一面旗帜，吸引了大量南迁的中原士人。西晋衣冠南渡的一幕再次上演，来不及退场的唐人慌忙逃往南京，随他们一起的，除了衣裳，还有大唐炫人眼目的器物。五代十国时的北方"礼乐崩坏、文献俱亡"，唯有南唐，"儒衣书服盛于南唐""文物有元和之风"。

这里有太学、书院和画院，有最会作词的皇帝和最会画画的大臣，有最好听的南音与琵琶，还有跳着六幺的美人眉眼横波，怎能不叫"北土士人闻风至者无虚日"。

人们记起南唐，总是会记起那两位词家天子——李璟和李煜。他们实在太有名了，几乎每一个读书人都曾在他们的词里感慨过往事知多少。

那时候的李璟，一边写着"小楼吹彻玉笙寒"，一边痛苦地发现，帝王之位是真的西风愁起绿波间。整个南唐，没有人比他更绝望，哪怕是最后兵败投降的后主李煜。因为真正的绝望，不是失败，而是亲眼看到过成功在望却只能功败垂成！

李璟在一次次徒劳的努力中，亲手将父亲李昪交给自己的锦绣江南推进了山雨欲来的混乱里，从明明有机会逐鹿中原，到最后腹背受敌，这个骄傲的男人只能将一腔愁绪写进憔悴韶光。

接手这个摇摇欲坠帝国的，是他的儿子李煜，一个比他更有文采的词家天子。与亡国之君的昏聩无知不同，李煜其实倒可以称得上是一位明君，他爱民如子，选材公正，与宋军对阵时，还能亲自巡城，军事布局也算妥当有谋。

他不是人们想象中昏庸无能的亡国之君。

开宝七年（974）冬，宋正式出兵，南唐采用了他们当时能采用的最佳对策"坚壁以老宋师"，宋军十二月就已开进金陵近郊白鹭洲，离皇宫不到十里地，却一年之久未能再进一步。甚至于宋军攻占金陵关城的开宝八年（975），南唐还在二月举行了朝廷的最后一次科举考试，录取进士张确等三十人。

国之将亡，南京依旧努力保持住了最后一点斯文血脉。

国之必亡，甚至并非李璟的责任，而是李璟遇到的对手周世宗柴荣实在太强；此后，他的儿子李煜面对柴荣之后的宋太祖赵匡胤，已然力不从心。

亡国之后的南京，重复了自己的命运，在大宋中央的刻意忽略下，勉强维持着昔日的繁华。就是这勉强，却为一百年后靖康之耻留下了华夏复兴的种子。

宋时南京叫"江宁"，无论是人口总数、粮食产量，还是科举考试中及第的人数，都在全国前三之列。当帝国的皇帝被金人掳去，天子、大臣袒露上身，牵羊为奴，太后嫔妃衣衫褪尽时，当中原沦陷地区，只剩下被金兵屠尽，臭闻数百里几乎荡然一空的城市时，南京再一次成为华夏生死存亡的战略要地。

城市几度易手、被反复争夺。

南宋建炎四年（1130）春，宋军几大主力在南京附近集结，再次与金兵寻机决战。凭着著名的牛首山大捷，名将岳飞一举收复南京，金兵不得不收敛气焰，仓皇北渡。而韩世忠率领的水军则在镇江与南京之间的黄天荡江面加以拦截，金兀术狼狈逃窜，侥幸生还。建康城一役，南北军事力量的天平重新恢复到了一个平衡点，此后一百多年，金兵再也没有萌生过渡江之志。正是南京的战斗，保住了南宋王朝。

如果说前述这三场衣冠南渡是南京告诉世界什么是中国，那么接下来的这两场复兴，则是南京告诉世界，中国要做什么。

到元至正二十七年（1367），原本的汉人政权已经被蒙古人统治了一百多年。

一百多年前，南宋的灭亡让中国第一次失去了华夏的声音。在"王师北定中原日，家祭无忘告乃翁"的痛苦中，在"塞上长城空自许，镜中衰鬓已先斑"的绝望中，英雄们宝剑沉埋，死不瞑目。

一百多年间，"中华"成了一个汉人不敢触碰而又无时无刻不在强烈渴望的字眼。将这个字眼从无数汉人的凄然怀想落实为激奋人心"北伐"的是朱元璋。

吴元年，即元至正二十七年（1367）九月末，已登吴王之位、隐然有登基之志的朱元璋犒赏三军将士，大宴文武百官，为北伐造势。这不是一场南北势力之争，也不仅仅是汉文化的生存权之争，而是新生的汉人政权重夺全国统治的民族之战，是一场真正的复兴之战，也是古老中国要走向何方的选择之战。

已经成熟的南京让胜利成为可能。

汉人王朝对北伐的深厚情感在这一刻间喷薄而出，大将们争相出列，激昂振奋。他们知道，这一去，就是要打出一个新天地。

最终，徐达、常遇春领命出征。出征前，朱元璋从城东吴王宫出发，亲赴北门外祭祀神祇，为大军壮行，汉人历史上最成功的一次北伐开始了。

宋将宗泽临终前大喊"过河！过河！过河！"的悲壮，岳飞终不能"壮志饥餐胡虏肉，笑谈渴饮匈奴血"的遗恨，终于在朱元璋这一次沙场秋点兵里实现了。喊着"驱逐胡虏，恢复中华，立纲陈纪，救济斯民"口号的朱元璋收复了中原，这口号如此振奋人心，以至于五百年后，孙中山还可以用"驱除鞑虏，恢复中华"凝聚人心，开辟另一番中国气象。

一路捷报中，朱元璋顺应天命，登基称帝。

洪武元年三月（1368），徐达与诸位大明统帅攻汴梁、下洛阳、得许昌、收南阳……嵩、陕、陈、汝诸州先后被拿下，河南大部已被明军收复。又两月，关陇之地再一次被明军攻克，北望中华，一时气吞如虎。

洪武元年（1368）八月二日，明军进占大都，徐达登上齐化门楼，斩杀元朝宗室帖木儿不花，终大宋一朝也未能回归的幽燕之地再一次统一。这里的百姓距上一次穿着汉人衣衫、过着汉家生活已经隔了四百三十余年。

这无疑是中华文明史上最高光的时刻之一，华夏的天下，又一次得到了安放。然而，暌违华夏太久，遗憾的是，此时的天下观已不再是唐宋之际开放且弹性的理解，而成了自证正统、刻板的生搬硬套。

朱元璋希望重现华夏盛世，但此刻，欧洲社会已经不是重现，而是"再建"。明朝建立之初，欧洲处于社会转型期；明朝中后期，欧洲处于地理大发现时期，新航路开辟，资本主义萌芽发展，欧洲人走向世界，那些最激进、最富有野心的西方人已开始追逐黄金、土地的殖民活动，而中国明朝却在这个世界文明的关键隘口，将古老的"礼"、宽泛的道德，以及一元化的农业经济当作了救世良方。

从世界史的角度看，不可否认，明代中国已从中年渐入暮年，明末的中国犹如一个已然生病的巨人，这朽败却并非华夏的腐烂，恰恰是中国古代君主宗法制社会的巅峰。然而，巅峰往往意味着即将落幕。

行将崩溃的古代中国风雨欲来，社会转型的征兆和表现越来越明显。明朝晚期，社会在衰败中走向活泼开放，那是传统社会向近代转化的重要契机，明代在腐朽，中国却在进步。遗憾的是，清朝的回光返照将这一线活泼开放的可能重新拖回了老大帝国的古老泥沼里。

然而，仅仅凭借着人们对华夏顽固而坚定的怀想，五百年后，孱弱的中国再一次焕发出新的力量。在南京成立的民国政府，希望将僵硬而孱弱的中国拖出泥沼，面对世界，虽然他们最终并未成功，但这已是华夏第一次真正敞开了胸怀。

最初"驱除鞑虏"的民族主义情绪被痛批，中国大地上，数千年来首次没有了夷夏之防，几千年间的民族内部冲突在城市复兴的新纲领中被消化，五族共和的理念塑造了新的华夏，所有的民族都将成为这块土地上的民。他们在这里历经千年的旅途，落脚为中国，南京则成为这新华夏的第一站。

这一次的南京不再是旧时南京，这一次的中国亦不复是旧时中国，暮气沉沉的老朽的封建帝国在经历过最后的回光返照后，寿终正寝。在南京这座城市里，再一次生长出来的，是与过去不同的中华，它有六千年文明留给它的丰富遗产，更有五大洲世界给予它新生的动力。

城市因为这两场复兴，留下了大量的建筑、遗迹、人物与情感，无数的符号在城市空间里沉淀，古老的中国剥去沉重而不合时宜的外壳，虚怀若谷地接受了世界。

首都的荣光，总结了南京所有的辉煌；被屠城的惨烈，则成为华夏复兴的策励。中国近代历史上，南京激励过每一个华夏儿女，为了这座城市永远不再遭受劫难，今天的中国已今非昔比。

五　信仰之城

◆佛教来了

　　天还没亮，城墙根下一片灰蒙蒙的。女人推开小棚屋的门走出来，风卷着小小的灰尘打过来，刺痛她的皮肉。她身上围着一条皱皱的粗布裙，裙边脏得已经看不出来颜色，布满皱纹的瘪脸朝远方望去。

　　去找东家讨要工钱的男人还没回来，不知道什么时候回来。女人那张塌陷得就像骨包皮的脸上已经看不出表情。像他们这样听天由命的男女，在城市阴暗的角落里到处都是。

　　陶弘景经常看到这样的脸，他出生的时候，东晋已经结束了。

　　虽然从自己家阁楼的窗户往外看，就能瞧见乌衣巷里的粉壁高檐，进进出出的士族大人们每一个都鲜衣怒马。但作为一名土生土长的南京人，陶弘景还是对那些阴暗角落里枯槁的表情感兴趣。

　　苦难是什么？生命的意义是什么？人可不可以摆脱尘世？

　　十岁那年，他得到了一卷污损的竹简《神仙传》，第一个故事就令他深深迷恋。

　　"吾将去汝，适无何之乡，入无穷之门，游无极之野，与日月齐光，与天地为常，人其尽死，而我独存焉。"

　　我要去一个什么也没有而什么都永恒的地方，成为日月、天地的一部分，即便所有生命都已经消亡，我也将存在于世界之中。

　　陶弘景想象着这样的感觉，兴奋不已。

　　他没日没夜地读这本书，高兴地跑去告诉妈妈："仰青云，睹白日，不觉为远矣。"

他想要做神仙，只要成为神仙，就不必面对细碎而具体的苦难。

但尘土里的男女没法成为神仙，这一时期的道教还给不了他们抚慰。饥饿、苦寒、没有盼头的日子一圈一圈将他们裹死，他们就像废墟，摊开在自己饥肠辘辘的肠胃里。饱经风雨的茅棚草屋，四周堆满破烂物什、石块，人们往往带着听天由命的麻木，但总有一些时候会更深地刺痛他们，比如突如其来的屠戮、病痛折磨的绝望、必须卖儿鬻女的撕裂……

他们想向看不见的命运求饶，想向天地神灵哭诉，可是，本土的神仙系统太复杂，拜谁都行，仙姑、老君、门口的大槐树，但拜谁都不能让他们真正踏实，因为实在不知道仙姑、老君、门口的大槐树到底能为他们做些什么。朝廷的礼乐更像是上层人心照不宣的神坛，这里播散的东西只能教给他们空泛的道德准则，不能提供具体的解决方案。

更麻烦的是，佛教来了。与混乱而零散的道教相比，宗教精神明确、完整的佛教似乎让人信服得多。

开始，人们听说有和尚在郊外开坛讲经，好奇的人们三三两两结伴去听。佛教传到江南的时间不长，但传闻很多。可是真正看到穿着灰色破旧袍子坐在席上的和尚，人群里顿时发出一阵难以名状的声音，那是叹息声，夹杂着惊讶与失望。

和尚很矮，满脸皱纹，光头锃亮，前襟松垮，露出里面打着补丁、皱皱巴巴的中衣，和衣饰鲜明的道士们比，这和尚显得太寒碜。但和尚似乎完全没有听到人群里的叹息声，小僧开始敲磬，引磬声音清越悠扬，尾声还没有结束的时候，铛子声起，和尚闭上眼开始唱佛号，洪亮的声音在四野飘荡，渐渐消散。这声音就像云上垂歌，就像清凉世界，就像在人们心底里吟唱。

人们被声音吸引，仿佛自己这具尘世里笨拙、肮脏、卑微的身体也随之轻盈，躁动的情绪也变得清凉。接着，他们开始聆听和尚讲佛家的道理。一桩桩，因果清清楚楚，前生来世，所有的苦难都被解释得明明白白，所有的去处也都被指示得明明白白。

一个女人仰起脸来，手学着和尚的样子双手合十，两滴眼泪从她那干瘪的脸颊上滑下来，在满脸苦难和时间中留下的皱纹里流淌，并在这泪水里升腾起对来生的渴望。

和尚依旧在讲经，他讲到释迦牟尼如何在雪山林下苦行，如何在菩提树下悟道，如何教化众生。和尚满是皱纹的、黧黑的面庞此刻浮现出一种深刻的宁静，让人们完全忽略了他面容上的苍老与卑微。一个男子忍不住跪在泥地中，低下头合掌："阿弥陀佛！"到最后，整个场上"阖众倾心，举堂恻怆，五体输席，碎首陈哀"[1]。

这样的讲经越来越多，佛教寺庙也如雨后春笋般在南京疯狂生长，明代人甚至把六朝时期的南京城比作古印度佛都"王舍城"。

佛教中精妙的譬喻、神奇且引人入胜的故事，传教时种种庄严玄妙的仪式，让人心醉神迷。普通男女从"无常""因果"里理解自己的命运，玄学爱好者们从"无有""空妙"中辨析更深远的宇宙哲思。

佛教也深刻地参与了人们的情感，"谈无常，则令心形战栗；语地狱，则使怖泪交零；徵昔因，则如见往业；核因果，则已示来报。谈怡乐，则情抱畅悦，叙哀戚，则洒泪含酸"。生命无常，朝不保夕怎能不令人战栗心惊，说起十八层地狱里的惨状，又怎能不令人既惊怖又感慨，那因果报应，来生祸福，更让人在这痛苦浊世中燃出许多希望。

陶弘景不排斥佛教，甚至因为梁武帝笃行佛教，他也念诵

---

[1]〔南朝梁〕慧皎撰；汤用彤校注：《高僧传》，北京：中华书局，1992年版。

《法华经》，到阿育王塔立誓受戒。但他内心更渴望的是回应佛教，用中国自己的宗教回应佛教。

他从小就想做神仙，逍遥云林。开始，他通过学医的方式，在他手上，天下药物分为上、中、下三品的《神农本草经集注》被重新修订，陶弘景用药物的天然属性分类方式代替了此前上、中、下分类的简单粗暴。

渐渐地，他开始炼丹、炼形、炼神。

常住南京东郊的茅山让他成了山中一只翩然鹤，梁武帝想请他出来做官。他说："山中何所有，岭上多白云。只可自怡悦，不堪持赠君。"虽然不想去当宰相，陶弘景也不愿得罪梁武帝，他会用一些诗人的辞句、谶纬的把戏让萧衍龙颜大悦。

很多人会认为中国传统文化以儒家为代表云云，在学者何兆武看来，几乎近于荒谬。他认为历史本身根本无所谓正统，也不发生以谁为代表的问题。

而陶弘景，就是这观点最好的注解。

他精通儒家经典、法家韬略、阴阳家谶纬，不同的皇帝找他，他用不同的方式应对。比如对齐高帝这样讲究正统、好习礼乐的皇帝，陶弘景的应对大多从儒家的《周礼》里来。应对梁武帝这样可以舍身供佛的皇帝，他就多谈些因果妙法。

在面对佛教的时候，陶弘景已经意识到道家鬼神系统混乱而繁杂。

天帝和玉皇大帝是不是一个人？原始天尊到底管哪些神？山神、花神这些民间神要不要吸收进来？西王母住在昆仑山，跟蓬莱仙岛的上神仙是什么关系？

神鬼系统的混乱意味着象征系统的混乱，象征系统的混乱则意味着信仰其实是不明确的，它缺乏对人生价值和意义的明确引导。一个宗教如果神鬼谱系始终处在杂乱无序的状态，信仰者只是有神就烧香，见鬼就叩首，那么这种信仰的情感就被放置在散乱的境地。如此一来，信仰就成了非常功利性的人神交易，无法在信仰者心灵深处形成一种明确的宗教伦理并化作精神的升华，而且很容易造成漫无统绪的重叠祭祀和随意供奉。

陶弘景在自己修炼成神仙之前，凭借着对老庄、仙学和佛教的理解，终于用一部《真灵位业图》为杂乱无序的道家诸神排出了谱系。形成了包括天神、地祇、人鬼及群仙众真在内的神仙世界。从此，道教的神仙们各归各位，等级森严。这是他对佛教的回应，对本土宗教的回应，对自己神仙之路的回应。

在不断回应佛教的过程中，道教走完了自己经典化、神圣化和本土化的过程。与此同时，佛教也正在抓紧机会，成为中国的佛教。

明朝时杭州人黄汝亨说南京就是一座中国的"王舍城"。佛陀在日，王舍城庵婆罗园中遍地精舍，城里有高大壮丽的塔，也有阿阇世王的殿，所有的小路上都种满了羯尼迦树，暮春之月，羯尼迦树开满金黄色的花，整个丛林洋溢着金灿灿的芬芳。

与文献里的王舍城相比，南朝的金陵显然更加壮丽，遍地是寺、塔、殿、桥，随处有佳木，满城是殊香，钟鼓经颂之声，不绝于缕。城市每一处集市都有披着袈裟的僧侣出没，他们和市民一样，在这里生活，也需要买米面，换布帛，人们已经习惯这些僧人出现在生活里。

这是一个完全外来的文化，对于充满夷夏之防的当时中国而言，承认比自己文化要高明的夷族文化似乎也并不那么容易，东吴国主孙皓曾经就问过："佛教说的善恶报应到底是什么意思？"

康僧回答他："《易》称'积善余庆'，《诗》咏'求福不回'，虽儒典之格言，即佛教之明训。"

佛教关于善恶的看法和我们的《周易》《诗经》这些儒家经典里所说的并没有什么不同。

"那我们还有什么必要需要佛教呢？"孙皓继续追问。

康僧告诉孙皓："周孔所言，略示近迹，至于释教，则备极幽微，故行恶则有地狱长苦，修善则有天宫永乐，举兹以明劝沮，不亦大哉？"

周公、孔子说的那些善恶标准都很对，佛家也这么认为，但你们说的是标准，那拿什么来判定、监督人的"善恶"呢？为善之人会得到怎样的褒奖，作恶之人会受到什么样的处罚，儒家没有告诉过人们，佛教不是正好可以把这种监督奖惩工作做起来吗？

女人们可以匍匐在蒲团上，对着一炷香祈祷救苦救难的观世音菩萨保佑她嫁给一个好郎君；男人可能会在准备杀人越货的时候因为惧怕地狱里恐怖的阴司报应而生出一丝犹豫。人们可以因为日行一善而在内心中得到因果报应的奖赏预期，这预期会让他们可以长久忍受现世的苦难与不公。

这是佛教被中国社会迅速接受的关键所在。宗教的个人性转为社会性、拥有社会救赎的功能后，它与中国传统的冲突也就瓦解了。

这一切，发生在南京。

◆ 法显和他的伙伴

整个六朝，几乎每一代帝王与城内的百姓都崇信佛教。

乱世中国，即便偏安江东，也逃不过篡位弑君、骨肉相残，无常的命运没有放过任何一个人，生命的终极拷问悬置在每一个生命的终点。一批人在玄学的精微深远里得到平静，更多人却因身份与天分所限，并不能真正体会思想的独立驰骋所带来的自由。

惶恐的心灵迫切需要被抚慰，佛家的"因果报应，生死轮回""极乐世界"为这些心灵打开了一扇光明之门。在无数狂热佛教徒的推崇下，中国社会对佛教的热情被成倍放大。

然而，来自外邦的宗教在本土化的过程中必然会有大量的细节缺失，庞大的僧侣群体，应当怎样度过他们的僧侣生活？他们怎么得到食物，是托钵行乞，还是住寺自耕？佛教律典又以何为凭？已传过来的佛经遍纸梵文，究竟哪种解释是佛的本意？

一位老者站了出来。

他已经六十五岁，出家六十余年，看遍僧侣百态，所谓"地狱门前僧道多"，出入帝王将相之门的上层僧侣穷奢极欲，而大量出家人为逃避徭役，为了填满自己的欲壑，几乎无恶不作……

法显决定去西域求取戒律经典。

这一年，他六十五岁，多年的打坐让他神情冷静，肌肉不动。仿佛蕴集在内心的精力在脸上凝结成冰，这让他通常看起来毫无表情。现在，他决定要穿过西域万里黄沙、帕米尔高原苦寒雪山、瓦罕走廊的冰川寒风及完全不可预料的险恶人心。

可是，没有人怀疑他会成功。

法显和他的伙伴们一路向西，途中"上无飞鸟，下无走兽，遍望极目，欲求度处，则莫知所拟，唯以死人枯骨为标帜耳"。[1] 狂风卷过的巨石滚落悬崖，甚至久久听不到回响，但凡往下看一眼，行者们可能就再也不敢向前多跨出一步。

天气恶劣，雪山的积雪在他们的鞋子下面变成厚厚的硬块，成为脚上的冰坠，使得他们举步维艰，冰冻也耗尽他们疲惫不堪的身体里的力量，同伴一个个死去。

五年里，他们走过巴基斯坦、北天竺（印度）、阿富汗，在即将到达中印度的雪山口时，突然风暴袭来，飞沙走石。大自然在这里以千万年锻造的力量，残酷无情地对付法显和慧景这两个仅剩的僧人。它唤起了使人毁灭的一切威力——严寒、冰冻、飞

---

[1] 该记述出自法显《佛国记》。

雪和狂风。两人的脚早已磨破，他们的身体，因为口粮日益减少，已经疲弱不堪，体力开始严重不支。狂风挟着暴雪怒吼咆哮，犹如一个疯子，慧景"噤战不能前，谓显曰，吾其死矣，卿可时去，不得俱损。言绝而卒"①。

七十岁的法显情难自已，忍不住抚尸号泣。眼泪擦干后，法显继续往前走，他不是为了活命而向前走，如果不能求取戒律经典，那他宁愿一直在路上。

凭着超凡出世的希望、信仰所赋予的超人的力量，在穿过一连串音译的印度古地名之后，法显终于到达沙王旧城，以及我们所熟悉的灵鹫峰。

法显和当地僧团的联系就像是写给整个人类的一封书信，是在向永恒说话，没有法显，这些文明将了无痕迹。他后来记录途中见闻的《佛国记》，成为印度芨多王朝唯一的史料。如果没有中国人对这一时期不同文明的渴求，这些和中国一样古老的国度可能将完全找寻不到某些时代在这个星球上留下的任何痕迹。

得到僧团的经文，也让法显超越了自己的命运。他学梵书梵语，抄写经律，收集了包括《摩诃僧祇律》在内的六部佛教经典，又纵渡孟加拉湾，在狮子国求得《弥沙塞律》《长阿含》《杂阿含》《杂藏》四部经典。

等他终于回到中国时，距他出发已是十三年后。

一旦回想起途中种种，法显就"不觉心动汗流"，从山东半岛登陆的法显选择了建康城，作为他余生译经之所。

熙熙攘攘的建康城内，朱雀门外的道场寺，从此多了一个青灯古佛常伏案的苍苍老僧。佛陀跋陀罗手执胡本、僧宝云传译，法显整理，他们为日益庞大而缺少戒律的僧伽留下可为丛林规范的《摩诃僧祇律》及各部经文四十九卷。

---

① 〔南朝梁〕慧皎撰：汤用彤校注：《高僧传》，北京：中华书局，1992年版。

决定西天取经的勇气，成为对信仰的一种呼喊。法显和他的同伴们富有英雄气概的取经之路，以壮美绝伦的方式凸显生命的升华。

◆ 城市的信仰

经过法显等人的努力，规范过的佛教世界更令人狂热，在将佛教当作终极信仰的众生中，影响最大的莫过于梁武帝萧衍。

他为城市建起了不可胜数的庙宇殿台，同泰寺"房廊绮饰，凌云九级"，奢丽程度，直比皇宫。大爱敬寺"经营雕丽，奄若天宫"，大智度寺"殿堂宏壮，宝塔七层"。

城市看去宛若佛国天界，在城里穿行，你会听到佛号、磬钹声、诵经声、木鱼声、旌旗飘荡声……贫苦百姓在经颂因果、对来生的期望中，争先恐后地将能置办出来的祭品统统献给佛。帝王在对佛的无限布施中获得心灵的凭藉，仿佛这一座座矗立起来的宝塔雄殿，一尊尊端慈神圣的造像足以保护城市、国土与帝王之业。

他和法显一样，希望僧团更有戒律，他亲自示范，断食酒肉，僧人茹素的传统自萧衍开始，他那多次舍身同泰寺的戏剧性桥段更成为数千年来人们津津乐道的故事之一。在萧衍手上，南朝远不止四百八十寺，即便梁武帝最终饿死兰台，他身后的城市也未曾丢失过向佛之心。

与长安、洛阳相比，新生而开放的南京城更容易接受佛教的生长，深研老庄与玄学的学者型僧人支遁将佛教般若学与当时知识阶层最欢迎的玄学互相嫁接，玄学一味追求心灵的玄深幽渺，与儒教教义是有冲突的，在道家里又缺少细密的理论体系，而在佛学中，无障碍的通达思想反而帮助玄学更早地达到了宇宙与人心的合一。

可以说"佛教因道家而变得清楚了，但道家也借助佛教而变得显豁了"[1],启发过人性觉醒与独立的玄学也渐渐被佛学接续且超越。当我们谈起中国传统文化时,总绕不开儒释道三家,儒家的六经济世救俗,道家典籍玄妙深远,佛家精义复有灵性真奥。三者相互引证,既开阔也拓深了中国人的心灵。

历经三朝的陶弘景,晚年以上清派宗师的身份,前往鄮县(宁波)礼阿育王塔,去发受戒,成就了儒道兼修的一代传奇。

◇◇六朝釉下彩盘口壶生动地表达着佛教与本土道教的早期关系(文心 供图)

临终之时,陶弘景希望自己"冠服法巾""通以大袈裟覆衾蒙首足"。

死亡是人类最后的信仰,陶弘景与他那一代思想者选择了三教合流的方式为生命盖棺定论。

用这种方式去往另一个世界的不止他一人,在他之前的道士张融遗言就是:"三千买棺,无制新衾。左手执《孝经》《老子》,右手执《小品》《法华经》。左肘录铃,右肘药铃,佩符络左腋下……通以大袈裟覆衾蒙首足,明器有车马,道人道士并在门

---

[1] 葛兆光:《中国思想史》,上海:复旦大学出版社,2001年版。

中,道人左,道士右。"① 而将儒释道三家融做一门的学者也不仅仅是僧人。

当"沙门不敬王者"和"夷夏"之争的辩论声在东晋的朝堂响起,思想与文化的解放就又一次光临了这座城市。

作为文明的容器,城市不仅仅是一个场所,而且是一种流行的生活方式,一个精神、知识和审美发展的过程。中国文化自此以后,儒释道三教思想渐渐成型,并影响至今,而这一切的生发过程,在南京。

它为后世的中国提供了一种具有归属感的话语,让我们不必经历撕裂而在一个国家的框架里,体会这经历过互相理解与合法化的思想所带给我们的文化归属感。

"天下一致而百虑,同归而殊途"②,先秦的诸子百家、中世纪以降的儒释道三教,甚至那些民间思想,这一切构成一个综合的文化统一体,他们彼此"相资互用"。虽然在思想层面各有精进深邃之处,但在社会层面的"劝善""教化",个人层面的修行与终极追求上,它们殊途同归,这使得中国文化在平稳之中始终保持思想活力,可以从容地进行"文化更新"。

这更新还只是开始。

三教合流的思想熔流在隋唐因讲论而迸发过迷人的火花,在北宋大批学养丰厚的学者手中蔚然成型,那些出没于千里江山之上,出入三家的旷达身影,比如欧阳修、苏东坡……至今仍是中国完美人格的典型象征。明代以后的中国,历经一千多年滚烫的熔流,三教融通已然成为社会的主流思想,都拥有了不言而喻的真理性。

儒家作为国家的意识形态,是传统社会的礼仪框架与规范,

---

① 〔南朝梁〕萧子显撰:《南齐书》,北京:中华书局,1996年版,第152页。
② 引自《易传·系辞传下·第五章》:天下万事万物,通过不同的途径,可以走到同一个归宿,各种不同的思想,也自然地趋向一致。

◇◇天启年间绘制大报恩寺图

◇◇寺庙僧人绘制的琉璃塔

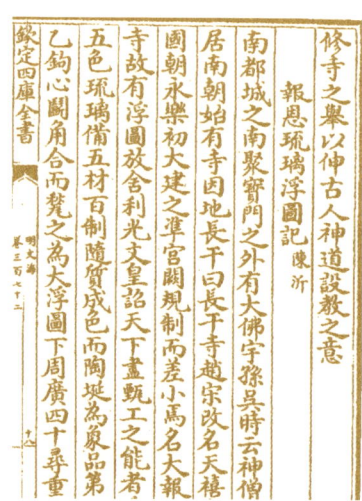

◇◇清《四库全书》关于大报恩寺琉璃塔的记载

◇◇西方人绘制的琉璃塔

由此我们形成了深厚的文化认同，共同的生活方式，而擅长"治心"的佛教恰好补足了"明乎礼仪而陋于知人心"的儒家。专门"治身"，遵生养生的"道教"又补足了只求"度死"的佛教。

有明一朝，南京佛教竟比南朝更盛。明代人黄汝亨记："高皇帝开辟天业，君临万寓，一洗南朝之陋，金陵其丰镐之地，所在建刹，助流教化，壮巨丽之观，最著者如灵谷之松麓、弘济之江峰'酊爱之岩壁、天界之林阜'。"

城市最懂得文化的历程是什么，明代那些巍峨的塔、壮丽的殿、恢弘的庙在清代几乎未动分毫，每一个来到南京的外国人都会惊叹：这个已然落后的国度里居然还留有如此之多恢弘壮丽的建筑。

城市留下了文化强烈碰撞且熔流交汇的遗迹与启示，但如果不想经历碰撞、熔流、交汇就硬生生插进来会如何？

太平天国就试图把此时在中国还没有多少根基的基督教嫁接进中国式仪式，替代城市的信仰。尽管在历史的进程上这一次起义曾留下过褒贬不一的评价，但就文化而言，城市所遭受的劫难在某种层面上却再也没能复苏。

那吸引了无数惊叹的大报恩寺琉璃塔在北王韦昌辉手下化作废墟。几百年间，这座琉璃塔高高耸立的塔尖、敞开的怀抱，拥抱城市全部恩情和苦难，吸引过世界的目光，如今发出刺耳的碎裂与沉闷的倒地声，坍塌为废墟。有一千七百多年历史的罗汉造像成为太平军城头诱敌的枪靶，灵谷寺六朝之物大铁钟和千年不朽的老僧"躯壳"也被一同焚毁。

洪秀全过于急切地想用上帝取代经历过上千年争辩、合流、融汇、认同与实践的儒释道三教文明，他可能并不能理解文明的融合是一个过程而不是一个决策，城市不但没有变得更生动，反而变得更混乱。最终，洪秀全等人也为这个仓促的文化立基付出了彻底失败的代价。

城市在这场代价里失去了大部分有形的文明，面对汹涌澎湃的新文明，城市将在更大的代价里失去更多有形的历史遗产。当人们根本来不及咀嚼新的思想就急于毁掉旧的标识时，文明往往会迷路。

为救中国，一批人希望用西方文明完全覆盖老朽的中华，而另一批人则不断从历史中开出新的资源，就像曾经站在文明十字路口的一代代思想者那样。他们最终，赋予了城市新的生命，留下了中国文化的归属感，以及面向未来并不会恐惧的底气。

六　开放之市

◆ 商业之城

来南京有很多种方式，你可以顺着水流，也可以沿着陆地。南京是开放的。

每年春天，差不多总有五六个国家的商人聚集在这里，有时候人数会更多，他们的船载着香料和肉豆蔻，回去的时候船上堆满了瓷器与茶叶。这里是一个开放的市场，每一处缝隙里都挤满了贸易的可能。

商人们对这个城市的熟悉，和城市的建都史一样长久，久到城里的人们看见金发碧眼或者浓眉深目的胡商也完全没有任何讶异。

一些胡人在城里住下，开的商铺总是缭绕着香料的气味，他们通常在铺子卖他们家乡的香料、玻璃器皿、琥珀奇珍……胡人们很快学会如何跟当地人一样看人抬价。和当地人一样，他们也津津有味地吃起牲口和家禽的下水，从罗马来的商人就特别喜欢城里小铺子卖的杂碎汤、嚼劲十足的胗和裹着蘸酱、味道浓郁的鸭肉。秦淮河边酒楼的老板也喜欢雇用冶艳的胡姬。风一吹，胡姬扭动腰身，细碎的铃铛声让金陵子弟迷了心神。

巷子里散发着皮革臭味的鞍具店，江边编织竹席和渔网的妇女，还有码头肩膀上永远扛着货物的伙计……城市仿佛是一架巨大的水车，在千万只手的轮班推动下，浇灌出丰饶的财富之水。

贸易，是这座商业之城的表现；而开放，是这座商业之城的灵魂。与帝国版图内绝大多数城市不同，南京从东吴建都起，就充满了开放的特质，城市对中原开放，接纳了一次次衣冠南渡。城市对世界开放，在很长一段时间里，南京都是当时东南亚乃至世界的国际交流中心。

同时期，在很多中国的城市里，里坊界限分明，比如长安，市民居里坊，布局如棋盘，大门昼开夜合，宵禁往往森严。

南京则截然不同。从东吴建都时，南京城内就官民杂居，宵禁很少被执行，夜市反而特别繁荣，只要是和平时期，你总能在南京的夜晚买到一杯暖过的美酒。无论南京的名字如何改变，是被尊重，还是被贬抑，只要有机会，长干里的商船就会渐渐云集辐辏，重新激活城市的商业属性。

中国从秦汉时期，就已定下农业为本的国家基调，重农抑商等同于基本国策。这一套在六朝时期的南京，荡然无存。

这是一个自下而上的商业之城。

商品流通的诱惑太大了，即便还需要万分警惕地防范着来自别处的铁骑战火，南京还是成为各大文明之间交往的驿站。

它没有按照传统都城"左祖右社，面朝后市"的布局，第一次建都的孙权就直接将大市立在建初寺前，宋武帝又在大夏门外立北市。市场遍及宫城南北，尤其集中于秦淮河两岸，这条河就是城市的主题，是自由的营地、人才的仓库、宫廷的异数。它的昔日光辉都留下了遗迹，这使历史成为河岸景观。它拥挤着密密层层的商市，许多专营某类商品的市集，比如牛马市、谷市、蚬市、纱市、盐市、银行、花行、鸡行等云集在此，商贸的活水一直流到今天，让河岸始终充满活力。

要知道世界上所有成功的城市，必然都是能够全面满足人的安全、富足、信仰的所在。作为帝王之都，南京满足了地点的神圣感，复兴中华的能力保证了城市的安全，而商业的激励作用则是城市兴盛的真正催化剂。

本来，城市里还有市有阙，市场与居民住宅区是区隔开的，并不混杂，六朝时候，市廛已与一般民居相杂。富足的吸引力让投机者、布道者、酒店老板、妓院老板……纷纷抵达，他们为新兴的南京注入发酵因子，让城市复杂而生动。他们沿着秦淮河两岸，在每个地方，只要因为过去的建筑方式而留有一丝空隙，就用房子把空隙填起来，直到连一小块盖房子的空地都没有了。

"当时百万户，夹道起朱楼""金陵昔年何壮哉，席卷天下英豪来"。东吴时的南京居民就已经达到二十八万户，人口超过百万。左思曾经在《吴都赋》说，当时的南京人挥一挥衣袖，扬起的灰尘遮天蔽日，大家一起擦汗，汗水可以让道路变得泥泞。这当然有些许夸张，但必须得承认，六朝时期的南京，的确是当时全国，乃至整个东亚最大的城市。

当东吴的女子穿着如轻云一般的碧轻纱衣、挥着襦裙大袖、足踏锦履跳着七盘舞时，日本岛上的人们还穿着贯头衣，靠在绳子上打结、在木头上刻印来记事。最早到达日本的中国人看见日本人养蚕抽丝的方式居然是将一颗颗蚕茧放进口中，含软得丝，异常惊讶，原来世上还有这么落后的地方。

这些日本人居然也听说过东吴，"吴"这个字对他们意味着文明之光。即便六朝时候的南京战乱并不少见，城市一次次陷入劫难，也丝毫没有妨碍它一步步成为被整个东亚仰望的太阳。吴国、吴人、吴衣、吴镜成了他们历史中的鲜亮高光。

为了获得文明之光的照射和垂青，五世纪的日本人劈风斩浪，来到当时被称为"建康"的南京，向东晋朝廷纳贡。紧接着，百济、新罗、越南……开放的南京接纳了他们，开放的中国接纳了他们，这份开放里有着愿意与天下共享文明的强大自信，也有着一个商贸之城骨子里的热忱。

其实，国家的概念在中国出现得很晚，几乎要到清代才勉强成型，我们一直有的，是天下。率土之滨，莫非王土；率土之民，莫非王臣。不管你来自哪里，用什么语言，有什么风俗，只要你愿意接受我们的礼乐教化，就都是一个天下。也确实，在明朝之前，华夏所接触到的远人，几乎都还处于野蛮半开化的状态，这也一次次强化与佐证了华夏的天下观。当一个观点被反复证实了上千年，那就成了天经地义、不证而明的真理了。

在一个商业之城里，甚至这些礼乐教化都变得不那么重要，文明以最直接方式，以及肉眼可见的繁华堆在这些远人面前。巨大的差异与震撼让他们心甘情愿地臣服并千方百计希望成为这文明的一部分。

◆ 贸易之地

秦汉时期的中国急于一统天下，耀示君威，此时的国家对外往往是一种征战的姿态。六朝的南京并不寄希望于征服遥远的百济、日本、越南来证明自己仍是正统，那时候的南京像一个老师，由于这位老师过于高级，知识、技术、文化、制度的先进远超学生的想象，从而拥有了神的一面。

城市慷慨地将中华文明推分给了周边邦国，秦淮河所流淌的贸易之水吸引来更多的寻找机会的外邦之人，他们像一块块海绵，尽可能地学会眼睛所看见的一切。城市的布局、建筑的构造、人们身上穿的衣饰、房屋里陈设的家具、书中用的文字……

见识过东吴强大的日本再一次派遣使臣来南京，已是南朝刘裕的宋朝时期，商贾之繁盛，城市之富丽，千舟万舻的河道给这几个日本人留下了极其深刻的印象。从建康返程时，宋武帝赠给他们一批"汉织""吴织""缝织女工"，这些为日本带去中国的丝绫织造技术的人，日本人呼作"绫人"。

　　大量的吴地铜镜在日本古墓中被发掘，南京对于这个国家的影响细致入微，贵重精巧的东西往往会冠上"吴"的前缀，被称为"南京货"，因为"南京"这两个字就是优质商品的信用保证。

　　比日本近水楼台的百济、新罗与南京的联系显然要更频繁一些。他们从水路而来，商旅之船有时候竟有上万艘聚集在石头城旁宽阔平静的江面上，人们经常会看到这里停满了波斯船、阿拉伯舶、昆仑舶，各国商贾、僧人、使臣在码头上穿行，史称"贡使商旅，方舟万计"[①]。

　　南朝时候，来自南京的瓦当铺在百济的宫殿檐上，吴地的铜镜摆放在贵族仿造南朝家具做成的梳妆台前，官员们穿着来自南京的丝织技术制成的吴服，看着中国的历法，用着南朝的纪年，过着根据中国礼仪制度规定的生活。和东晋一样，高句丽和百济也用太学的方式培养贵族，东晋灭亡之后，来自百济的使臣站在大火焚毁的宫殿外看着他们曾经追随的神殿一片焦土，还会忍不住失声痛哭。

　　从东吴时候起，南京的街上可以遇见驯象的老挝人或越南人，也可以看到腰系彩铃、赤脚歌舞的柬埔寨女子。来自古罗马的商人秦论在这座城市里居住了差不多十年，他像另一个马可·波罗，只是他所面对的人不是忽必烈，而是孙权。

　　秦论经常留在孙权身边，告诉孙权，古罗马巨大的拱门，以及披着金色织帛的骑士如何在马背上微微欠身向台阶上站在蓬松裙摆里的金发女子行礼。说这些话的秦论站在神龙殿的台阶旁，孙权坐在涂满金漆的榻上，饶有兴趣地听这个高鼻深目的古罗马人一遍遍讲起遥远海风吹过的港口夜晚，那个金发的女子如何用她迷人的笑容和一枚意义非凡的戒指，换回船员从东方带回的一

---

① 〔南朝梁〕沈约撰：《宋书》，中华书局，1974年版，第306页。

匹绸缎。

人们猜测秦论并非沿着陆上丝绸之路而来，他更大可能是从罗马帝国的东部出发，沿着红海、波斯湾，经过印度洋，在东南亚地区登陆，直接进入中国南方腹地。

他和他的朋友们带来了珊瑚、琥珀，还有古罗马风格强烈的玻璃杯。一百多年后，这几个玻璃杯出现在东晋王氏家族的墓地里。

贸易让城市的骨架渐渐丰满，镶金镂银的宫殿和双扇窗台前的流苏软垫让商人们惊叹城市的丰富，吵闹喧嚣的街道上过往的马车总是把行人挤到墙根，炊烟把巷子里房屋的墙壁弄得污秽不堪，散发着皮革臭味的鞍具店，边说边笑着赶织绫罗的妇女，还有几乎无休无止在装卸货物的河流……

一切都似乎有些繁华过了头，过度的贸易有时候让城市稍微有点喘不过气来，但很快，城市就因为这一点过量而膨胀出更通达的交通网、更便捷的商贸点、更勤快的伙计。从东吴时起，为了方便商旅往来，孙权在建业附近的长江沙洲上设置客馆，又在城内外多立邸舍，让行商坐贾避风住宿、存放货物。南京的商贾馆驿之盛，竟至明清而不衰。

商业就此写进城市的生命里。

◆ 市场之城

一个炎热的夏日午后令人窒息的宁静中，忽然街上传来清脆的铃声，一个响亮的声音划破闷人的溽暑，喊道："冰湃过的果子！解热消暑呀！冰果子，冰果子……"

谢安在宅中听见，将手上摇着的麈尾扇放下，示意小童去买些回来。正在谢宅做客的同乡依旧愁眉不展地望着谢安，谢安忍不住问："明公即日回乡，路费可备全了？"同乡立刻接话："别无长物，唯蒲葵扇五万。"谢安笑："你且安心。"

第二天，谢安摇着一柄同乡送来的葵蒲扇去上朝，谢公风度,本来就一时无两,葵蒲扇朴质,自然无矫揉气,谢安这样风度卓然的人挥在手里就更添名士风度。这一波广告之下,官员忍不住也想跟风,一时间,建康城内,手持一柄葵蒲扇成了时髦事,士大夫和百姓纷纷效仿,"士庶竞市,价遂数倍",京城的蒲扇价格大涨,奇货可居。谢安的老乡趁机抛售蒲扇,两天时间,身价暴涨三倍,盆满钵满地准备回乡了,临走前汗气腾腾地来别谢安,眉眼笑得挤弄在一起。

追求时尚,鼓励模仿是商业流行的必要催化剂,一个被允许追求时尚的城市是永远不会丢失活力的城市。

相比较墨守成规的古老都城,六朝时期的南京像一个对一切都跃跃欲试的少年。那时,建康士人外出为官者颇多。当时有种"还资送故"的风气,每到一地做官,回建康时,这些人总会带上当地的大量特产。这些特产有可能是布、漆器、竹、水产、炉子、头花等,数量巨大,品种多样。

刘宋时,孔道存、孔徽兄弟从会稽返回建康,带来"辎重十余船,皆是绵绢纸席之属",看起来倒不像出去做官回来,像做生意回来。南齐时,有名的清官王琨去广州做刺史,罢任回建康,孝武帝知道他清廉,问,还资多少?王琨说:"臣买宅百三十万,余物称之。"他带回的地方特产换的钱,用了一百三十万买了座宅子,剩下的还足以过活。清官尚且如此,足见"还资送故"为城市带来的商贸之水有多活泛。

出身微贱的刘宋开国皇帝刘裕很多方面与明代开国皇帝朱元璋都很相似,但在对待商人的态度上,两人截然不同。江南开放的市贸风气让刘裕理解商人的重要性,而淮北的苦贫、元末的荒凉让朱元璋打定主意,重回男耕女织的安定之世。

刘裕让南京对商人敞开怀抱,他的儿子少帝刘义符继位执政期间,上自帝王下至地方官吏,都是亦官亦商,连少帝本人也在建康宫城的华林园开设店铺,亲自估卖。今天的鸡鸣寺一带,就

◇◇鸡鸣寺（摄于1937年，金陵图书馆 供图）

是昔日的刘宋皇家华林园，刘义符建了一排商铺，自己"小巾衣，短打扮"，站柜台，买卖货物，讨价还价，商贸带给人即时的满足感与获得感，这让刘义符乐此不疲。

沉迷于这种市井之乐的南朝帝王不止他一个，南齐东昏侯也"于苑中立市，每旦进酒肉杂肴，使宫人屠酤。潘氏为市令，帝为市魁，执罚，争者就潘氏决判"。①很难仅仅用体验民间生活的乐趣来理解这些帝王的行为，但如果将他们的行为放在商业所需要的人性与智力的角逐中，就可以理解他们从中得到的成就感可能不亚于攻下一个城池。

渐渐地，他们已不再满足于娱乐式的商贸游戏，六朝时，亦官亦商蔚然成风。"商子事逸，末业流而浸广，泉货所通，非复始造之意。于是竞收罕至之珍，远蓄未名之货，明珠翠羽，无足

① 〔南朝梁〕萧子显撰：《南齐书》，北京：中华书局，1974年版，第427页。

而驰，丝罽文犀，飞不待翼。"①

南齐的豫章内史刘休，家中前面住人，屋后开店，妻子王氏在店里卖扫帚、皂荚。梁朝的傅昭小时候"曾随外祖于朱雀航卖历日"。梁朝辅国将军吕僧珍的姐姐住城西。姐姐家的房子挤在夹道朱楼间，临街的一面被改做铺面，僧珍还时常带人去买东西，照顾姐姐的生意，丝毫没觉得有什么不妥。

他们卖的商品五花八门，无奇不有。小到柴米油盐酱醋茶，大到棺椁家具。连草料都有专门的䇯市门，"南货羽毛、齿、革之属，无远不至"。来自闽广、交趾、南海诸国的象牙、玳瑁、珠玑等奇珍异货也有专门店铺。商品分类已经细化，卖花有花市，卖草有草市，如纺织品，便有绢、绫、锦麻、棉的专卖。

刘宋孝武帝儿子甚至瞅准商机，开始"皆置邸舍，逐什一之利"。来自全国各地、南海诸国，甚至来自欧洲的商贾们在这些邸舍里度过无数难忘的夜晚。窈窕的女子、香郁的金陵酒，以及势头看涨的行情给他们留下了深刻印象。

城市如此自由，你可以选择在家里开一个铺面，也可以沿街叫卖。彼时南京，从长江白鹭洲水道到秦淮河上，成千上万的大小舟船绵延十余里，来自古罗马、波斯、天竺、东南亚诸国以及日本、朝鲜半岛的商船"舟舶继路，商使交属"，从任何一条船上，掀开窗幔朝外看，都会看到一整片连绵不绝的沿河商铺，岸上人头攒动，叫卖之声此起彼伏，城市像一个巨大的磁场，人释放着欲望，物带着诱惑。很多年以后，来自遥远国土，比如古罗马、萨珊王朝的银币，还在六朝的墓葬中佐证着昔日的繁华。

今天南京上浮桥古秦淮河道地下，陈年的木屑与密集的木桩还悄悄保留着城市航海的秘密，在被彻底废弃之前，它们曾为六朝供应过出航的船舶。

---

① 〔南朝梁〕沈约撰：《宋书》，北京：中华书局，1974年版，第511页。

强大的舰队一次次驶向海外，柬埔寨、老挝、越南南部、泰国东南几乎行遍，东吴的海外航行"所经及闻，百余十国"，历史上称之为"南宣国化"。

这个词很有意思，中国的军舰行驶到其他国家，叫"宣化"，意思是我们来告诉你们这些化外之人，上国的礼仪文明是什么，我们需要教化你们，经过我们的教化，你们得心悦诚服，如果你们感受到我们的教化，年年纳贡当然很好；如果你们感受不到，不那么心悦诚服，那我们也可以把你们打服。

不得不承认那时候的中华文明是傲慢的，但这傲慢本身有着强大的根基与支撑。

东晋时的南京"江水直逼石头城下，万船停泊，舳舻蔽江，帆樯如林"①，并不禁海的东晋，靠海的渔民"视波涛为阡陌，倚帆樯为来耜"，海上航线的繁忙远超我们的想象，为了应对海上风浪无常，东晋的卢循甚至发明了技术领先世界一千多年的"八槽船"，即船舶的水密隔仓技术。先进的海船直接的功效就是连接了外邦。擅长打仗的刘裕准备北伐，南方缺战马，刘裕让高句丽王送马，高句丽王立即从海上送来八百匹好马，丝毫没有延误战机，足可见海路之通畅便捷。

建康的码头上，除了来过高句丽的战马，柬埔寨的舞女，越南的大象，也来过一批批的高僧。比如南朝宋元嘉十一年（434），建康码头，站在黄罗伞下的宋文帝刘义隆就接到了从狮子国举帆前来的比丘尼，她们将为中国第一批出家的比丘尼正式授"律、戒"。齐武帝甚至接到过扶南国（柬埔寨）请求他帮助派兵讨伐林邑国（今越南中南部）的国书，随国书一起送过来的有"金、白檀、牙塔、古贝、琉璃、玳瑁……"

梁代的外交规模超乎前朝，波斯国进贡来的礼物，塞溢库

---

① 〔唐〕房玄龄：《晋书》，中华书局，1996年版，第761页。

仓,婆利国(今加里曼丹岛)来南京海路六十天,他们向梁武帝进贡了白鹦鹉、青虫、兜鍪、琉璃器、古贝、螺杯、杂香、药材。所有国家的使臣都知道南京是世界上最好的市场,给中国进贡是笔最好的买卖。

中国政府会用数倍于进贡物的财物回赐给他们,回航的船上堆满丝绸、陶瓷等中国工艺品,有时还会带回一批织工和匠人。

也有一些特别的选择,比如百济的王仁,他带回去的是几本"四书五经"与一册《千字文》。王仁的这趟旅程对百济和日本而言都显得无比重要,从此以后,这几个国家的孩子都将在"天地玄黄,宇宙洪荒"的朗朗书声中开始他们的学问启蒙。

事实上,中国的文字是东亚很多国家文化的根,来自南京的典籍制度、礼仪制度让他们拥有了衣冠文明,当他们住在和六朝建制差不多的房屋里,唱着六朝的歌谣,攀比来自南京的工艺品时,南京在他们心目中,已然成为一种光芒的象征。后世的人们将六朝时期,这座世界上人口超百万的城市和古罗马并称为"世界古典文明的两大中心"。

这中心是指南京对东亚诸国的影响力,那时候城市的光芒泽被东亚,六朝三百余年四十帝,南京的河道里舟帆相继,高使交属,络绎不绝。

随船而来的象牙、犀角、珍珠、珊瑚、玳瑁、木棉、香料、檀香木、狮子、大象、鸵鸟、孔雀丰富了南朝时的南京。东晋墓葬里的波斯王朝的金币,梁太子萧统葬在紫金山南燕雀湖畔的墓中陪葬的东南亚紫玉杯、玻璃碗,梁武帝迎奉过的印度佛像,诗人们痛饮过的鹦鹉螺杯……让城市的面目如此立体。那时候,华夏的天下观是当之无愧的,远来朝贡的使臣带着他们各自君王殷切的希望,带着对华夏文明真诚的渴望与倾慕踏上这座淮水流过的繁华之城。

通江达海的城市本身就拥有无限可能,在一次次被海风鼓起的高高风帆中，文明的推进惠及无数的远方。

落后文明向我们真诚求教让中国越来越坚信，普天之下，并不存在超过中华的文明。一路高歌猛进的中华，从南朝时期东亚的中心，经历过南方地区经济的深度开发以及科技文教的空前繁荣，终于势不可当地成为隋唐时期世界的中心。

◆ 商人之家

大唐开元前后，南京的六朝遗迹早已残砖断瓦、荒草蓬蒿，但长干里一带，水运通畅，行商坐贾愈加繁华。河船往来，宽阔的江面上，往往邻近的两船一相问，倒很可能都是金陵老乡。"金陵向西贾客多，船中生长乐风波"，一艘艘漂泊市货的商船，让城市保持着新鲜。

城市一到春天，到处都是酒香，牧童遥指的杏花村、水村山郭的金陵春，醉倒了几乎所有大唐最著名的诗人。每一间酒舍里都有年轻姑娘楚楚动听的吴歌声，小调慵懒，"楚歌吴语娇不成，似能未能最有情"。

葡萄酒、金叵罗。十五岁的吴姬压酒唤客尝，美貌如花的胡姬当垆笑春风，诗人们在玳瑁筵中酩酊大醉。白天的金陵城风吹柳花满店香，夜晚的秦淮河停过杜牧的夜航船，水岸上唱《后庭花》的女子歌声未歇，对船挑灯算账的算盘声已响得熟稔。

过于繁华的秦淮让河水很快浑浊起来，商户们雇用的河道清洁工棹一小扁舟来回梭巡捞捡秽物。除了酒，城市里珠宝、香料、牙雕、脂粉、布帛纸张，应有尽有，远离政治的南京成了一座大唐风华正茂时的贸易之城，时代所赋予的文采精华、风流壮阔在城市里流动。

胡人早已把这里当作自己的家，谁也没料到"渔阳鼙鼓动地来，惊破霓裳羽衣曲"，也吹破秦淮夜色酒旗风。但很快，南唐政权的确立让金陵再一次恢复了六朝时期的兴盛。甚至于，直到今天，南京城市的格局也依然遵循着南唐时城市的走向。那时候的城市市集遍布、店铺众多，以国都金陵为中心、辐射四周的商品交易圈正在慢慢形成。所谓"万乘之国必有万金之商，千乘之国必有千金之商"。南唐时，金陵城内的商贾，有些贸易一宗成本便达二十万，贸易规模水涨船高，至今繁华事，依稀明月中。

朱逸宁认为"南唐金陵文化对南京城市精神的最大影响，就是经济与伦理政治拉开一定距离，从而形成一种独特的商业城市文化"[①]。虽然城市没有留下多少南唐时的遗迹，但商业城市的气质已然定型，后来北宋的汴京所洋溢的市井之风便是这余绪的回响。

贸易的活跃程度代表了城市的活力，往来其间的人则代表城市开放的水平。元代，来自罗马的商人马可·波罗从苏州南行，进入杭嘉湖平原，他看见的南京"商业繁盛"、居民"皆良商贾与良工匠""恃工商为活"。

元末的中国，豪商巨贾并不鲜见，不止一个沈万三在商贸政策宽松的元代完成了他们巨额财富的积累。然而，急转而下的明代，商人的命运开始变得多舛。即便是在大明帝国整个向内，保守、严苛的明朝初年，城内为招待海内四方商贾而专门设立的四十八楼依然留有从六朝直至南唐的繁华气象。以朝贡名义聚集在南京的外国使臣、商人带着各种前代罕见的奇货重宝从下关登陆。

城市有一多半是市场，明初作为商业点的廊、坊、市、楼至今还将名字留在了城市的路标上，当我们看到一张全新的南京市地图时，六百年前的市贸之气便让街巷生动起来。不勤政的万历，更是给了城市最大的自由。那时的欧洲，人口超过十万的城市只有威尼斯、米兰、那不勒斯、巴黎和君士坦丁堡，而同时期

---

① 朱逸宁：《南京城市文化的形成过程与精神体系》，《江苏行政学院学报》2015年刊。

的南京城差不多四百多万人口，南京开放的底色让城市的繁华远超北京。

从南市街和北市街开始，路两旁就挤满了佛寺、官衙、戏台、民居、牌坊、水榭，层层叠叠的茶庄、金银店、药店、浴室，甚至鸡鸭行、猪行、羊行、粮油谷行的店铺招牌在风里交错张扬，一条秦淮河，穿梭着不停歇的运粮船、龙舟和渔舟。街上人群多到车、马、轿、肩舆只能见缝插针寻隙过街。

葡萄牙传教士曾德昭在万历年间的南京街头看到过无数在屋内织布的妇女，听到过街巷到处是嗡嗡的机杼声，他也发现这个全中国最好的城市和五世纪时一样，已经给了人们一种固定印象，那就是如果假称你的货品产自南京，那货品就可以高价售出。城市的名字成了商品的品质保证。

那时期的传道士几乎都曾在南京驻留，在他们眼中，古罗马街道破败，陋室小屋随处可见，而眼前这个城市却如此雄伟壮丽。意大利传教士利玛窦就认为同时期的世界，没有一座城市可以与南京相匹敌。这里"百姓精神愉快，他们彬彬有礼，谈吐文雅，稠密的人口中包括各个阶层：有黎庶、有懂文化的贵族和官吏"，那种感觉大约和清末李鸿章第一次看到纽约的情形一样。

城市的商贸基因让南京总可以在每一次改朝换代的生息之后，重新焕发出活力，而这活力往往最先从秦淮河岸的商铺里逸出。

清代的南京城，康熙后期经济已恢复元气，重新繁华，秦淮河两岸，"周围数十里间，闾阎万家，商贾云集，最为繁盛"[①]，即便道貌岸然的洪秀全一度禁绝秦淮歌妓，两岸萧条，商贸无声，等曾国藩的湘军攻克南京后，秦淮河沿岸也能在一线生机里快速恢复往日的活力。

这一线生机是曾国藩在城市屠戮之后的安定之策，他让湘军

[①] 〔清〕甘熙撰：《白下琐言》，南京：南京出版社，2007年版。

贴出告示晓谕全城，恢复秦淮旧迹，尤其是秦淮画舫。如果有人愿意在秦淮河两岸兴建酒肆茶馆，可以三年不纳税。城市有利可图，嗅到好处的商人就会循着迹象赶来，城市有多少商人，也就意味着城市有多少种可能。

为了稳定人心，曾国藩特意邀请钟山书院的山长李小湖一起摇着小船进入秦淮河，携妓游玩直至通宵，次日还把反对秦淮歌姬重操旧业的迂阔官僚叫过来当面教育了一番："君言开放秦淮恐滋事端，我昨夕同李山翁游至通宵，但闻歌舞声声，初无滋扰之事，且养活细民不少，似可无容禁止矣。"

小曲唱醒了城市，它洗净血污，露出笑脸。

一条秦淮河，一座贸易城，河水流经城市数千年繁华衰落，哪怕帝国向内，城市也不曾完全封闭，它始终随着河道流经长江、流向大海，流进更开阔的世界。

七　文学与风流

◆ 烟云水气

民国时，有个外地人来南京玩，恰好街坊上一位老人骂他儿子在外疯玩，站在门口叫道："你成天在外面孙膑装，还顾不顾这个败国亡呀？"乍一听不知所云，原来老南京门西地区，街坊邻里上了年岁的老人喜欢用一些隐语，一个现成的词组只说出前三字，本意却落在隐含不露的第四个字上，比如："黄豆拌"是"鞿"（酱），"二鼓擂"是"捶"，外地人听着眼睛直瞪，仔细一琢磨连称有趣。老头的意思是他这个儿子成天在外面疯（孙膑装疯），不晓得顾家（败国亡家），这一回过味来，外地人不禁连声失笑："只有住在秦淮河边的人，才有这份风趣！"[①]

[①] 该内容取自民国倪锡英所著《南京》，南京：南京出版社，2011年版。

这份风趣的诗性起于六朝,六朝的诗性塑造了江南,城市对美的穷极追求成就了这片风流之地,它起于名士,却远不止于名士,名士是一种人格精神、风神气度,风流则是城市的诗性气质、文化底蕴。

虽然吴敬梓写南京时,他已经在感叹"南京的名士都已渐渐地消磨尽了"。毕竟吴敬梓距王导、谢安的年代隔了一千三百多年。但即便渐渐地消磨尽了,南京也比其他城市有名士气。《儒林外史》中,吴敬梓为城市记了一笔市井生活:"杜慎卿同友人同游南京雨花台,坐了半日,日色已经西斜,只见两个挑粪桶的,挑了两担空桶,歇在山上。这一个拍那一个肩头道:'兄弟,今日的货已经卖完,我和你到永宁泉吃一壶茶,回来再到雨花台看落照。'于是杜慎卿笑道:'真乃菜佣酒保,都有六朝烟水气,一点也不差。'"

这六朝烟水气就是城市的诗意风流气,城市是被塑造的,有些被商人所塑造,有些被武士所塑造,南京经由商人而繁华,但南京的气质是被名士、诗人所塑造的,他们塑造了一个幽远清逸、风流蕴藉的金陵城。明清时候的南京,有着六朝做底,城市宛然还是个金粉之地。

《儒林外史》第二十四回描写明清的南京城:这南京乃是太祖皇帝建都的所在,里城门十三,外城门十八,穿城四十里,沿城一转,足有一百二十多里。城里几十条大街,几百条小巷,都是人烟凑集,金粉楼台。城里一道河,东水关到西水关,足有十里,便是秦淮河。水满的时候,画船箫鼓,昼夜不绝。城里城外,竹林,梵宇,碧瓦朱甍,在六朝时,是四百八十寺。到如今,何止四千八百寺!大街小巷,合共起来,大小酒楼有六七百座,茶社有一千余处。不论你走到哪个僻巷里面,总有一个地方悬着灯笼卖茶,插看时鲜花朵,烹着上好的雨水。茶社里,坐满了吃茶的人。

到晚来，两边酒楼上明角灯，每条街上足有数千盏，照耀如同白日，走路人并不带灯笼。那秦淮到了有月色的时候，越是夜色已深，更有那细吹细唱的船来，凄清委婉，动人心魄。两边河房里住家的女郎，穿了轻纱衣服，头上簪了茉莉花，一齐卷起湘帘，凭栏静听。所以灯船鼓声一响，两边帘卷窗开，河房里焚的龙涎、沉、速，香雾一齐喷出来，和河里的月色烟光，合成一片，望着如阆苑仙人，瑶宫仙女。还有那十六楼官妓，新妆祛服，招接四方游客。真乃"朝朝寒食，夜夜元宵"！

吃茶、焚香、逛庙、听那细细吹奏的曲儿……南京的街巷里，写字的季遐年、卖纸火筒子的王太、开茶馆的盖宽、做裁缝的荆元，吴敬梓看着他们一个个在烟火生活里，倒腾出了诗一般的烟水气。平头百姓掩不住身上那理想的一隙微光，柳巷女子遮不住一身悠然诗卷气，这是城市发自骨子里的风流，它并非一直有王导、谢安那样的名士，但它一直不缺少六朝留给城市的烟云水气。

城市的风流，骨子里不是风月，是一种文教风流。江南文化的诗性审美在城市每一个角落的回响，作词的帝王、羁旅的诗人、水边的歌伎，甚至算账的商贾、担粪的小民，都不曾遗落那一层城市的烟云水气。

◆ 文学之路

如果依照文学中的经典片段为南京画一幅地图，我们将从长干里出发，顺着桨声灯影里的秦淮河，在李香君的故居下停棹。桃叶渡口花乳斋的小窗下，闵老子的茶香悠然而出。拾级而上，乌衣巷里可能会传出柳敬亭的说书声。

从桃叶渡向东经过三个路口，就是曹雪芹家族生长的江宁织造府，一条种满悬铃木的大道笔直向西，那边有袁枚的随园，莫愁湖边的小舟与阅江楼上的晚风。

精力旺盛的城市里总在传唱动听的诗谣，这里不止一处留下文学精神的栖息地，让远来的文人、使节、传教士、学者在这里留下文字和他们再也不会被遗忘的名字。

如果说南京的名士之城是城市的气质，风流之地是城市的生活，那么这经过文学塑造出的，则是城市对文化的一种推进。

诗人和文士的名字，曾深刻地雕刻过城市，从谢灵运、刘义庆、谢朓到李白、刘禹

◇◇乌衣巷（文心 供图）

◇◇莫愁湖（泱波 供图）

锡、李煜，从汤显祖、孔尚任到吴敬梓、曹雪芹。长长的名单背后，有一万多部与南京有关的文学作品曾与城市肺腑相交，一遍遍被文学浸润的城市，除了历史与文化所赋予的诗意与风流，更有独属于文学的城市气质，凭着这份诗意，风流与气质，南京在文明的推进中，为汉语搭建起一座座高峰。

华夏最早的诗歌是分南北的，北边的是群像，是祭祀，是抒情、是抱怨、是无邪的情感，是温柔又敦厚。南边的诗歌是浪漫，是江风草泽处的行吟，是风情，是热闹山河里孤独的人。屈原让文字里的"大丈夫"格调成为生命奔腾的力量，一路奔进了魏晋、盛唐。

南京是酝酿在南北之间的，志得意满的铺陈汉赋，将流光溢彩的文辞嫁接到江南旖旎温柔中，直接催生了六朝绮靡文风。

这是一座十足的金粉之地，既有奢靡秀丽，遍地绮罗，也有诗意人生，放纵情爱。梁简文帝萧纲就曾大呼"立身先须谨重，文章且须放荡"，人们在朝不保夕的乱世里，补偿式的沉醉温柔，奢享绮丽。

比如庾信赋里的句子："丽华金屋，飞燕兰宫。影来池里，花落衫中。芙蓉玉碗，莲子金杯，新芽竹笋，细核杨梅。池中水影悬胜镜，屋里衣香不如花。"

再比如萧纲的"篝文生玉腕，香汗浸红纱。夫婿恒相伴，莫误是倡家"。

甜腻、细密、柔靡，几乎要走进声色犬马的歧途。

怎样更好地释放语言的精纯与清丽，怎样写尽生命的放纵，找到文字的自觉？

佛教韵味悠长，声律讲究的经呗[①]新声给予了诗人强烈的启发。

---

① 经呗：歌咏经文之声。

齐武帝永明七年（489），诗人在佛经梵音的启发下为中国的诗歌定下新的声律规则。他们发现音乐中按照宫商角徵羽的组合变化，就可有悠扬之乐曲，梵音经唱更是音韵袅然，直撼人心，而诗如果遵循音调的韵律规则也可以散发出音乐般的气氛。

齐梁之际，善识声韵的周颙、沈约将汉语的音调平上去入定为四声。这四声读法伴随着中国的汉字直到今天。诗人对诗的格律、四声投注了巨大的热情，沈约将四声八病的规则定好后，竟然有了种念天地之苍苍的历史感。他觉得以往的诗人，居然累积千年都没有领悟到诗不用管弦的音韵美之所在，而他独得胸襟，穷妙其旨，真是太了不起了，他觉得这是诗真正得其神的开始。

这是《沈约传》里的记述，他的感受并不夸张。经过音律约束过的诗句，仿佛拥有音乐的魔力，这种魔力让会消逝的词句通过无法言说的韵律在口耳间相传，再也不会枯萎。

沈约紧紧抓住这词句，把它提高、扬起、伸张、绷紧，他希望这诗句能像宇宙一样辽阔，能把那些深刻的情感都包括在内，虽然自己也不能完全做到四声八病的要求，但他的诗已经是开阔的了，比如"烟极希丹水，月远望青丘"。

他不仅诗开阔，感情也深刻，他把对妻子的爱留在自己的悼亡诗中，情切悲怆，他说"去秋三五月，今秋还照梁"，可是你已经"一谢永销亡"，此刻"孤帐覆空床"如何令人不心伤。

有这些诗人在的六朝是真诚的，城市是多情的，这时的南京为中国留下了太多声音。

他们让乡间濮上，没有门槛的民间诗谣真正成为寄兴咏怀的文人诗歌。这些严苛的规范为唐代格律诗打下扎实的基础。如果说中国文学的精髓是唐诗，那南京完全当得起一句"与有荣焉"。

中国文化不再只是流转于黄河、湘楚。经由衣冠南渡而带来的浩荡文风，撬起了六朝。它们为中华文化提供了一种尺度、一条进路，让人惊喜。

比如谢朓，虽然也会做绮丽文字，但更擅长明空秋水一般的诗句。他没有和其他人一样完全躲进温柔乡中，他会"常恐鹰隼击，时菊委严霜"，有时也会在"大江流日夜"觉得"客心悲未央"，他在山水之中寻找诗思的清远，"天际识归舟，云中辨江树""远树暧阡阡，生烟纷漠漠""余霞散成绮，澄江静如练"……

好的文句，会让人读起来齿颊留香。梁武帝萧衍也深有感触，他说："三日不读谢诗，便觉口臭。"李白一生，最爱的诗人就是谢朓，唐诗有后来这样的高峰，谢朓与这一批南京诗人，功不可没。

城市漫长而精细的准备，让唐诗站上了时代的高峰。沈约与他的朋友们制定了律诗的标准，拔高了文字的审美高度，而谢朓则成为诗仙李白一生都在追慕的背影。在沈约、谢朓的时代，南京拥有了中国历史上第一座文学馆，它第一次将对文学本身的学习当作人生理应追求的境界。

这样的城市自然是文采风流的，中国历史上第一篇文学理论文章《文赋》、第一部文学评论著作《文心雕龙》、第一部文学作品集《昭明文选》、第一部《玉台新咏》，都在南京次第诞生。城市为文学的未来留下了一系列标准，而标准的确立是文化得以发展的里程碑。

城市的文字巅峰则留在了曹雪芹的《红楼梦》里。中国文化是不擅于长篇叙事的，我们擅长含蓄蕴藉，擅长意在言外，但我们却奇迹般地拥有了一部长篇叙事的世界级杰作。因为他，城市拥有了世界级的文化重量，城市的风流故事则辗转在更多的诗篇与对话中。

◆ 最爱金陵

来自安徽全椒的吴敬梓，可能是对南京倾注最多情感的作家,就像乔伊斯的《都柏林人》一样,家道中落,落魄一身的吴敬梓将城市里的人活灵活现地展现在世界面前。

在他的书中,杜少卿的妻子问杜少卿:"朝廷叫你去做官,你为什么装病不去?"杜少卿说:"你好呆!放着南京这样好玩的所在,留着我在家,春天秋天,同你出去看花吃酒,好不快活。"借着杜少卿之口,吴敬梓一次次表白这个城市。《儒林外史》结笔时,他不再借人物之口,而是直接写道:"我爱秦淮,偶离故乡。向梅根冶后,几番啸傲;杏花村里,几度徜徉……无聊且共霞觞,唤几个新知醉一场。共百年易过,底须愁闷?千秋事大,也费商量。江左烟霞,淮南耆旧,写入残编总断肠!"

这样的城市,对所有被功名所累的人都有吸引力和消解力。它有能力藏龙卧虎,也有能力让这些龙、虎大隐于市。权力对人格的异化在城市的消隐中被挽救,怀才不遇的痛苦得以被抚慰、官场扭曲的偏隘得以被消解。

现在,城市抚慰了吴敬梓。

曾经"一门三鼎甲,四代六尚书"的吴家,在他二十三岁时家道败落。发妻病亡,屡试不第,族人厌弃,三十三岁的吴敬梓毅然举家移居秦淮,这里太适合在沉默中酝酿的作家,春天秋天,看花吃酒,喝茶听书,城市的风流诗意让他们得以栖息,而即便卖文为生,城市也给予了文人足够的尊重。吴敬梓的南京生活,既在底层也寄逍遥。

人们把他看作塞万提斯、巴尔扎克、狄更斯一类的人物,他辛辣的笔写活了小人物悲剧的命运。经过他故居的门前,范进中举的滑稽样就从天南海北的游客口中冒出来,成为对那个时代共同的认知。文字让吴敬梓摆脱了被刺痛的生活,他用这武器,向伤害过他的科举制度宣战,极尽嘲讽的刻画让扯掉遮羞布的功名时代狼狈不堪。

确实很有意思,与南京密切相关的成功小说中,几乎没有太大的人物，出场的都是城市里的普通人，即便是孔尚任的《桃花扇》，侯方域在明末清初那一批名士里论资排辈也要小上很多。冯梦龙在南京出版的《警世通言》不过是明代小市民的穿衣吃饭，行商坐贾，以及细碎生活里的恋爱。

法国人加勒利、伊凡原著，英国人约·鄂克森佛译补的《太平天国初期纪事》中留有他们对这个城市的印象："南京居住着文人、学士、舞蹈家、画家、考古学家、魔术家、医生、诗人和名妓。这个美妙的城市中有各流派的学术、艺术和娱乐……在这里，人生的大事就是作诗和恋爱。"

被文学所滋养的城市免不了更加风流。

比如梁简文帝萧纲的放荡就不仅仅是文章，也是行径，他见阳光照在南边的屋檐上，夏日铺着青竹簟的藤床榻上裸着手臂的妙龄女子沉沉睡去，帷帐低垂，琵琶也已经安放停当。女子小巧的鼻翼微微地翕动，青竹簟上的纹路印在女子玉一般的手腕上，散发着香气的汗水浸透了红色细绢制成的夏衣。被打动的萧纲提笔写下"簟文生玉腕，香汗浸红纱"。

大体上，这就是齐梁绮靡的诗风。

他们忙着享受人生，也忙着谈恋爱。梁简文帝忙着谈恋爱，中书令王珉也忙着谈恋爱，王珉爱上了嫂嫂家的婢女谢芳姿，两人团扇定情，情好甚笃。王珉喜欢谢芳姿摇动团扇的窈窕姿态，谢芳姿则叮嘱他"此时明月光，相忆莫相忘"。

到处都是爱情的味道，齐朝的谢朓，也有一个心爱的女子。

谢朓在感情上似乎不够主动，女孩只好一边等他一边整理自己的云鬟花影。她端详了一下铜镜中的自己，然后将蜡烛移至暖色帏帐里，一边摆弄瑶琴，一边焦急地看向敞亮的前殿，埋怨谢郎还不回来与自己西窗看秋月。

"恨君秋月夜，遗我洞房阴。"

一千多年来，城市仿佛一直在恋爱。因为一直在恋爱，所以六朝时沈约与妻子骤然永隔的深情悼亡才会在齐梁故事里凝噎，唐代留学生崔致远与两位作诗女魂的魂牵梦绕才会从南京传遍朝鲜，明代汤显祖才会在这里开始了他的"临川四梦"，让为情死而复生的杜丽娘在南京酝酿成型，也因为一直在恋爱，六百年后，在朝天宫旁昆剧院唱着"生生死死遂人愿"的年轻花旦才会在舞台上落下一滴泪。

一个个鲜明的女子在城市里流传，李香君、董小宛深爱着的夫君还在史书里沉浮，江宁织造府里的小公子已做了人间最情痴。

命运的离乱无常无法更改，但爱可以穿越一切。

在南京，人们写诗、恋爱，那么多倾心相爱过的灵魂，那么多绵长不朽的文字！当一个地理空间拥有了足够的感染力，它就总会超乎你的想象和期待，无论你是第一次来这里还是第十次来这里，也不管你之前了解多少，做了多少准备，在离开时，你总能感觉到南京仍然给了你一些很特别的东西。

城市所有的不幸与荣光似乎都在他们的笔下得到抚慰与治愈。兴衰、起落、荣辱，凝聚到了作品中，便有了城市惊世骇俗的沧桑之美。在这座像图书馆一样的城市里穿行，顺着被分类的历史，我们看见城市被概括后的意义。

它并不复杂，简单到只用几个词就可以完全概括城市所有的经历。但它又如此复杂，复杂到几乎具有别的城市的一切优点和缺点，而且把它们一起放大。

今天城市里已经有了很多舒适的酒店、风味独佳的餐厅、便捷通达的交通，只要有一部手机，就可以简单愉快地在城市的风景里漫游，然而这不是南京。只有当城市唤起了六朝的风流、盛唐的诗歌、香君的爱情，唤醒了对于谢朓、李白、吴敬梓、汤显祖、曹雪芹的记忆，城市才成为南京，而不仅仅是酒店、餐厅、交通，或不知所谓的风景。

第三章 时间的旅人

引子　城市的森林

在城市里穿行就像是时间里的旅人。

城市的空间如此复杂，以至于完全没有办法用言语来填充，尤其是经历了六朝之后的南京，它再也不是一个地理概念，它交织了地域、文化、情感与无穷无尽的意象。

六朝留给城市的符号太过于醒目，以至于某种程度上，南京就意味着六朝南京。哪怕城市的地表几乎找不到一丁点与六朝有关的遗迹，城市也毫不犹豫地选择了六朝皇陵的镇墓兽作为自己的标志。

确实，也只有这六朝的故物才配得上代表一个真正的南京，那时候的南京像一个蓬勃的少年，他所经历的一切塑造了他此后的一生。当人们谈论起这个城市时，总是会将它曾经经历过的与将来可能会遇见的放在一起。

描述城市的词语也往往会和城市本身混为一谈，有时候会让人很难分清哪一个是真正的南京。当我们讲起六千年前人们脖子上挂的色彩绚烂的雨花石、糊着厚厚的芦草的土坯墙时，好像是在描述一个田园牧歌般的史前城市，但糟糕的天气、涨落无常的水面与獠牙尖利的野兽往往刚刚吞噬过上一秒还燃烧着希望的祭台。吴头楚尾的争霸与拉锯里,国家的影响力此起彼伏,这会让人忽略城市里披散着头发、紧握着青铜细戈的土人也曾属于这丛林、河流与山陵。

秦汉的南京像一棵树,在被忽略中默默扎下它蔓延着力量与渴望的根须,几乎没有人仔细端详过那时候的南京究竟是什么模样,它被压抑进土层,只能在零星的汉墓里仰起一张被驯化过的脸。

人们说起南京,更喜欢从六朝开始,仿佛这是城市唯一的出场,却忘了为这个出场,它趟过了六千年光阴。

这个出场确实是过于惊艳,让此后的南京永远带着六朝所给予城市的符号继续向前,它不再轻盈,如同一片森林,林中无数条小路,指向一个城市所能带给人们的无数种想象。

◇◇台城(泱波 供图)

沿着这些小路,可以找到隋唐的诗篇。六朝的风采文华滋养着这诗篇,六朝的离乱兴废是这诗篇取之不竭的来源与情感。在大唐的南京,穿过长干里渡口上带着腥气味的晚风,也许你会看见长干里光着脚踝的少女跑过时翻飞的白色裙裾,听到孙楚楼上酒盏跌在楼阶上清脆的叹息,闻到荒芜的台城上诗人摘下沧桑树丫上嫩叶时的植物气息……无论过去多久,这些都在大唐的诗篇里瞬间新鲜如初,可也别忘了多情的诗词背后,还有城市荒凉且压抑的沉默。

顺着大唐的词章继续走,就走进了南唐的故国,小楼虽不再，城市却依然留有李家父子当年的布局，大明的城池就在这南唐的故垒上膨胀。今天的夫子庙尚可追溯至南唐的国子监，繁荣的水西门也兴起于南唐商旅辐辏的市集。可即便什么都找不到又有什么关系，在时光的旅行里，南唐后主冉冉秋光留不住的江南，既剪不断，也理还乱，有过他们的南京，别是一番滋味。

再往前走几步，是王安石与苏东坡相迎的码头。钟山与覆舟山曾为这位大宋宰相"排闼送青来"，泄掉的玄武湖水倒像是他大胆突进却又其实无用的改革本身。城市收留了失败之后的政客，也迎来了改革失败之后的后果，最严重的后果莫过于金兀术狼烟滚滚的铁骑，那些拼尽全力、留大宋一线余脉的将军有些在城市里留下了战壕的遗迹，有些在城市里留下了就义的英名。

可是无论怎么讲述这座城市，都无法窥见它的全貌；哪怕千百次地走回，都不可能穷尽森林中的每一条小路。

爬满青苔与藤蔓的过去隐藏在城市的建筑、市场、风俗、植物与寓言中，只有放弃用认识每一个细节的方式理解城市，才有可能真的看见它。比如，看到它涨水的河流带大批的木材用作城中庙宇和宫殿大梁时，我们懂得了帝王与城市之间的契约；当看见它茅舍零落的村庄如何在商人的算盘声里长成臃肿的集市时，我们理解了城市的走向；当看清六朝的符号怎样深刻镌印进城市每一寸后来的时光时，我们感受到城市的心跳。

我们也许会在城市的森林里迷失、停留或径自跑开，但总有一些路会带着我们穿过森林，走向城市的未来。

一　成为江南

◆ 第三层逃逸

一座渔家的小房子孤零零地立在长长的河岸边。

黏土墙、茅草顶，屋顶上爬着粉白色的田旋花，一对老夫妻正靠在草垫上缝补一张褐色的大渔网。没有人说话，一只花狸猫在窗台上酣睡，一杆杆盛开的凤仙花在墙角构成一条零落的花边，几只蜜蜂在上面嗡嗡响着。

一阵脆生生的歌声随着风飘过来，后湖那边采莲的姑娘们要归岸了。

荷花比人头还高，里面有断断续续的笑声，老太太惦记女儿，站起来远远地张望。湖面上有几支碧绿的荷叶被擎出来，像几柄柔软的碧玉伞。夕阳染上钟山一角时，小船也一只只从荷叶丛中荡出来，从紫金山上吹来的风拂过湖面，女子们裙带飘飞，面庞上滋着和妆的汗迹，船头堆满高高的莲蓬。见岸上有人看她们，有些害羞的采莲女红了脸，拧身垂首，一个不小心将那头上的碧搔头跌进水里，大家相顾失笑，摇橹归岸，天际余晖，正连着远远的黛色山脉。

无边莲叶和娇憨的采莲女，催生出许多关于采莲的诗文。

比如"江南可采莲，莲叶何田田"，比如梁武帝的"游戏五湖采莲归，发花田叶芳袭衣"。

这些活泼的采莲曲是南京成为江南过程中的一个细小切片。六朝，无数次发现江南的准备让南京在唐宋之际成为真正意义上的江南，中国人理想中的江南。

中国人的江南不是一个简单的地理概念，它不是江之南，而是对中原的逃逸，是对理想生活的想象。

第一层逃逸是对中原祸乱的逃逸。

每一次游牧民族南向牧马，汉文明就不得不渡江南移，这一群被赶出家乡的异乡人把江南当作心理上的桃花源，但这桃花源如此脆弱，只要北人南下，大兵压境，南方的汉族政权就有可能被完全消灭。整个六朝，如何逃离祸乱中的中原，如何返回有着祖宗宗庙的中原，以及怎样应对来自中原的军事力量就成了这个桃花源全部的历史叙事。

在这种叙事结构下，江南是温柔的、闲适的，也是脆弱的。它让人沉醉，也让人担忧，一旦破碎，对它的追忆与怀念就让人更加惋惜，也更加令人神往。

第二层逃逸是读书人对权力体系与正统意义的逃逸。

秦汉以前的江南是屈原笔下"目极千里兮伤春心，魂兮归来哀江南"的流放之地，是司马迁书中"江南卑湿，丈夫早夭"的瘴疠之地，居住在中原或者靠近权力中心的读书人要么扮演着巩固王朝统治秩序的角色，要么放弃社会责任与天地大道合而为一。某种程度上他们的个体是有一定自由的，他们可以选择朝秦暮楚，或朝楚暮秦，也可以选择有道则仕，无道则隐，那时虽没有江南，但他们有桑间濮上，有隐士白云。

先秦读书人这一点小小的自由在大一统的政权面前迅速土崩瓦解。顾颉刚曾一针见血地指出："秦始皇的统一思想是不要人民读书，他的手段是刑罚的制裁；汉武帝的统一思想是要人民只读一种书，他的手段是利禄的引诱。结果，始皇失败了，武帝成功了。"思想的统一让士族文人彻底丧失了精神的独立地位，从前有过的那一点个体的自由几乎不复存在，直到后来他们发现了江南。

洛阳做官的张翰见秋风起，想起吴中的菰菜、莼羹、鲈鱼脍，留下一句："人生贵得适志，何能羁宦数千里以要名爵乎！"命驾而归，那一刻江南成了士大夫们对抗中原意义体系，寻找自我主体意识的文化符号。

江南对中原的第三层逃逸则是美感上的逃逸。

中原凝重、庄肃的审美在江南佳丽地的采莲声中瓦解，杏花、春雨、江南对抗了铁马、秋风、塞北。在无数的诗词歌咏中，南京成为"江南意象"。

在南京建都的南朝是"江南意象"发展的第一个节点，离开中原的宗庙，不管政权用怎样的方式证明礼乐在兹，都难免有些心虚，如何让内心安定成了最重要的事，江南的柔美、清朗、旖旎，金陵的王气、繁华、安宁成了他们构筑理想世界的最佳选择。

等到唐朝时，人们已经清晰地发现了江南与江北的区别。他们发现"江左宫商发越，贵于清绮；河朔词义贞刚，重乎气质。清绮则文过其意。理胜者便于时用，文华者宜于咏歌"①，江南这个地方的人行文做事都很清秀绮丽，这是一片适合歌咏的土地，这片土地到处是诗的意象、诗的审美、诗的情感。

生活在江南的文人们，把对江南的复杂情感集中到对繁华都城"金陵"的题咏中。一座城市、一些家族，几场更替；一堆伤疤，就这样缠缠绕绕、时断时续地绾接了城市最为重要的历史。谢朓直接把城市定性为"江南佳丽地，金陵帝王州"，但在旅途中一遍遍"天际识归舟，云中辨江树"的他也难免在繁华里生出"大江流日夜，客心悲未央"的沧桑感。也只有这样集中了最繁华与最荒凉的城市才能生出这样无限的意象。

◆ 意象里的江南

多重的逃逸让江南在经历了南北朝之后逐渐成为真正的江南，唐代是江南的概念第一次以行政区的方式出现在中国版图上的重要节点。非常遗憾的是，这个原本被视作江南地标的南京却在大唐的版图上失去了颜色。隋朝三十七年，城市一直处于被毁弃中。

大唐的南京延续了隋朝的思路，南京有时隶属扬州，有时隶属镇江（润州），它似乎完完全全成了一个无足轻重的江南小城，就像一个既被嫌弃也被提防的孩子，灰头土脸、小心翼翼地跟在大人身后。

城内上百万的人口随着六朝的终结，大部分被迁往了扬州。

---

① 出自（唐）魏征撰：《隋书·文学列传序》，该序中首次提出南北文风差异说，认为南清北质。

往日雕梁画栋、青琐丹楹、如同瑶池仙宫的旧朝宫殿被夷为平地，青槐绿水、朱阙碧署都化作几抔尘土，整个南京城变成一片巨大的农田。这个时候来南京，的确是座寂寞空城。城市原本的主干建筑只剩下一片断壁残垣，穿过城市就好像穿过一大片田野，错落交织的桑树和荆棘丛生、杂草茂盛的小山丘，池塘里挤满了来不及采收的睡莲和菱角，山岗上树木繁密，数不清的坟墓在丘陵上沉睡。

那曾经"当时百万户，夹道起朱楼"的景象再也不见，可如果真的完全不见，倒也没有那么伤感，唐时的南京，恰恰田野丘陵之间还留有六朝皇城宫署的遗迹、殿宇拆毁后留下的青灰大石础、未坍尽的几段墙根处残留着当年盛时的朱红漆色，"宫殿余基长草花，景阳宫树噪村鸦"。

登上六朝残破的台城，城下荒凉，城上也已看不到一点人迹，远远的，只有鸟儿们还在琢磨雉堞上的墙洞，大地如此寂静，鸟儿的鸣叫声竟显得格外刺耳。一个又一个慕名而来的唐代诗人在台城上远望六朝，看这里"云屯雉堞依然在，空绕渔樵四五家"。

韦庄来的时候，六代旧山川，一片柳树烟浓，江雨霏霏，他伤心地感慨繁华不在，"无情最是台城柳，依旧烟笼十里堤"。

相比较后世的南京怀古，唐代的怀古是深刻且真挚的，因为此时的南京确实亡国不远，城市里的确"千门万户成野草"，看上去"老木寒云满故城"，与当年"金陵昔年何壮哉，席卷天下英豪来"的城市相比，此刻的楼台烟雨，故垒萧萧确实让人感觉"一片伤心画不成"。对六朝风流的追悼及兴亡感慨直接催生了以金陵为中心的江南意象。

唐代以后的南京城远离了当权者的猜忌，城市也已在江南机杼声中慢慢复苏，恢复繁华，那时再登临故国，觉得无限伤心多少有些夸张和象征的成分。

后人统计《唐诗三百首》时发现，出现次数最多的城市不是长安，也不是洛阳，而是金陵。无数的诗人打量过这座城市，李白一边长叹"金陵昔年何壮哉，席卷天下英豪来"，一边为它写下七十多首诗篇，因为他，金陵怀古的题材被大大拓宽。当他独自登上"凤去台空江自流"的凤凰台时，回想"四十余帝三百秋，功名事迹随东流"，怎能不和韦庄一样，觉得"此地伤心不能道，目下离离长春草"。

城市是写不尽的，在唐人心目中，这座故国空城有着巨大的吸引力，江南风物的清丽之美与六朝遗迹的怀古之伤构成了唐代金陵最为重要的"江南意象"，宫阙都不在，遗迹却可寻，陈朝覆亡后的胭脂井畔，后庭荒秽，井栏依稀可辨隋兵搜寻躲藏在井中的陈后主和他的两位嫔妃时，牵拉井绳的痕迹，城里瓦官寺虽不似当初"日斜常占半城阴"的高阁宏大，但寺内顾恺之画的维摩诘像唐时还在，杜甫慕名去看，觉得"虎头金粟影，神妙独难忘"。当然，城市不仅仅只有怀古，还有酒，有茶，有姑娘与故事。

金陵城西的孙楚楼是唐代南京最有名的酒楼，酒楼里最好的酒叫金陵春。晚风吹过柳花香，披散着波浪般长发，穿着彩线裘衫，腰间缀满铜铃的窈窕胡姬用錾有牡丹纹样的鎏金托盘端出一壶壶金陵春酒，为客人倒入白玉莲瓣碗中，连声相劝，客人看胡姬娇媚，大笑着端起碗来一饮而尽。身穿紫绮裘、头戴乌纱巾的李白此刻正在一众金陵子弟的簇拥下，携酒上歌棹，泛舟秦淮，玩月金陵。

世人都知李白会以千金裘换美酒，与尔同销万古愁，却很少知道，能让李白拿这价值千金的紫绮裘换的美酒，就是金陵春。"解我紫绮裘,且换金陵酒。酒来笑复歌,兴酣乐事多。"

那一晚，五十二岁的李白披着紫绮裘，乌纱巾歪坠在鬓边。船头摆进长干里一带的河道，李白站起身，举杯。身旁几位长衫公子仰头唱起《长干谣》。李白大笑，临河都是酒楼，喝酒的人见这船上闹得欢畅，竟探了头看，有人喝彩，河里游船上的吴女也忍不住掀开窗帘，隔着船和公子们调笑起来。

这是李白第三次来金陵，长干里一带的酒楼比他二十四岁第一次来时更加稠密，朱红色门楼像看热闹的人群一样挨挤在一起，临河一面斜挑起的酒旗则像无数册翻开的书页，李白远远看见孙楚楼的红幡在风里招摇。

在李白眼中，这里"吴宫花草埋幽径，晋代衣冠成古丘"，这里"朝沽金陵酒，歌吹孙楚楼"。然而，他是不称意的，当年仰天大笑出门去，觉得我辈岂是蓬蒿人，如今再一次来到金陵，却只觉举杯销愁愁更愁。站在朱雀桥头，李白又一次想起南朝的谢朓。他曾多次在诗里想起他，登上高楼时，他回想起谢朓，"谁念北楼上，临风怀谢公"，秋风吹过他又想起谢朓"蓬莱文章建安骨，中间小谢又清发"，月色正好，李白月下徘徊，再一次想起谢朓"月下沉吟久不归，令人长忆谢玄晖"。

有些夜晚，泛舟秦淮的李白因为太豪放，竟被两岸围观拍手的父老比作当年东晋时雪夜访戴的王徽之，盛唐诗篇里的放纵与《世说新语》里的畅快一脉相承。哪怕深夜，在大唐的南京也能找到一杯美酒。宵禁在一个只剩下商业属性的城市里形同虚设，玩月的李白可以通宵达旦地醉歌孙楚楼，夜泊的杜牧可以隔江听见商女唱。

直到今天，秦淮河夫子庙段，还留有当年李白玩月的遗迹、王昌龄宴饮的旧处。那些照耀过大唐的名字，杜甫、刘长卿、杜牧、皮日休、李商隐、孟郊、崔颢……也曾照耀过城市，城市吸引他们的当然不仅仅是六朝的遗迹，也有酒与生活。

他们未必每一个人都喝过金陵春或杏花村，但他们必然饮过南京的水，那是茶圣陆羽亲自评定过的水。乾元元年，陆羽专程来南京栖霞山试茶品泉，"远远上层崖，盈筐白日斜"，借宿山寺的陆羽，汲泉试茶，在南京写下《茶经》相关的一行字。

南京人好喝茶，也就特别讲究泡茶的水，别看南京城里河水蜿蜒，经历几百年市井生活的秦淮河水其实在唐代就已经有些污浊不堪饮用了，如果用来煮茶入口会苦。住在城里的人吃茶都要先试水，后世人们记录南京的水，钟山一勺泉、嘉善寺梅花水、永宁庵雨花泉、定山寺卓锡泉都被很多次回味，但有些取水地僻远不容易得到，江水离城市也远，南京人想出个绝妙法子，接雨水。江南雨多，这雨水比江水洁，较泉水轻，讲究的人家还要分判昼夜，让过梅天，接满水瓮后用炭火淬之，然后换个缸瓮储存，留待三年，水质会变得芳甘清洌，后人有诗"为忆金陵好，家家雨水茶"说的就是这个喝茶的风俗。

唐代的南京城在政治上是沉默无声的，市井生活却是活泛流丽的江南做派，有些源流一流就流到了后世，流成了城市风物旧事。比如重阳糕要插上灿若云霞的小旗子，喝茶水要品出高低三流等。

依赖秦淮通江连海的水运便利，南京船民们聚居的长干里成了商埠运转之地，居住在这里的南京人世代以行船为业，船家的生活被诗人们饶有兴趣地记在笔端，那些嫁到船家就意味着"沙头候风色"的女子，从每年五月南风起，长干人解船放舟、运货下三巴时，就开始了漫长而焦灼的等待，守着秦淮水，日日猜想船是否经过巴陵？遇到瞿塘滟滪堆了吗？到湘潭了吗？有没有狂风吹折江边树？猿声哀鸣，转眼八月，西风过西园，船要回来了吗？

桃花一样颜色鲜艳的女子在这日复一日的担忧中坐愁红颜老。她那上了锁的衣柜底下压着半块发黄的玉玦、苏合香熏过的信笺和几支楚地的珍珠簪子。这是她隐秘的思念。

城里的青梅竹马、水上的停船相问、世俗生活里爱情的气息在发酵，这是城市青春正好的时候，也是江南柔情似水的模样。

这时的南京既是怀古篇章里无限伤心的江南，也是生活中细碎温柔的江南，凭借唐诗，南京构筑起层层叠叠、丰富细腻的江南意象，它是深刻的、诗意的、伤心的，也是温柔的、放纵的、欢乐的。

二　两张面孔

如果说唐代诞生了一个意象上的江南，那么让江南成为一个文化的、有底气、富庶的江南则是南京城市历史上继六朝之后的第二次繁荣——南唐。

渔阳鼙鼓动地来，胡人的篡逆打碎了唐明皇的《霓裳羽衣曲》，大唐由盛而衰，尾大不掉的藩镇割据最终演变成群雄割据的五代十国，金陵在这场动乱中，再一次成为国都，历史学家甚至把南唐的建立视作中国历史上第二次衣冠南渡。

◆ 富与雅

南唐时候的南京有两张面孔，一面是经济，另一面是文化。

城墙被拓宽，极目之处，城外垄麦青青，稻田漫漫远远连着京口，城内桑柘满野，隋唐时略显荒芜的城市在南唐得到了复苏，民房沿着秦淮河两岸挨挤着蔓延开去。城市的中央，如今距新街口不远处的张府园南，引自清溪的护龙河水清波浪漾，勤政殿、武功殿、寿昌殿廊柱相连，拱角飞翘。

梳着高髻、穿浅色对襟襦裙、腰上系着长丝带的宫女们从雕花廊庑下经过，她们脸上妆容很淡，额上贴着来自建阳上贡的茶油花子，看上去就像春天的玉兰花，满面生香，这是宫里时下流行的北苑妆，皇帝风雅，宫娥自然也秀净。

这是乱世里一个真正的桃花源。

第一任皇帝烈祖李昪"息兵安民"，江淮和平安定，城市富庶繁华，长干里的风沙卷不过归尘滚滚，水西门的街巷挤不下商贾们车马辚辚。

南唐第二任皇帝李璟一腔文艺理想，设太学，兴科举，广建书院、画院，文化之盛在五代十国甚至中国历史上所有的割据政权中绝无仅有。为了鼓励农人种桑，先主李璟下令"民三年艺桑及三千本者，赐帛五十匹……皆五年勿收租税"。没几年，南唐纺织业已让同时期中国的其他国家难以望其项背，民间织机普及，织工无数。"升元初，许文武百僚观内藏，随意取金帛，尽重载而去"①，城市的锦帛多到可以打开仓库让文武官员们尽情取，一辆辆马车重载而归，可见国库藏量之巨。

一时间，拥有两张面孔，又富又雅的南京迅速成为饱经战乱沧桑的文人士大夫理想的栖身之所。

耕种相继，整个江南"野无闲田，桑无隙地"，在政府的疏浚下大湖可灌溉，长河能通航，商旅船只往来如过江之鲫。陆上国家南北对峙，南唐就转身去发展海外贸易，从这里出口的茶叶、丝绸和瓷器等商品，源源不断地运送到占城、新罗、高丽、大食……各地的消费品也从海外输入南唐，《钓矶立谈》说"于时，中外寝兵，耕织岁滋，文物彬焕，渐有中朝之丰采"。

这不是溢美，这是江南的蜕变，城市的政治功能逐渐退化，而经济功能在自上而下的努力中渐渐强大，南京从一个被中原放逐的政治隐喻之城，一跃而为中国经济文化之重镇。城内的坊市繁富之地愈多，"淮船分蚁点，江市聚蝇声"，市集已然不受固定地点交易的限制，上自皇室宗亲，下至小民百姓，无不以商贾为利，甚至夜市也变得更加普遍。

城市商品化程度日益加深，坊中有建筑木工替人盖屋，市集有清道工人整洁道路、清淤河道，脚夫和船家也在城中往来行脚。"咨询业"也发展了起来，街上打着幌子算命看相的，个个

---

① 〔南唐〕史卢白撰，〔宋〕郑文宝编：〔宋〕郑文宝著：《钓矶立谈·附录·南唐近事·江南余载》，中华书局，1985年版，第295页。

看起来高深莫测，木平和尚说这些人"知人祸福，所言辄验，倾都瞻礼，阗塞街巷，金帛之遗，日积万数"[1]。

商品化程度让城市脱胎换骨，在南唐，城市开始有了今天的城市模样，也是在南唐，江南成就了一批富饶且活泛的经济重镇。

南唐的南京，经济面孔繁花如锦绣，而另一面，站在经济强盛的肩膀上，南唐南京的文化面孔也是精致高雅的。在这个短暂却又安定繁华的时代里，南京拥有了城市青年时期最明亮的模样。如果说唐代赋予南京的江南意象是怀古、诗意、审美，那么南唐赋予南京的江南意象则是精致、灵秀、风雅。

◆往事知多少

李煜的宫中，宫人们在所有空白的墙壁贴上软如烟萝的销金红罗，她们用白银打制的钉子钉上玳瑁扣固定好销金红罗。这红罗金光粼粼，薄软轻逸，在壁上风一吹如细水清涛。木头的隔眼上，宫人们小心翼翼地刷满细细的绿钿。

每隔数月，这些销金红罗、闪色绿钿稍有褪旧，就更换上新的，宫廷之中，恍如天宫霄碧。生性浪漫的李煜喜欢七夕，每年此夜，他必然会携皇后观云赏秋，还命宫人用"红白罗百匹以为月宫天河之状"[2]。

南唐的锦帛太多了，也太好了，宫中即便这么浪费，国库里还是取之不竭。李煜非常大方，总是用这些锦帛做赏赐。监察御史张宪上书，李煜就"赐帛三十段，以旌敢言"。

宫女们揣度他的喜好，用露水染布，"染碧，夕露于中庭，为露所染，其色特好"，用晚间的露水染布，颜色若有若无，近

---

[1] 〔宋〕马令、陆游撰，李海荣、陆蓉主编，胡阿祥注解：《南唐书》，南京出版社，2010年版，第153页。

[2] 〔清〕鲍廷博辑：《江南余载二卷·五国故事二卷二种》知不足斋，1935年刻。

乎青绿色，这一染，染出了一个城市的极致风雅。城内人将这颜色视作最时兴的东西，很多市肆匾额上都题着"天水碧"。

"天水碧"之美，甚至美成了一种修辞，宋代晏殊有"夜雨染成天水碧"的句子；周密也写过"天水碧，染就一江秋色"。天水碧和宋徽宗的雨过天青色一样，是古代中国器物审美的极致。

又富又雅的南唐，国宝不是金银珠宝，而是龙尾砚、澄心堂纸、吴伯玄笔、李廷珪墨……整个南唐文化，质感而不低俗，高雅而不抽象，城市把诗书里的风雅消化成日用生活，沉淀为衣食住行，而这长日里的三餐故事，空间中的生活琐细又成为引导文化走向的推动力，让人越来越强烈地感觉到属于文人风雅的时代已经要呼之欲出了。

作为被忽略的"大"时代，南唐上承盛唐，下启两宋，文艺造诣深厚的李璟、李煜父子带领这个不被重视的时代，在古代中国文化史与经济史上都留下浓墨重彩的一笔。

江南意识促使南唐摆脱对政治的执念，转而关心文教。那时的南唐书院学馆林立，儒者学人遍布朝野。江南文化中的清雅气格，深厚学识，沿六朝而下直到南唐，一层层、一代代濡养而成。直到灭亡的前几个月，好学之风昌盛的南唐还在开科取士，不辍文教。君臣文武，无不雅好文艺，宰相冯延巳一句"风乍起，吹皱一池春水"，还因为写得太好惹得中主李璟羡慕不已。

他们感受着"小楼吹彻玉笙寒"，看"四十年来家国，三千里地山河"，叹息着"林花谢了春红，太匆匆"，最后顺着那"一江春水向东流"流出士大夫之词的景深阔大。

作为南唐最后一任君主，李煜在文学史上的地位，完全可以用王国维在《人间词话》中所说的话来概括："词至李后主而眼界始大，感慨遂深，遂变伶工之词而为士大夫之词。"李煜以帝王的壮阔胸怀、家国之慨将内心贫乏、只知伤秋悲月的风月脂粉之句一变而为写尽人生况味的词。

　　无论是人生，还是文学，快乐往往是肤浅的，而痛苦是深刻的，自从"仓皇辞庙日，垂泪对宫娥"那一刻起，凭着"人生长恨水长东"的"往事知多少"，李煜成了一代词宗。

　　有他，才有宋词的豪放阔大。

　　只是李煜如果知道结局，还会消磨得起那春花秋月吗？

　　就算李煜知道结局，无力改变的他也只能剪不断，理还乱吧。因为时局实在是没有给他转圜的机会。这样的时局，南唐哪一个大臣不是心知肚明！礼部侍郎韩熙载知道自己再也没办法为南唐做些什么，退朝回家的他默然开宴，舞伎王屋山蛮腰轻摆跳六幺，教坊副使李嘉明的妹妹素手沉吟弹琵琶，韩熙载潇洒自若敲揭鼓……休息时这里遮窗夜饮，红烛高照，消受耳鬓厮磨，清吹时观者闲逸，奏者流云，散席之际，风卷云去。

　　醉生梦死、恣意欢宴之下是主人韩熙载对时局无可奈何的深切失望与落寞。画这幅画的人是顾闳中，与他同时代的画家董源、巨然哪一个不是光耀艺史，启发过一个时代。他们的存在让南唐的悲剧愈加感伤，仿佛美人落难，英雄末路。

　　这幅《韩熙载夜宴图》完成后没多久，淮河就失守了，南唐失去了自己的产盐地，仅凭长江一线，城中连盐都不能自给。

　　本就艰难，为了给宋廷纳贡，也只能频加赋税，除了人头税、地税、酒税之外，居然连人家门口长的大柳树飘柳絮都要收税，养殖鸡鸭的农户家里，鸡鸭要是生了双黄蛋者也要纳税。不过数年间，三十多年积聚就已捉襟见肘。一时之间，好个江南，怨声载道。

　　为了表明向宋称臣之心，李煜除了每年奉上极为贵重的岁贡，还将宫殿里象征帝王之所的鸱吻全部拆掉，谨小慎微，却于事无补，当赵匡胤的大兵进驻白鹭洲，李煜也只能在抵抗无果后开城投降，这是他能为这座城市做的最后的事。

世人都知道他与他两任妻子——大周后、小周后的爱情,知道他最后成了大宋的阶下囚,妻子小周后成了宋太祖赵匡胤泄欲的玩物。却很少知道对于李煜这样一个"几曾识干戈"的文人,已经为这座城市在属于南唐的时代里竭尽了他的全力。

最后的李煜,独自一人扶着西楼的栏杆,妻子碎裂空洞的眼神让他绝望。"楼外花月正春风",游玩的百姓嬉闹欢声像流动的火焰,使人疼痛,"心事莫将和泪说,凤笙休向泪时吹",一句句和着血的词句在他心里夺腔而出,想要飞腾,一直飞向天空,飞向金陵,飞向不可复得的家国与自由。

李家三代人为南京留下了一座浸润在文采风流里的商业之城,北宋汴梁的繁华便有南唐金陵的余绪,南唐也成为城市特有的气质,融入记忆,融入市井。

尽管只有短短三十八年,却是城市成为江南最重要的一步,经历六朝、隋唐,南京被赋予了层层叠叠的江南意象,经历了南唐,南京成为一个丰富、精致,既有文化底气也有经济地位的江南。

三　进退之间

◆王安石的进与退

北宋元丰三年(1080),钟山南麓古寺殿前回廊下,几个穿青灰色襕衫的书生正在高谈阔论,不时有几句"荀子""桑弘""我朝"的字眼飘出来,远远听着,词辩纷然。

众人谈论正酣,谁也没注意到一个戴着幅巾、拄着手杖的短衫老人慢腾腾走过来,他似乎被辩论吸引,听了几句便在下首处找一石墩坐了。正在激辩的几个人只顾着高谈阔论,开始并没在意,过了好一会儿,有人见这老人仍坐在磴上,忍不住问他:"公亦知书否?"老者口中唯唯并不多言。这人又追问:"公当如何称呼？"老者放下手杖，拱手作答："安石姓王。"

几人一听，顿时脸涨得通红，赶紧作揖，惶恐惭愧地俯首告了退，慌慌忙忙地出了山门。

王安石也不说话，只独坐那里看山。

他爱钟山，"终日看山不厌山，买山终待老山间。山花落尽山常在，山水空流山自闲"，就连自己的住所，也安在了距钟山不远的半山园。半山园从前叫谢公墩，是东晋谢安旧居，王安石觉得颇有些缘分，写过一首《争墩诗》，"我名公字偶相同，我屋公墩在眼中。公去我来墩属我，不应墩姓尚从公。"

他心里仰慕谢安，能力挽狂澜，也能急流勇退。他应该也有几分羡慕谢安，谢安力挽狂澜挽得住东晋不倒，急流勇退退得出山水悠闲。他那时候也退了，却并不能真的放松下来，新法前路未卜，大宋积险多危。

三年前，他买下这块荒僻之地，营造罢相退隐之后的居所。这里距江宁城七里，距钟山也是七里，倒好叫个"半山园"。只是这里虽有谢公遗迹，却地势低洼，积水积淤，王安石雇来几位壮丁，把西边的水沟填上土，堆成小丘，种了许多树木，倒是楝树长得最好，春天白紫细碎的小花开了满树，像江南女子秀气的小裙衫。

他这园子不过几间临水茅屋，四下无人家，又不设垣墙，远远望去像荒郊里一间小旅店，有人劝他筑垣，他也不答。那时候，他的变法正掀起大宋开国以来最大的争议。

被称作执拗相公的王安石坚决地表示"天变不足畏，祖宗不足法，人言不足恤"，为挽大宋贫弱，王安石以远远超越他自身时代的魄力与金融想象力推行改革。

比如最为重要的青苗法实际上就是今天的抵押贷款，政府在春天用比较低的利率借款给农民，农民以青苗本身为抵押，在秋收后连本带息还钱给政府，如此则"不加税而国用足"。此外市易法、均输法、免役法等无不是试图以金融手段管理国家财政的思路，其他保马法、保甲法则是一种理想主义下的大同想象。比如保马法，理想状态下，国家缺战马，老百姓每家都为国家养一匹不就解决了吗？但百姓会养好一匹战马吗？百姓会教战马打仗吗？

王安石用一介书生所能推理出的官民、家国之间极致平衡为大宋酝酿了一场泡沫之变。泡沫散去，是不懂金融又苛待百姓的地方官，是千差万别却被一刀切的地方事。

王安石看不清，但他是个磊落的人，官居高位却衣食俭朴，做宰相时月钱九万多，却常常分文不取捐给国家，一生不纳妾，出行不乘车，因为"未尝敢以人代畜也"，多数情况下不过骑一头驴子，顶多叫一名家丁陪着。这样的王安石几乎无法理解人性里没有底线的贪婪与黑暗，也不能完全懂得变法中的利益博弈是如何将大宋逼入绝境。

那些推行青苗法却根本不能理解其中贷款、抵押、保证金意义的地方官吏，为了保住政绩，灾年里强迫农民贷款，或者本就没有付给农夫钱款却逼迫农户上缴利息，百姓瞠目结舌之余，几乎被盘剥至死。一时间天灾人祸，循环滚利，无数破产之户并塞于道，鬻儿卖女者沿途惨叫。一个叫郑侠的小官看到这一路惨乱，忍不住将他们画进了《流民图》：蓬首垢面、破衣烂衫的乞丐们一个个骨瘦如柴，画面让身处锦绣深宫的两位太后落泪，也让宋神宗动摇。

此时的市易法让官商暴露出比民商更贪婪狠毒的嘴脸，他们通过新法加持，垄断市场、货源、价格，层层盘剥之下，国家物价飞涨，原本极为繁荣的北宋工商业迅速走向绝境，大宋再无《清明上河图》。不得不承认，在那个时代，王安石的变法的确是失败的，他超越了社会本身的基础架构而以空中楼阁式的理想构建了一座并无根基的帝国大厦。

目睹新法扑面而来的挫败，王安石是痛切的，废用之间，南京成了他疗愈自己的所在。半山园的茅屋盖好后，他说自己"老来厌世语，深卧寒门窦"，那几间茅屋临着水，百亩中庭长满青苔，山桃溪杏和楝树参差疏落，每一次夜阑看月，午醉醒来，空旷的园子里唯有两三声黄鹂婉转之音聊以为慰。

只有在这座城市里，王安石才能感受到平静，"拈花嚼蕊长来往""溪鸟山花共我闲"。即便是归老之心，他也还是想着为百姓再做一些事，早年他见玄武湖淤塞严重，觉得金陵山广地窄，人烟繁茂，为富者田连阡陌，为贫者无置锥之地，便上书神宗，开湖泄水，让贫困饥人能得螺蚌鱼虾之利。泄水之后的田地让贫民耕种，收些水面钱还能充实公库，救济贫苦。

因为他，今天的玄武湖缩小到四分之一，鼓楼以北，建宁路以南，中山北路的大片城区得以从水底浮出，成为城市地面的一部分。也因为他，泄湖之后，城市自然生态恶化，旱涝无常，百姓久受其苦。

这举动多像他的改革：明明发心一片，也利益了当下，却因为更宏观与不可调和的矛盾功亏一篑，成为千古争议。

现在，他累了。"黄尘满眼衣可濯，梦寐惆怅何时还。"他想回家。

在内心深处，他已把南京当作唯一的家。南京有他父母和长子的墓地，有他眷爱的钟山，一马黄尘南陌路，眼中唯见北山云，哪怕只是出趟门，和钟山只隔了数重山，他也要叹一句"春风又绿江南岸，明月何时照我还"。

苏轼来看他，他劝苏轼和他一起常住南京，这两个当初的政敌早已确认，这种确认是精神的确认、艺术的确认、审美的确认。他们从未在政治上和解，但只要拿出诗篇，便能前嫌尽释。

苏轼后来回忆起这段也无限感慨："劝我试求三亩宅，从公已觉十年迟。"王安石对城市的喜欢是骨子里的，忍不住推荐给喜欢的人，忍不住夸这山水城林的妙处。这一次会面在中国文化史上留下北宋特别温情的一笔。

对于他们这样的人而言，其实退出公众生活和政治生活未尝不是一种幸运。王安石和苏轼，这一生都经历了无数的惊涛骇浪，处境惊险，悬念迭起。一旦安静下来，思想的丰富就会让他们把内心的力量凝聚起来。

◆ 城市的进与退

南京在唐代成为意象里的江南，在宋代已经成为实打实的国家经济支柱之一。这里富庶、秀美、文明，尽管王安石的变法带来一系列连锁反应，但没有均田制的宋代，土地可以自由买卖，人民可以自由迁徙，城市也因为自由而更繁荣。两宋的南京，虽比不上京师汴梁，却也市列珠玑，户盈罗绮，参差十万人家。

进了东门瓮城，米行、油行、茶坊、香铺、花市繁聚，更可贵的是民风质厚。北宋沈立在《金陵记》中说："其人士习王、谢之遗风，以文章取功名者甚重。"金陵多君子，为吏为官者也能"颇知自爱，少矫健之风"，商人小贩"罕闻巧伪"，小人"尽力而耕植"，人民"性好文学，音辞清举"，这大约也是王安石深爱这里的缘故之一。

熙宁变法造成朝廷长久的撕裂与动荡，北宋原先那套温情脉脉、士风怀柔的政治文明不复存在，整个帝国成为一架功利、急促的机器，政治的多元制衡局面不复存在，党争加剧，吏治严苛，腐败滋生。史学界多有"北宋之亡，亡于腐败；腐败之兴，兴于变法"之说，甚至宋高宗赵构也认为："今日之祸，人徒知蔡京、王黼之罪，而不知天下之乱，生于安石。"

赵构面对的是靖康之耻后苟延残喘的南宋，他将亡国之罪推到了王安石的变法上，大宋的结局及史书反复营造的舆论偏见，让后世的君王打心眼里反感王安石，也惧怕变革。

一退再退的大宋终于亡国重启，南迁之后，南京成了直面金兵的最前线。

国家可以退,城市不能退!城市退了,血脉里的坚持就退了。

南京城里抗金遗址、堡垒战壕至今犹在,每一个风干的裂痕都是城市坚守不退的誓言。

当年,金兀术挥兵至此,在城市的东南方向遇到南宋通判杨邦乂的抵抗。杨邦乂是一介文臣,虽然忠勇,到底是寡不敌众,被金兀术俘虏。金兀术敬他气节,亲自出马诱降。杨邦乂指着金兀术大骂:"若以夷敌而图中原,天能久假乎?恨不磔汝万段!"

你们这些夷人想统治中原,上天会让你们得逞吗?我只恨不得将你碎尸万段!杨邦乂对夷人的轻鄙即便在军事力量的悬殊对比下,仍然理直气壮,真理在握的气势依然不减分毫。

金兀术自然大怒,直接活剖了杨邦乂,挖出他的心脏示众。人们在他就义的地方修了座墓茔,墓碑上刻着"杨忠襄公剖心处",石碑两边刻着他的生前誓言:"宁为赵氏鬼,不做他邦臣。"民间不忍心这样一位碧血忠心之士就这么惨死,为他安上了一个铁心的传说,将他遇难的小桥改名铁心桥。这地名,城市帮它留到了今天。

从战役的遗迹就可以看出,当年晋室南迁,战斗的地点在长江沿岸,他们保护的是城市不灭,而宋室南迁,战斗的地点则在城市南面的将军山、韩府山一带,他们保护的已经是西湖歌舞几时休的杭州。

在将军山陡峭的山路上,当年岳飞抗金的堡垒遗迹仍在,城市则又一次沉浸在亡国忧虑与北伐想象中,在这种想象中,南京再一次成为中原士大夫安放焦虑的精神家园。水西门的赏心亭里,登临江山无限,故国却安在?壮志难酬的辛弃疾在这里恨恨地写下"落日楼头,断鸿声里,江南游子,把吴钩看了,阑干拍遍,无人会,登临意",忧愁风雨,可惜流年,不能踏破贺兰山缺，收拾旧山河，怎能不使英雄泪满襟!

南宋的南京，只剩一阕宋词离歌。

李清照跟随丈夫赵明诚来南京任江宁知府时，看到一路夹杂在灰头土脸的逃难百姓中的大臣军士，李清照忍不住想起六朝，可惜"南渡衣冠思王导，北来消息欠刘琨"，中国再无王导、谢安，也无刘琨、祖逖。

两宋之间积淀的江南意象，随着文人的吟咏不断发酵、升华。士族阶层在不得不偏安江南之后，对民族正统的找寻、构建又让这片土地积聚了一种具有强烈民族意识的"江南认同"。

丧失了中原故地的士大夫在意象和认同中一次又一次重新认识了江南，他们将以中原故地为中心的文明优越感和民族记忆倾注在了"江南"。江南因为文化上的优势消弭了地势狭小的劣势，安抚了政权不得不偏安一隅的焦虑。

在江南，他们在自己搭建的意义系统里得到心理上的平衡，天下之中的概念在这种平衡中丢弃了有形的宗庙，依附进了无形的精神之中，这精神让南京更加厚重，厚重到有一天，它再也无法承受这份沉重。

元代，对整个中国而言，是一个分水岭，此前的汉文化政权代代相因，每一个朝代都延续了前朝所给的封号以示正统，从未有哪一个时代，汉族完全失去过他的政权，直到元代，蒙古人的战马横跨欧亚，从夏商周以来代代相因的国号就此中断。

朱元璋喊着"日月重开大宋天"，重新接续起汉人的政权，治下的大明却和大宋大相径庭。

他极其憎恶王安石，骂他"小人骚进"，为自己修陵时，毫不犹豫地铲平了钟山一侧王安石的旧墓。朱元璋坚信，只有退守陈规，才能保中国平安。他与王安石，一位看似身退金陵，背后其实是一个开放、外向的大宋，那时的城市是自由的，商业是通畅的，士人是有尊严的，王安石的失败败在不切实际。另一个看似身进金陵，背后却已然是一个内敛的、封闭的大明，此时的城市竖起了高高的城墙，居民被严格按身份职业划归区域，士人不再敢朝堂之上直言"天下是天下人的天下，不是陛下你一个人的天下"，而是战战兢兢，伴君如伴虎，失去了自由的城市在某种程度上也失去了希望。

城市在进退之间，无奈地走向了自己的命运。

第四章
向内的王朝

引子　被设计的城市

明代南京和六朝南京一样,是城市的母题之一。

六朝塑造了南京的精神,明代则塑造了城市的面貌。今天的南京城是与明太祖朱元璋留下的城墙共同生长起来的。

太祖的风格深刻塑造了城市的样子,他将南京城分三大区:市区、军事区、宫城区。与所有的中国古都不一样,皇帝的宫殿并不建在城市的中央,朱元璋保留了城市自南唐以来的城市格局,将自己的宫殿建在了旧城之东。

这让已无迹可寻的前朝依然在今天的街巷里留下一些隐约的影子。城市里有些道路被拓宽,宫城区修了官街,方整平直,极其宽阔,有三十米以上。左右还缭以官廊用来避风雨,官廊下铺石板,两侧覆瓦顶,铺户在这里经营花、鼓、生药、香蜡等。市内则多小街与巷道,阡陌相交,角落里收藏了许多前朝的故事,帝王的井栏、忠臣的墓碑、书法家的祠堂、诗人的高台、莫愁的小楼……

水是城市的灵魂,千百年来,城内的水有过许多的变化,最剧烈的变化莫过于曾完全消失、又逐渐恢复的玄武湖。相比较这些,秦淮河则是如此稳定,它是一条被驯服的河,两岸的宅邸屋宇都被设计过，仿佛同河流一道融入时光的旅程。

好多年前，河水在城市里常年是污秽的，河岸两旁密不透风的生活倾倒了太多不可辨认的污垢，但河水总是会重返源头。这意味着它总有重新来过的希望。这希望就像城市本身，无论再怎么千疮百孔，不可辨认，它总可以先从河岸两旁复苏。

某种意义上，秦淮河就是南京，是太平之世的通衢，是战火之中的壕沟，是女子的风月旖旎，是市民们生活的下水道。无论萧条，还是繁华，它所拥有的来自历史的影响力从未因任何缘故而稍减。和英国的泰晤士河一样，秦淮河最为重要的分量在于它所能唤起的情感，所有对历史稍有了解的人在凝视这条河流时，都会自动忽略水波中泛着绿沫的污浊味，即便在黢黑的水流里也能让人想起六朝金粉、王谢人家、商女离歌。

沿着这河流，城市延续了自东吴以来一贯的居住习惯，人们在河边反复地搭起屋舍楼台，一代代的故事沿着河道流传。明代的市区则第一次按统一的编户制为各个不同职业的人群划分了区域，这是来自春秋时代管仲的城建规划思想。管仲认为相同职业的人聚居在一起可以使他们安于本业，"其父兄之教，不肃而成，其子弟之学，不劳而能"①，耳濡目染，职业就能世代相传。朱元璋也是这么想的，他的编户制核心追求就是民安其分，一旦定下户籍，属于哪个工种，比如织户，就世世代代做织工，军户就世世代代做军人。

城内的手工业区，"百工各有区肆"，他们的职业往往也成了聚居地的代名词，比如银作坊、弓匠坊、织锦坊。原来商品聚居的廊坊，如今还留下不少地名，比如网巾市、绒庄巷、绫庄巷等，这些名字是朱元璋留给城市的想象，他想象一个城市可以世世代代按部就班，一个帝国也可以世世代代按部就班。

---

① 出自〔春秋〕左丘明撰：《国语》中《齐语·管仲对桓公以霸术》。

城市被设计成帝国最想要的样子，却在第一任设计者驾崩后，迅速背离了他的理想。明代中晚期，公然抢盗的兵痞、流氓无赖、淫棍赌徒们也仗着太祖当年的旧制，生活在这山水楼台里。城里的复杂是分区域的，别的地方百里不同风，南京一城之内，民风迥异，像是一座被精细设计过但又迅速被忽视的园子，野蛮生长之下滋生出无数光怪陆离。

老皇城根下的居民往往因为本就是官宦人家，又有皇城旧事，不免自大膨胀，但留都的虚架子也让他们的优越实在无物可依，于是举动上就显得有点浮夸。老城区住着土著，人口稠密、商铺繁华、市井气息浓厚，到处是小人物为利生、为利死的喧嚣浮躁之态。金粉之地的秦淮河则两岸楼台商铺林立，即使在夜晚，市民仍然可以在这里肆意狂欢。箫鼓楼船加上美酒歌伎，人们在游艇画舫间纵情饮酒，曲声缭绕通宵达旦，一条秦淮河串起了城市所有的欢乐。

毕竟经过朱元璋长久的熏陶，在朱红宫墙，三进大殿的朝天宫一带，洪武皇帝的余威似乎总也未能消弭。这里当年是军官、太监、国子监学生的聚居地，是朱元璋带领臣子、王子们学习礼仪的地方，气场的肃穆似乎遗留在空气中，这里的人看起来多少有些拘泥，不晓风情，生活也像太祖在时一样简约朴素。

鼓楼到三牌楼一带，军多民少，空气一下子就换了氛围，驻军们往往"言貌朴僿""多悴而塞陋"①，长得丑，说话粗鄙，没什么钱，又扰民。像这类藏污纳垢的地方，城市里并不少见。

仿佛被一种神奇的力量所左右，每一个区域都遵循着某种因果相系的设计，民风如是，习俗如是。但它已不再安分守己，而是在设计者退场之后变得更加松弛、混乱。

如果说六朝给南京留下的是总可以被唤醒的精神记忆，那么

---

① 该评价来自〔明〕顾起元撰：《客座赘语》中"风俗"一节。

明朝给南京留下的则是帝国真实的印记。六百多年后,大明地面上的痕迹很多已渺然不可寻,地表之上,浓密的青苔、蛛网、薜萝像重重帷幕锁住历史的遗迹,城市里朱元璋的布局也如这遗迹一般,涣漫不清,但城市曾经的样子却在帝国存留的大量提示里清晰而真切。

一　风水与寓言

◆朱元璋的政治秀

吴元年(1367)十二月,天气一直很恶劣。

下午时候,开始下起雪来,傍晚时,城市已经被大雪覆盖。浓密、纷飞的白雪像幕布把近在咫尺的东西都淹没了,落雪的沙沙声像是难以捉摸的低语在殿外缭绕。

朱元璋坐在乌黑的官帽椅上,闭着双眼听着落雪的声音。他嘴巴抿得很紧,这张意志坚强、极为务实的脸上没有一根拖沓的线条,不露一丝欢快开朗的情绪,没有人能通过他的脸知道他在想什么。

现在,他决定正式问一问天命。他想知道幽渺深邃的宇宙天道,同不同意他替代统治一百多年的元朝,成为这片土地上新的帝王。他早已给了自己答案,但他要全天下人知道这个答案。

他要准备一场问天的公开仪式,在南京找一天好天气。这仪式和上古时打猎前的祈祷,以及数百年后光绪年间求雨没有什么本质上的不同。

可是,南京腊月总是雨雪阴冷。

仿佛存心和这位迫切想要当皇帝的中年人作对,整个十二月,异象频频,当月初一,南京日食,天象不佳。

迁入新宫,温度陡降,北风寒栗。

箭在弦上又不得不发。朱元璋还是照原计划颁发了诏书:

"惟我中国人民之君，自宋运告终，帝命真人于沙漠入中国为天下主，其君父子及孙百有余年，今运亦终……明年正月四日，于钟山之阳设坛备仪，昭告帝祇，惟简在帝心。如臣可为生民主，告祭之日，帝祇来临，天朗气清；如臣不可，至日，当烈风异景，使臣知之。"

朱元璋提到，中国人民的君主截至宋代告终，他指的是汉人政权。关于这一点，日本历史学者上田信在广西师范大学出版社出版的《讲谈社·中国的历史》明清时代卷中，给出了基于历史逻辑层面的解释。他提出了所谓"崖山之后无中国"。他这里讲的也是与朱元璋一样历史逻辑。

中华自夏商周以来至南宋，两千年间，每一个更替的朝代，无一不是以前朝的赐号为国号。奠定中华基础的秦，是以周朝所封的国名而命名，汉是创始人刘邦受楚王项羽所封的国号，唐来自唐高祖李渊所世袭的、由西魏所封的唐国公封号，宋则来自于赵匡胤曾为后周宋州归德军节度使的名号。

每一个王朝的名称都不是自称，它都带着前朝的延续，这种延续就像是某种政治约定，代表正朔、传统、不容置疑的华夏血脉，只有遵守了这样的约定，后来者才有足够的底气开创属于自己的时代。

打破这种约定的，是横扫欧亚的蒙古铁骑。

成吉思汗根本不在意国家的任何传统，他认为自己是一元复始万象更新的王，他用中国最古老的经典《易经》中"大哉乾元"的表达，为这片广袤的土地赋予了新的意义，将自己的王朝命名为元。

从此，这个被抛掉的传统就再也没有回来过，后继的大明、大清延续了元代的思维方式，用抽象的理念取代了从夏延续至宋的帝国框架，从这个角度看，也可以说明清两代实际上是在蒙古帝国所开创的地平线上建立了新的国。

从这个意义上看,"崖山之后无中国"中的"无"是因袭相承的中国帝王传统,而不是失去了华夏精神的中国。

作为古老中国最后帝制里唯一的汉人政权,朱元璋特别希望能接续华夏精神传统,他需要用华夏最古老的,最不容置疑的天命与真理来证明是上天选择了他朱元璋。因为南京城市与天命之间的历史契合,他选中了南京做他的都城,认定了钟山做神的居所。

此时距朱元璋决定找南京要一天好天气的那个晚上已经过去了三十一天,皇历指在了吴二年(1368)正月初三,一个同样雨雪阴冷的晚上。

披着明黄色云锦大袍的朱元璋在还没来得及做任何装饰的奉天殿里来回踱步,他的夫人马氏招手暗示侍从们将蜡烛点得再多一些,烛火忽明忽暗的光晕让她丈夫线条果断的面庞显得有些焦蹙,这个时候他们还不能被称为帝后。

他们要在完成一场天命授权的政治秀之后,才能光明正大地成为中国的王。

然而,连续一个月的阴雨天气并没有好转,朱元璋上一年腊月发布的昭告言犹在耳。他在诏书中告诉天下人,中国人的君主、国家在宋代已然运终。大元的天下"百有余年,今运亦终"。我的天下,是否合乎天命,那就去问一问吧。来年正月四日,我将在钟山之阳设坛备仪,昭告上天,如果那天天朗气清,则天命在我;如果那天烈风异景,则天命非我。

可是"自壬戌(十二月二十日)以来,连日雨雪阴洹",大雪湮没六朝残城青灰的墙础,城市所有的色彩都被雨雪搅和成一片灰冷阴恻的模糊色调。

直到正月初三晚,南京城内依旧寒湿阴冷、雨雪霏霏。朱元璋扶着尚有木材余香的殿前大柱,看向殿外星暗云默的无尽夜空,史书上没有记载他此时的表情和心境,但无论他如何坚信军师刘基过硬的谶纬之术，也难免会对天道无常有几分惴惴不安。

那一晚，南京的每一根汗毛都在体会天气细微的走向。

第二天四鼓时分，城市仿佛突然清醒，如同神迹照临，几乎就是转瞬间，满天阴云齐敛，墨黑的天空渐渐清澄，史载"天宇廓清，星纬明朗……天霁云静，星朗风息"①，天气转变之突然如冲突最强烈的舞台剧，朱元璋长出一口气，即便他已经是实际上的帝王，如果城市没有配合他的表演，这帝位总归坐得不那么舒心。

侍从们纷纷拥来，跪拜在大殿上，整个大殿像一锅沸腾的粥，那些发自肺腑的恭敬与祝贺搅和在一起，在这些声浪的漩涡里。这个在南京历史上影响巨大的中年男人彻底放松下来，从容换上同样用云锦织就的皇帝衮服。那一刻，"天命在我"的无上自信、江山即将执掌的帝王豪迈让他从一个割据军阀真正拥有了九五之尊的君王之相。

他亲自率百官从奉天殿行至钟山之南，告祭天地，国号"大明"，那时候的南京，朱元璋管它叫应天府，一切都仿佛是天意所定，他代表万民祭告万物创生的天地，数千年前就一直被演奏的编钟雅乐在钟山之南回荡，鼓声清越、仪仗恢弘，开国的气象、重回华夏的荣光赋予了这座城市无伦比的神圣感。

祭天大礼复杂且充满美感，中国人的礼历来如此，每一个动作，进退揖让，转旋回环之间，都表达着文化传统的某种象征，解读这些细节就像破译一串久远的密码，密码背后是华夏文化千年而不断绝的根底，也是南京之所以成为南京的依凭。拜毕，朱元璋面南落座，丞相李善长率百官和应天城内的市民耆老面北拜贺。这方位对应着天空里北斗七星的排布，君王就是北斗星中面

---

① 赵栝等辑编：《明太祖实录》，北京：中央民族大学出版社，2000年版，第309页。

南的那颗最亮的紫微星,臣民环拱于中,面北称臣,所有的动作都严格对应天象运行的法则,所有的生命都是宇宙精神的一种转述。而南京城则是这种转述的集中体现,出于对礼的能量的极度崇拜,几乎每一次城市命运的拐点,都有人希望依靠仪式的力量让城市恢复荣耀。

毕竟,它与世界上所有已知的城市都不一样,人们认为南京的山水格局天然对应了中国人的古老信仰,钟山龙蟠、石城虎踞、朱雀玄武各安其位,南京近乎完美地解释了一座城市与星宿阴阳五行之间可以有着怎样不可思议的契合,这让南京足可以成为一座独立于真实城市之上的虚拟之城,拥有神的预言,以及作为一座城的无限可能。

就这样,精神信仰与政治权力在山水的走势中结合起来,形成了一套随时可用的国家密码,密码一旦开启,金陵王气的传说就有了附会。地表之上的南京,形势雄伟,岗岭起伏,它北望中原,南及闽浙,长江上连湖广巴蜀,下达沿海诸省,乃至远洋诸国。在冷兵器时代,这样进可攻、退可守、补给通畅的地理位置又恰好为政权的生长和强大提供了庇佑。

◆版图的中央

南京比起传统意义上的天下之中,比起那些中原的城市,好像地理上的确偏了些。怎么看也不像是华夏版图的中央。

朱元璋开始也是犹豫的,这犹豫来自他是汉人的皇帝,从三皇五帝到唐宋君王,大一统的汉人政权无不建都中原。长安、洛阳、开封这几个名字对政权的吸引力就像磁石之于铁戈。

华夏偏安,这里还可以打着收复华夏的旗号,暂且安置,可要真正成为一整个帝国的绝对中心,南京还需要再一次讲好自己的城市故事。

回到中原显然已经不再合适,随着黄河水道的不断迁改,此时的西安黄沙漫漫，洛阳商路凋敝，开封无险可守，与现实中的中土相比，象征意义上的中土显然更合时宜。

经历了六朝，经历了南唐，城市早已蜕变，它不再年轻莽撞，它有老街、旧殿与隐隐然的伟大气象。每一个朝代都给城市留下了有形无形的遗留，每一项遗留都有意味深长的姿态，每一个姿态都构成了城市的面貌与品性。它既不曾因为高傲而作茧自缚，也没有因宽容而鼓励庸俗。离乱、复兴、信仰、开放与风流让城市既气血饱满也气定神闲。

朱元璋越来越喜欢这座城市，在一座当时还不存在的阅江楼上，朱元璋亲笔写下这篇为南京城市重要性而申论的文章。

> 朕本寒微，当天地循环之初气，创基于此。且西南有疆七千余里，东北亦然，西北五千之上，南亦如之，北际沙漠，与南相符，岂不道里之均？万邦之贡，皆下水而趋朝，公私不乏，利益大矣。

大明的创基来自天地循环的天命所归，天命指向这座城，随着明代版图的不断扩充，这座城也成为大明版图的正中，拥有了华夏民族建都立基的地理依据。为了强化这种依据，地表上的建筑，包括城墙的走向、城门的位置、道路的名称再一次被精心地照应这座城市的密码。特别是城西竖起一座朱红宫墙的皇家道观，这里专门用来学习这套密码在人身上所对应的行为举止。

他用皇帝的权威珍重地宣告，南京就是国之中央。

他用华夏礼乐所对应的密码，重新修饰了城市的面貌。

他留下的那座学习"礼"的道观至今仍在，六百年来，它的每一根栅栏，每一块石板都被无数次的摩挲过，老南京人把这里当作和历史交流的码头。

早些年，朝天宫院子里聚满了倒卖古物和赝品的小贩，每周六凌晨四点的朝天宫鬼市盘活了整个城市对前朝与财富的想象。一家民间博物馆的馆长曾宣称，他所有的文物知识都来自这个鬼市的熏陶，当他一眼看穿某个大展上的钱币是赝品时，距他第一次在凌晨四点的朝天宫摸到一块包浆厚实的铁疙瘩已经过去了二十一年。

与北京的潘家园相比，这里更神秘，无数对老物件抱着好奇或欲望的南京人风雨无阻地在这里消磨着每一个鬼市开张的清晨，直到城市飞速向前的整顿与秩序终结了这个既藏龙卧虎也收污纳垢的老集市。

一般情况下，朝天宫不会出现在对城市不甚了解的游客行程单上，它更像是这个城市的老祖母，将关于城市的秘密收进缄默的箱底，人们一边好奇它的地底下还能为我们留下什么，一边轻略了老祖母的过去。

坐在朝天宫石阶上的老人仍然不知疲惫地争论着关于城市的一切：秦始皇在哪里凿了山泄了金陵的王气，孙权倒过来如何成了朱元璋的守墓人，马皇后的脚到底有多大，朝天宫的地宫里还放着多少民国没拆箱的宝物。

朝天宫就是城市回忆的中心，而城市就是大明版图的中心。

六百年后，穿着中山装的孙中山让这座城市再一次聚焦了天下之中的想象。他说："南京为中国古都，在北京之前。其位置乃在一美善之地区。其地有高山，有深水，有平原。此三种天工钟毓一处，在世界之大都市诚难觅如此佳境也。"南京城伟大的背景与他意气相投。

在非汉族统治中国数百年之后，与朱元璋一样，孙中山与他的追随者们强烈地渴望恢复中华，"人心思汉，天意亡胡"。孙中山的同盟会曾率先喊出"驱除鞑虏，恢复中华"，不可否认这场革命的开篇伴随着鲜明而强烈的民族情感。

1912年2月12日，来自关外的满族皇帝退位。三日后，天清

◇◇明孝陵始建于洪武十四年（1381），朱元璋和马皇后合葬墓（拍摄于1915年，金陵图书馆 供图）

气朗，孙中山率南京官员赴钟山祭明太祖孝陵。这举动，与六百年前，朱元璋赴钟山祭告天地，宣布政权天授遥相呼应。

中国历史上两次完全被非汉族统治的大一统王朝，一次是蒙古的元朝，一次是关外的清朝，至此都被南京终结。

对久遭兵燹的中华而言，南京就是最后的堡垒与希望，对亟待雄起的华夏而言，这座收藏了华夏终极密码的山水城市，则早已在某种程度上成为汉文化正统的象征。

建都南京的朱元璋结束了元朝统治，创立大明帝国，恢复汉人政权。建都南京的孙中山结束了清朝统治，开创中华民国，某种程度上他也同样恢复了汉人政权，他们与第一个认定南京有王气的男人孙权一起，将这套城市密码落定为历史，赋予了城市厚重深刻的意义。当然也不可否认，这些深谙华夏密码的人们也在这座城市的山水间留下大量野心、欲望与营建。

这三人，孙权留下了南京作为帝王之都的名分，朱元璋为南京留下一统中华的首都地位，孙中山则为南京留下了近代中国崛起的想象。最终，他们都选择了永远留在南京，陵寝钟山，成为城市的一部分。

今天，城市的山水依然定位着天象的运转，道路的名字提示着古老的布局，龙蟠路离钟山不远，虎踞路依旧城西，玄武湖照应着北际，朱雀桥旧影依稀。当你站在城市的某一处，闭上眼，来自钟山的风吹过湖上水，你或者还能感受到这片土地与日月星辰之间隐秘而强烈的关系。

直到现在，城市里道路的改变、建筑的崛起，甚至一棵古老树木的砍伐，都还会让人们一次又一次记起星宿与预言所关系的城市命运，在做出每一次重要的变革前，城市的决策者也都必须因这改变对自己、城市、整个中华带来的风险与利益做一番认真的权衡，因为这里是南京。

二　心理的城墙

◆宇宙的杰作

民国初年，一队来自日本学校的旅行团从上海到南京观光。团里大概五六十个学生，讲得一口流利的中国话。窗外景物在这群学生看来也不甚有趣，无非是灰蒙蒙的田野、简陋的蓬门草户，间或一两栋略亮眼点的建筑不过是模样相似的关帝庙或村里的大祠堂。几个学生在车位上斗扑克牌，茶房进来添了水，又去了旁的车厢，旅途让人昏昏欲睡。

一个日本学生抬眼间，突然瞥见了远处南京的城墙，便惊呼起来："南京到啦！"原来，火车已过了栖霞山，快近尧化门车站了，斗牌的慌忙丢了牌，所有人都爬到窗口探望，青灰色的城墙连着山脉矗在那里，竟有点不怒自威的姿态。带队的教师便发令整理各人的行李，他们于是迅速地穿起衣服，把东西都纳入各人的小手提箱中，这才呆呆地立着，好像车子立刻就要停下来而准备下车了。火车却照旧奔驰着，驶过了尧化门，是太平门，后又是和平门，却依然没有停下的消息，窗外的城墙连连不断地飞驶过去。这可把这班南京观光团的日本学生呆倒了。他们默默地怀着惊疑："怎么南京城看见了老半天，而火车还是不停呢？"他们直立了有一刻多钟，火车才从和平门过去，快行近下关站。饶是如此，绵绵的城垣，还是不断地拦住视线，这使他们叹为观止。大家在十分惊奇的叹息中，吐出了一句中国话来："哟，好大的城啊！"在这样的惊奇赞叹中，他们在下关车站下了车。他们还没想到下关只是南京城外的一个埠头，而南京城内的宏阔将更胜于他们在车上所看见的景象，这样阔大深邃的城区，尤其是在素以狭小见称的日本人的目光中，实在是一桩惊人的见闻。

民国地理学家倪锡英将这段故事记录在他写的城市系列丛书里，六年之后，这道在日本人眼中伟大雄峻的城墙被日军第六师团用坦克轰破。今天，你依然可以在当年交战激烈的城墙根看到炮火轰炸后的遗迹，摸到冰冷的弹孔，听到关于这场首都保卫战中无数痛切而悲壮的细节，城墙似乎并没有如它的建造者所期冀的那样，围护这座城。

不可否认，这座世界上最大的城墙从它被建立起来的那一刻，就已经成为城市的象征，见过它的外国人，没有一个不惊叹于它的伟大。

万历年间，第一次到达南京的意大利人利玛窦在他的信里言之凿凿地告诉朋友，南京的城墙之长，两个人骑着马从相反方向相对而行，居然要经过一整天才能遇见，他断言世上没有任何一座城市能与南京匹敌或胜过它。

他看到这个城市到处是殿、庙、塔、桥，惊叹南京的秀丽和雄伟超出他的想象。利玛窦看到的，其实已经是万历时期大明气运衰退时的南京，都城北迁，辉煌旁落。然而，在他眼中："尽管皇帝已移位北方的北京,南京仍然没有失掉它的雄壮和名声。即或是失掉了政治地位,那事实也只证明它从前比现在更加了不起。"

朱元璋开创的三百年大明,确实是中国历史上最稳定的朝代之一,南京城也当得起伟大二字,就像南京的城墙,只要看过它的样子,就不会怀疑它的伟大,但和此时的欧洲相比,大明则显得过于稳定了,和即将让世界战栗的军火相比,城墙也显得有些过时了。

大明三百年间,古老的中国犹如一块块稳定的城砖,纹丝不乱地构筑着自己的秩序,而欧洲,人们正从黑色的宗教长袍里解脱出来,开始保护他们的财产与人权。正如当时的一句俗话所说,"城市的空气能使人自由",国王与教皇不再拥有无可置疑的生杀予夺权,商业让人们拥有了财富、自信与奔向全新世界的勇气。

黄仁宇说:"克伦威尔在马斯顿荒原击败查理一世时,为公元1644年,也即是中国所谓崇祯皇帝上煤山的一年,也就是明亡的一年。"①两艘巨轮在人类迈进现代社会的拐点上擦肩而过,一艘向海,另一艘则在星宿的指引下,转舵回航。

如今看来,那些来自长江之畔、百万军民烧制的数亿城砖,既是帝国庞大动员力与管理能力的地表遗存,也是帝国走向衰微的漫长铺垫。

作为世上唯一一座自然山水暗含天象布局、城市建设遵守风水布局的都城,南京的城墙也与现在已知的所有明清城墙都不同,它严格遵循着古老中华的神秘信仰。当然,我们也可以说它一直在致力于将一切解释生搬硬套进华夏密码之中,无论如何,城市确实因为这套密码而变得与众不同。

城墙的走向并不规则,如果你将它们在地图上连成一线,倒

---

① [美]黄仁宇:《中国大历史》,北京:生活·读书·新知三联书店,2007年版,第270页。

确实有点像民间流传中，朱元璋凹脸凸颌的侧像，其实它是星宿在城市地表的具象化身。

中国古代，只有最精于《易经》的饱学之士才会拥有这份通透的智慧去明白星宿布局与人间运势的关系，人们也乐于为历史上最聪明的人附加上知天文下知地理的技能，比如三国时候的诸葛亮、明朝初年的刘基，他们对天象变化与人类社会关系的知识让他们近乎神。

这座牢牢建立在寓言之上的城市，每一个部分都代表着古老中国对宇宙的理解，人们坚信在苍穹之上，星星位置的变化对应着人间兴衰。中国的星相学家们把环绕北极和比较靠近头顶天空的星象，分为"紫微""太微"与"天市"三个垣域，其中紫微垣是天帝所居，人间相对应的紫禁城也是君王居处，如果夜观天象，有其他星的光芒犯入紫微垣，或者原本明亮的紫微垣变得黯淡，则意味着君主之位受到威胁。太微垣是政府之意，与之对应的则是城市里的中央官署，而明城墙则是南斗星与北斗星等星宿聚合的天市布局。

这套系统并不是一开始就成熟，孙权建的南京城虽然也讲究山水布局，但并没有那么精微；六朝时的城市建设，也不能说毫无瑕疵；直到朱元璋，他治下的南京城已然完全可以称为一座城市宇宙观的杰作。

有人说，南京十三座城门，每一座城门对应一颗星星。南京城墙东南角的通济门至西北角钟阜门与仪凤门之间作一划分，南为南斗六星，北为北斗七星。南斗星的六颗星对应聚宝门、三山门、清凉门、石城门、定淮门、仪凤门六座城门，北斗星的七颗星对应通济门、正阳门、朝阳门、太平门、神策门、金川门和钟阜门七座城门。

这是一套极其严谨的天象之学，它的古老让它更加神圣，它的古老也让它加速衰微。我们惊叹于这座城市精妙的宇宙运律，却也不得不扼腕,人们沉浸在古老的过去,却失去了与世界共同前进的机会。

◆帝国体系

洪武元年(1368),栖霞山北面的山坡上,上百个馒头窑里冲出的烟气遮天蔽日。上元县县丞李健站在已开窑两年的砖窑前嘱咐总甲赵才,应天府刚着人送来的城砖样本要让造砖的各个人夫传看一遍,绝对不可疏忽大意。

大明虽然刚刚进入元年,但朱元璋作为吴王在应天城内的规划早已开始,"高筑墙,广积粮,缓称王"的筹谋积蓄早已形成了一套治理之道。早在大明开国的两年前,朱元璋就已决定为这座城筑一道举世无双的城墙。

军师刘伯温是坚定的筑城派,他精通天文地理,是华夏古老密码的传承人之一。南京大旱,刘伯温认为是士卒亡故,他们的妻子在营地里,这几万个女子幼童聚居在一起,阴气郁结在城中之故,得将那些暴露的尸骸好好安葬,将投降的士卒好好安置才能协调阴阳之气,天地相和也就会下雨了。为了祈雨,刘伯温不仅照着当年董仲舒写在书里的法子,抓了几只蛤蟆作法,还在祭坛下斩杀贪图私利的中书省都事李彬来献祭上天。这一连番的举动并没有为城市带来一滴雨水,受到挫折的刘伯温只好借妻子病故告假还乡,但这并不影响他作为大明开国最重要的功臣之一对明太祖的影响力。

他劝朱元璋好好营造南京,尤其要好好筑城,为了让百姓们更简单地明白南京筑城的重要性,他甚至还写了一篇顺口溜一样的词:"君不见杭州无城贼直入,台州有城贼不入?重门击柝自古来,而况四郊多警急。愚民莫可与虑始,见说筑城俱不喜。一朝城成不可逾,挈家却向城中居。寄语筑城人,城高固自好。更须足食仍足兵,不然剑阁潼关且难保。独不念至元延祐年,天下无城亦无盗。"

完全可以了解，他们筑城的目的就是保住这座城市金汤永固。而这样浅显的句子写出来就是劝慰怨声载道的南京百姓，城墙竖起来对你们是有好处的。驭民从来都不是一件简单的事，既要驱役他们，也要他们心甘情愿，政权就必须同时拥有强大有效的控制体系与冠冕堂皇的群体价值追求。

明代的控制体系是整肃而严密的，比如栖霞山馒头窑里看管窑工烧砖的总甲赵才，他不仅是官府与民夫之间的连接点，也是政权与百姓之间、征服与反抗的临界点。比起普通民夫，赵才家中多了几亩地，然而"率土之滨，莫非王土"，他多出来的财富让他承担了更多的责任，也压断了他彻底反抗的可能性。在大明朝这个巨大的农庄里，除皇帝外，所有人都是农庄的当差者，包括赵才，也包括刘伯温。朱元璋告诫他们："为吾民者当知其分，田赋力役出以供上者，乃其分也。"

出身底层的朱元璋对国家经济是缺乏足够想象力的，他最理想的国就是一个各安其分的大农庄，如果能给这个农庄筑起坚不可摧的城墙，也就意味着屏蔽了一切动荡或改变，作为一个安全感匮乏、想象力不强的帝王，城墙就成了他心理上的终极支撑。

帝国越来越大，城墙也越筑越高，南京周边的城砖已经无法供应城墙修葺的速度，烧制城砖的任务陆续派发到江苏、安徽、湖南、湖北、江西五省的近两百个地区，军队的卫、所和工部的营缮司等多个单位也开始承接城砖烧制的工作。

沿着长江水路，这些不同土质烧出来的颜色各异的城砖源源不断地送往南京。当我们津津乐道于城砖上铭文是书斋体还是民间式时，当来自江西袁州府由高岭土烧制出洁白如玉的城砖品相，以及城砖黏合是否真有糯米汁时，技术性叙事就已淹没了历史宏观走向。

城墙的意义远不止技术上的细枝末节，而在于它所代表的帝国体系。

洪武元年（1368）到洪武二十六年（1393），长江沿岸烧窑的山头烟尘蔽日，打柴、取土、挑水、运砖的人们往来穿梭，窑工专注地紧盯观火孔里火焰的颜色，没有一个人敢懈怠，因为他们每一个人的名字都将印在他们亲手烧制的砖块上，接受建城者的审视。据说，城墙砖烧制好之后，会有两位身体健硕的士兵，抱着砖互撞，撞不破的城墙砖则为合格品，不合适的城砖，顺着砖上层层标注的责任人铭文，可以直接找到为这块砖打坯、烧制、运输的每一个个体。

每一环，细致到阴森。从负责城砖监制的州府六品官通判开始，负责具体事务的佐吏九品官主簿、承办跑腿的小吏，层层而下，直到窑工、造砖人，有的砖块上这样的责任人居然有十一级之多！

在这个庞大且极致的控制体系下，整个国家被整肃成一个严密而又均匀的体制，与欧洲社会在机器持续更新的轰鸣声中所迸发出前所未有的能量相比，朱元璋则在城墙的心理支撑下，将国家的未来框进数千年未变、君权神授的道德文章中。

他开始全面的社会控制，把每个社会成员的一举一动都严格控制在政府掌控之内，以杜绝任何不安定因素。官员们甚至晚上和家人说的闲话，朱元璋第二天就完全知悉，人们仿佛都被框进一块看不见的城砖内，每一个人的生活都最大限度地被控制，细密森严、环环相扣的监督体系与恐怖的连带责任让整个大明成为一个巨大的监狱。各级官员都是狱卒和囚犯本身，所有百姓则都是囚犯、告密者或连作者，稍有逾越狱规，惩罚立刻劈头而来，"充军""斩首""乱棍打死"，甚至"剥皮充草"不一而足，当然，如果成为"固定人"，安分守己，一般情况下，还是略可度日的。

城市的空间、价值乃至整个帝国的文明内涵就这样在城墙这个巨大的容器里慢慢沉淀，无数的窑工将他们对这个新王朝复杂的情感烧进了城砖。1957年，一次拆补城墙的劳作中，一块刻有"怀宁县"烧造的城砖不小心被工人摔断，断裂城砖中，竟然剥落出一颗鸡蛋大小的泥制人头，人头表情古怪，神色既恐惧也阴森，仿佛是对大明皇帝劳民伤财筑城的一种暗暗诅咒。

也有爱写打油诗的工匠，大约是一位禁锢在筑城中没有希望的造砖人夫，痛苦愤恨的控诉被他一字字刻进城砖："工作到今十二载，日日挑柴吃苦辛，一日秤来要五百，两朝足足共千斤，山高路遥难行步……"

出于对修城工人的同情，人们自动把南京城墙修建比较矮的几段赋予了一些带着同情色彩的故事，比如南京水西门到中华门之间有段城墙，高度比别处城墙矮得多，传说这段城墙是安徽太平县人负责修建。这些民工缺吃少穿，身子板弱的熬不了几天，熬下来的也都筋疲力尽，苦不堪言。眼看期限已到，城墙还未完工，一个个吓得魂不附体，谁都知道朱元璋说一不二，手段残忍，情急之下，竟想了个法子，对负责检查工程的官吏谎称："不知是破了什么风水，我们这儿的人个个得了黄病，能吃能睡，就是不能做。"那官吏看到他们脸色蜡黄，一丝血色都没有，就连忙进宫向皇上禀报。其实，那黄渣渣的脸是民工们拿荷叶洗黄的。朱元璋随后下了一道圣旨：为体恤太平民工，城墙没完成的就不罚了。太平人包的这段城墙，至今比别的城墙矮一截，人们就叫它矮城。这当然只是一段附会上去的传说故事，却也留下了故事之外，人们对筑城人的几分怜悯。

一城建成万骨枯，二十多年间，编码清晰的城砖一块块砌下去，帝国的围城一点点矗立起来。统治者满足于封闭社会中一切尽在掌握的快感，南京成为帝国的范本，它受昊天明命，帝国所有的终极解释权都由上天指定了发言人，这位发言人用大村庄的乌托邦理想构建了一个结构简化的极度集权政府，他以极其旺盛的精力亲自督导帝国庞大机器的运行。

所有高度专政集权的政权必然要依托绝对信仰的力量。在明代，这种力量是被具象化的天命，也是被框死的道德。黄仁宇指出："明朝官僚主义程度之坚强与缺乏弹性，举世无匹。"一句"太祖旧制"就可以抹杀一切变革的可能性。

洪武初年设置的里甲制是明代对人民的编管制度，城墙砖铭文上留下的那些总甲，比如陈才，就是官府挑选出来管理各户役民的。他们所代表的阶层也是明代社会秩序的最后一道防线，他以下，还有甲首、小甲、造砖人和烧砖人夫，政府的触手通过他，到达帝国的每一处神经末梢。

帝国所需要的各种徭役，都以户制为准，被认定是某类役户的，其户籍永不得变。比如修城墙的人，儿子也必须去修城墙；参军的军户，其子孙世代为军。精密的里甲制让他们无可遁逃，只能各安其分。

人是编入户了，可是国家需要千变万化，他们就像是帝国的砖块，哪里需要搬哪里，但人毕竟不是砖，当他们不得不经常离开家，前往数百里乃至数千里的地方当差时，不能对等的利益与补偿就会令人心生变。

明朝在最盛时期，仅计入军户、匠户的数量就囊括了全国近四分之一的户数，而每年参与跨地域流动的军户、匠户，可能多达一百五十万人左右，这样庞大且具体的调动如果失去控制力会怎样？

明代早期，理想化的框架设置让久经战火的中国迅速安定下来，帝国对百姓予取予求，国家力量看似物尽其用，巨大的农村乌托邦被建立起来，但上百年来脱离实际的一味守旧让帝国触手杂乱，神经多处坏死。明代中后期，南京所设军户卫所早已有名无实，紫金山近郊的孝陵卫甚至荒废已久，当一伙只有几十个人的倭寇进攻南京城时，居然出现无兵可守、满城惶恐的荒谬事件。即便如此，政府却仍然不愿意放弃卫所制度。崇祯时，有官员谏言取消名存实亡没有战斗力的卫所制，崇祯帝的反应是勃然大怒，因为这制度是太祖皇帝定下的祖制，祖制就是道德，是天命，是大明立国的根本。

国家将亡，他们也不敢走出朱元璋为帝国框定的城墙半步。

◆ **伟大与堕落**

经年累月，上压下滞，陈腐的制度慢慢崩坏，官员们的敷衍越来越明目张胆。以玄武湖所藏明朝户籍黄册为例，这黄册载天下各州县人口赋税，五年一修缮，控天下百姓之生计，本是帝国社会经济的重要依傍，人们却发现，大明在崇祯十七年亡，玄武湖上的黄册却造到了崇祯二十四年。

贡生们提前编造了今后数年的帝国人口、赋税，单此一端，大明如何不亡？

同样坚硬与缺乏弹性的还有明朝的道德规约，男人强于女人，年老的优于少壮，读书明理之士高于目不识丁的无知细民，就像自然法规一样不待解释，是昊天明命。

依靠这种文化上的凝聚力，明朝三百年间，各项始自南京的政策几乎都没有太大变化。而明代数次朝廷危机，也都被归结为道德冲突，大臣们为了皇帝的家事，甘受午门廷杖，以死谏为荣。

依靠这种文化上的影响力，帝国开国都城南京，精神浸染尤深，以至于意大利传教士利玛窦在万历年间来南京，依然被这座城市里的人深深吸引。他说："这里气候温和，土地肥沃。百姓精神愉快，他们彬彬有礼，谈吐文雅，稠密的人口中包括各个阶层：有黎庶、有懂文化的贵族和官吏，后一类在人数上和尊贵上可以与北京相媲美。"

生活在南京，几乎每一个好天气都会有不同主题的雅集，春天有风筝会，夏日有放鸽会，秋天有斗蟋蟀会，这些门槛不高的集会点亮了金陵少年的城市生活，那些擅唱昆曲的做一班作曲会，会画丹青的弄一个作画会，好诗谜的玩灯虎会①，更雅一些的有诗会，以聚吟朋，棋会以联国手，消寒会以萃酒人。据方志记载，在南京，这些集会"未尝不时时遇之"，甚至"如妓女，有盒子会，优伶有老郎会"②竟然也都丰致翩翩。

这是一个令人向往的城市，葡萄牙传教士曾德昭也这么认为，他觉得这是全国最大最好的城市，"优良的建筑，宽大的街道，风度优雅的百姓，以及丰富优良的种种物品"。③

最令他称奇的是城里居然有"令人惊羡的游乐场所"。人群拥挤，街道甚至难以通行，"无数的宫殿、庙宇、楼塔及桥梁，使城市显得非常壮丽"④，可以想见，那时候的城市是体面的、优雅的，它配得上作为一个庞大帝国的中心。

然而，气度上的优雅体面改变不了帝国的危机，作为首善之地的南京也无法躲避它即将面对的命运。

城墙表面的恢弘壮观无法消弭帝国崛起的血腥，即便是太祖在日，单是城墙修建，上百万窑工、筑工历时二十八年如同囚徒般的生涯也引起了不小反弹。在那个灰尘蔽日的城建工地上，筑墙工匠因为生病耽误的工时一律要补上。征调来参加筑城的囚犯如果死亡，家人须顶上。徭役太重，以至南京附近和明太祖故乡凤阳县都爆发过农民起义。

三百年来，大明历代皇帝都为它们做修缮，这道雄伟壮观的环形护城墙垣，仿佛是大明固若金汤、尽善尽美的象征。此时没有一个城市比南京得到更为坚固、更为安全的保护，一切全仗南京城墙。

---

① 灯虎是灯谜的别称，灯谜又称文虎、猜灯谜、打虎、弹壁灯、商灯、射、解、拆，俗称打灯虎。

② 胡朴安:《中华全国风俗志》，上海：上海科学技术文献出版社，2011年版，第2102页。

③ 该段引自葡萄牙人曾德昭所著《大中国志》。

④ 该段引自葡萄牙人曾德昭所著《大中国志》。

它是伟大的，但它不完美，越接近城墙，我们也越接近历史。这座为拱卫京城而建的城墙，坚甲海内，无可匹敌，它是一种主张，主张着和平自守的内向安定，因为这主张，它开始防御。然而，这主张却并未能成为大明王朝的堡垒，它既没有抵挡住家族皇权之争的自相残杀，也没有抵挡住异族的入侵。清军的铁骑与日军的炮火一再证明，城墙的固若金汤，不过是建在了大明皇帝的心里。

制度的腐朽无可挽回，城墙所框死的帝国不仅在城市，也在帝国的心脏。即便有这种种遗憾，但也绝不能因为制度腐朽而造成的失败，就完全否认它曾有过的努力与辉煌。

和堕落的帝国一样，城市也有着复杂的层次，当我们看到城墙作为大明帝国向内收敛的具象标志时，我们也看到它所塑造的南京城独一无二的城市气质。

你永远会惊叹于它的宏伟壮观，却也不得不接受它所代表的各种复杂而矛盾的理解方式。

三　虚构的沈万三

◆聚宝盆的传说

南京人嘴上说着"张家长，李家短，人家事情我不管"。实际上，他们特别爱看热闹，城里每一次微不足道的公共事件都会让南京人的餐桌上挤满好奇的耳朵。

光绪年间，江宁知府李廷萧为祈雨，让人抓来几只蛤蟆，照老法子在蛤蟆额头上写个"火"字，让人拎到聚宝门外埋了。这让围观的男女莫名兴奋起来，倒不是因为那蛤蟆或知府写的字有多新奇，而是在聚宝门外掘地让人们又一次想起关于聚宝门的传说。

"我跟你讲，紫金山不是堆的，牛皮不是吹的，这下面狠挖，保不准就把那玩意儿挖出来了。"一个浑身散发着汗垢味的瘦削小贩喷着满口的唾沫星子指着城门根狠狠撂下这句话。

旁边人笑："真不能跟你急了，你当这聚宝门是草堆的啊！"

也有人心痒痒，试探地问："到底在里面吗，那东西？"

心痒痒的可不止清朝这些看热闹的老百姓，据说到民国年间还有人真的动过挖聚宝门城墙找那东西的心思。

那东西叫聚宝盆，传说只要在里面放上点什么，就会取之不竭、用之不尽，每一个老南京人都知道这东西，说是当年明太祖朱元璋修城墙，修到聚宝门时总是不顺，城门楼盖了一半，地基塌下去了，眼睁睁看着厚厚的城门楼就这么倒了，再重头修又塌。几乎算半个神仙的刘伯温跑来给朱元璋出主意，说前段时间，帮我们修过一段城墙的富豪沈万三家里有个聚宝盆，金银财宝取之不尽。陛下您想个法子把这个聚宝盆要了来，埋在城门底下，这城门保管万年不倒！朱元璋一听来劲了，立即找沈万三借聚宝盆，这借了哪有还的道理，朱元璋见沈万三不太情愿就和他约定"三更借，五更还"，谁知皇帝使坏，密令南京城的更夫从此不许敲五更，沈万三在家坐到天赤赤亮也没听到五更鼓，更别说聚宝盆了。

类似这样的传说还有其他版本，有的说是朱元璋和沈万三掷骰子赌输赢，有的说是"四更借，五更还"，大同小异，绘声绘色的情节里，这个诚惶诚恐的富商有点不知进退，主动要修三分之一南京城墙以示讨好，甚至一张口就要越俎代庖用百万黄金替皇帝劳军，让心胸狭隘的新皇帝勃然大怒，猜忌心重的皇帝一边阴恻恻地骗得了巨富的聚宝盆，榨干他的财富；另一边残酷地将他全家合族流放、连坐，几乎杀之殆尽。

每一个知道南京城墙的人都知道他的名字，没有人在乎真假。人们在乎的是，像城墙那样宏伟连绵、充满意义感的古老建筑，必须得有属于自己的故事。

哪怕沈万三从未见过朱元璋,也并不知道自己的名字将要和一个他根本未曾经历过的朝代密切相关,都并不妨碍这个故事越来越丰富。

这个拥有多重人格的复杂帝王既会对战争中惨死的士卒心生不忍,立誓绝不穷兵黩武,也可以为巩固朱家政权屠杀勋贵,丝毫不念出生入死之谊。他会为冻饿无依的百姓广建房舍大庇寒士,也会因莫须有的文字之罪虐杀大臣。

早在明朝之前就已去世的沈万三并不知道,关于他与这位性格矛盾而又极端的帝王之间,将演绎出那么多生动的传说。

对于南京城墙而言,沈万三是虚构的,但对于南京城而言,沈万三却无比真实,他的旧宅依旧矗立在秦淮区马道街,未曾动过的屋顶、深褐色的屋脊封印了血色弥漫的结局。人们试图记住他,即便他的家族早已消失殆尽,关于他的遗迹却仍在打捞。

作为江南富民群体的代表,沈万三的故事只是明初无数富户遭遇的缩影。

传说成为史书上细节丰满的对话,无论如何荒诞,它们都是历史的产物,哪怕情节全部错位,也流溢着真实的情绪。虚构的沈万三背后,是真实的巨富们与朱元璋、明初政府的矛盾,就像城墙的砖一样,具体真切。

◆ 富民的下场

元末的江南,并没有想象中那么黑暗动荡。忽必烈也并非只识弯弓射大雕,他看过世界的样子,有足够的心胸,他并不在意是否一定要将别族的文化改弦更张。相反,他比许多朝代的统治者都显得为更宽疏。

历史作为一个任人打扮的小姑娘,往往让后人落进有心人刻意引导的窠臼中。在通常印象里,元代欺压汉人,暗无天日,"八娼九儒十丐",江南士人属于元代四等人中最低级的南人,读书人本应该命运更加惨淡。但实际上,元朝统一江南后,忽必烈为巩固政权,曾多方面推行"汉化"政策。尤其是对苏、杭、嘉、湖地区的江南大族,更是异乎寻常的仁厚,元代管理大体上是粗疏的,崇尚放任,城市乡野,生活大抵还是宽松的。

游牧民族对农桑并没有与生俱来的依赖性,元朝财政收入大头来自盐税和商税,李日华在《紫桃轩杂缀》中记下了当日情形:"士君子不乐仕,而法网宽,田赋三十税一,故野处者,得以货雄,而乐其志如此。"

读书人在元朝做大官确实不容易,但也受尊重,法网宽,田赋少,经商自由,既可以积累财富,又可以悠游岁月,何乐而不为?元末江南张士诚政权延续了这一风格,江南富户的体面同样得以周全,他们没有理由期待一个未知的大明。

朱元璋和张士诚对峙时,大部分江南富民都站在张士诚这边,直至洪武初年,朱元璋也不得不承认:"张士诚小窃江东,吴至今呼为张王。"

朱元璋对付他们的办法是全部摧毁。

他陆续命令江南富民迁徙至他的老家和都城金陵,据《明实录》等史料记载:"吴元年(1367)十月乙巳,徙苏州富民实濠州"、"洪武三年(1370)六月,徙苏、杭、嘉湖富人四千余户佃临濠"、"洪武十三年(1380),起取苏浙等处上户四万五千余家填实京师"。

南京迅速在战乱后一跃而为全国最富庶的城市,与这些被迫迁来的江南富户不无关系,他们为城市带来了巨大的财富,南京的城墙有他们真金白银的贴补,也有他们身家性命的交付。

他们为南京修筑城墙、廊房、官衙,出钱出力,却依旧不得善终。

洪武二年(1369),江南濮家嫁女,十里红妆,好不风光。朱元璋探知濮家家资巨厚,还曾贷粮十万斛给张士诚女婿潘元绍，立即趁着濮家嫁女，一纸令下，抄没濮家全部家产，遣散其全部家丁。无家可归的濮家，一时间悬梁自尽者不可计数。

洪武十三年（1380），胡惟庸案发，江南富民广受牵连。

沈万三虽然不曾知晓朱元璋，但沈家作为实实在在的巨富也被实实在在地打压了。洪武十九年（1386），沈万三的两个孙子沈至和沈庄，以莫须有的罪名被下狱。同年，沈万三的女婿陆仲和被扣上了"胡党"的罪名满门抄斩。

即便如此，朱元璋也还是没打算放过他们，洪武二十六年（1393），他亲自策划蓝玉谋反案，将所有他疑心的势力全部罗织为"蓝党"，沈家子孙六人被同日凌迟处死，十岁以上未成年男仆都发配南丹卫充军，十岁以下的送去喂马，不满三岁随母亲一起送浣衣局，七岁才能出来。

朱元璋终于借着通党的罪名，将这批富民们处理殆尽。

书载"三吴巨姓，数年之中，既盈而覆，或徙或死，无一存者"[①]，手段之专断残酷，空前绝后。

这些富商的遭遇投射在沈万三的故事里，在民间传说中固定了一个心胸狭隘、斤斤计较、贪婪善妒的皇帝形象。

故事的一个版本里，沈万三献白金五千两后，朱元璋仍然命令其修筑南京廊房。廊房修好后，朱元璋又让他修筑城墙，城墙完美筑成，朱元璋还是不满，打算杀掉他，由于马皇后的劝解，沈万三最终被流放。在另一个版本里，沈万三被满门抄斩。

民间津津乐道的沈万三的聚宝盆，只是用来强化朱元璋贪婪无赖的形象，为了霸占聚宝盆，一个帝王竟然用让更夫从此不再打五更鼓的无赖伎俩赖掉了沈万三的聚宝盆。

这些故事当然是虚构的，但虚构情节的流传是每一个参与者的选择结果，历史记忆的每次流变并不是任意的。这其中，往往

[①]〔明〕贝琼：《贝清江集》，明洪武刻本。

蕴藏着许多无法直说的情绪。

◆虚构与真实

江南曾怎样被打击过，记忆就有着怎样的愤懑与不满。

城市保留了这些记忆，城市的特色也正来自这些记忆所塑造的空间故事。

历史就是这样，它往往不是被记录的，而是被回忆的，念念不忘，则必有回响，对过去事件的诉说，以及那些不被公开的委屈、痛苦、爆裂的情绪在野史村谈中成为代代相传的社会记忆。

其实，只要是回忆，就会被重构与解读，有一千个讲述者，就有一千个城市。然而，无论怎么千差万别，这建构和流变过程中的文化心理却往往出奇的一致。那些生活在明初的江南富民，以沈万三的名字，在口耳相传的情节里，永久地控诉了一个残暴的君王，也永久地筑就了一个复杂的南京。

六朝定都南京，风水因素当然很重要，但更重要的，必然有南京作为一个城市的军事地位、经济状况、社会环境的综合考量，风水只是它最终被整饬出来的面貌，这就像某种角度的中国文化，你可以用玄之又玄的理论来解释一切。但如果你只陷在玄之又玄的天象、风水、因果之中，而不能有一个清醒、理性、通透的认知，那必将一败涂地。

本质上，古代中国，南京实际上更多是一个因地理条件优越而以交流融合见长的经济、文化枢纽。六朝建都南京开创了将政治中心与经济中心相结合的先例，成为政治中心后的南京如虎添翼，直接推动了中国经济中心的南移，辐射了一大批江南重镇，其中一些甚至青出于蓝而胜于蓝。

商人是这座城市最活跃的部分，而朱元璋打压商人，并非因为他不懂这个城市，他曾主动在城内建起十八座行商坐馆，招徕四方客商，他打压商人，是因为从骨子里，他就不喜欢活跃的东西。

一个农民出身的帝王,他对帝国的经济眼光也仅限于此,他只能信任一个结构稳定的社会,他理想中的社会是男耕女织,他觉得上古时代,因为每个男人都耕地,每个女人都织布,所以水旱无虞,饥寒不至。他认为社会的一切不安分,都源自人们学会了经商,学会了享受,农桑之业废,所以,要让帝国安稳的关键在于禁止商业。

这个曾为埋葬父母苦苦乞求豪门富户、受尽白眼冷落的少年,对富人没有什么好印象。他恨富人,这恨里夹杂着戒备、憎恶与轻蔑。成年后的他心如铁石,只要帝国稳定恒久,哪怕因此而失去活力也在所不惜。

◆ 王安石的余响

朱元璋带领的大明一直致力于搭建的,是一个稳定且均衡的中国,农业文化天然的保守性在明代表现得淋漓尽致,维持住最基本的稳定与温饱已是帝国最高的理想。

拿明代和宋代相比,这种反差更为明显。黄仁宇认为:"宋代地方经济发展不平衡,部分地区经济高度发达,江南领先于华北,东部发达于西部,由此带动全国经济成长。朱元璋则始终崇尚平均主义,防止局部地区经济领先发展,强迫领先地区向落后地区看齐。"①

作为在蒙古人统治中国一百年后,重新登上帝王之位的第一位汉人君主,朱元璋曾喊出"山河奄有中华地,日月重开大宋天"的慷慨之词,他是向往大宋的。因为这向往,他曾多次派人去开封探看是否有可能将都城重新迁回大宋的首都。

《京都梦华录》与《清明上河图》是中国人对城市生活最极

---

① [美]黄仁宇:《中国大历史》,北京:生活·读书·新知三联书店,2019年版,第204页。

致的回味，朱元璋是否也向往过这样的城市不得而知，但在经济政策上，朱元璋显然与另一名南京居民立场完全相悖。

这位南京居民是王安石。

法国汉学家谢和耐在他的《中国社会史》中写道："11—13世纪，政治生活、社会生活、经济生活与前代比较，没有任何一个领域不显示出根本变化。不仅是程度上的变化（如人口增加，生产普遍发展，对内、对外贸易增长，等等），而且是性质改变。政治风尚、社会、阶级关系、军队、城乡关系、经济形式均与唐朝这个中世纪式的贵族帝国迥然不同。一个新世界诞生了，其基本特点已是近代中国的特点。"[1]

黄仁宇也认为："公元960年，宋代兴起，中国好像进入了现代，一种物质文化由此展开。货币之流通，较前普及。火药之发明，火焰器之使用，航海用之指南针，天文时钟，鼓风炉，水力纺织机，船只使用不漏水舱壁等，都于宋代出现。在十一世纪至十二世纪内，中国大城市里的生活程度可以与世界上任何其他城市比较而无逊色。"[2]

宋代有巨大的突破，也有自己的沉疴冗病，因为无法解决冗官、冗兵、冗费问题，看似财政收入很高的宋朝，其实也不过收支勉强平衡而已。宋仁宗后期，边境长期征战，财政赤字频出。随父生活在南京的少年王安石，目睹城市极强的消费能力与重税之下的重重盘剥，眼见着青黄不接时，农户们向富户高门借贷过日的潦倒困窘，他抱着"材疏命贱不自揣，欲与稷契遐相希"的信念，发奋读书，下定决心，要为国家做稷、契那样的贤臣。

王安石为时代交出的方案是改革，大刀阔斧的改革。

他用惊世骇俗的"天命不足畏，祖宗不足法，人言不足恤"

---

[1]［法］谢和耐著，黄建华、黄迅译：《中国社会史》，南京：江苏人民出版社，2010年版，第673页。

[2]［美］黄仁宇：《中国大历史》生活·读书·新知三联书店，2019年版，第207页。

的宣言，拉开了古代中国历史上最为激进的一次改革，他的青苗法、市易法以信用借款的办法刺激经济成长，他试图以金融管制的办法操纵国事。

精神是伟大的，理想是光辉的，效果是可怕的。

王安石将国富的希望寄托于市场的利益与更精细专业的理财方式，这是一种纯粹的商业思维，而宋代的金融经济远远没有达到可以支撑社会局面的程度。

变法的结果是短暂的国库收入，以及不堪重负、饥寒流离的百姓增多。

熙宁六年（1073）七月至翌年三月，全国很多地方一直没有下雨，赤地千里，民不聊生。即便如此，只顾政绩的官吏仍然逼迫灾民交还青苗法所贷本息，饥民只能以草根米糠充饥，变卖田房乃至质妻、鬻子偿还官债。

四处背井离乡的流民，蓬头垢面，赤着身子的婴儿在母亲干瘪的怀里因为嘬不出奶水而饥饿待毙，他们甚至虚弱到哭不出声音。这样的灾民不绝于途，因为被画成《流民图》呈给皇帝而成了变法终结的引魂幡。

王安石不得不黯然回乡，汴梁到南京，普通的车马要走一个月，这两座城市安放了他一生的牵挂，一头是兼济天下的梦想，一头是他孑然一身的归途。

这一场纷纷扰扰的变法，让统治阶层之间的内部冲突一直持续到北宋覆亡，之后很多年，余波犹在。

毋庸讳言，对当时的时代而言这是一场失败的变革，其失败的后果如此触目惊心，国家覆亡，皇帝被虏，最终华夏易代。没有这场变法，北宋也未必能解决已存在的问题，但有了这场变法，让后人直接看到古老中国，经济改革之路是行不通的。

行不通成为一个结论，这个结论深刻地影响了朱元璋。

与唐宋的开放、竞争性相比，明朝是如此的保守、内向，厌恶竞争。朱元璋在了解相关历史后,认为:"宋神宗用王安石理财,小人竞进,天下骚然,此可为戒。"在他看来,那些试图改革财政的,比如汉朝的桑弘羊、唐朝的杨炎尤其是北宋的王安石都罪不可赦。

大明的财税制度既保守,也简单:"我国家赋税,已有定制,撙节用度,自有余饶,减省徭役,使农不废耕,女不废织,厚本抑末,使游惰皆尽力田亩,则为者疾而食者寡,自然家给人足。"①

朱元璋看不到时代的变化,他带领的大明头也不回地往他自认为安全的方向一路狂奔。宋代高度发达的货币流通系统,在明代完全失去踪影。据史料所载,整个明代铸钱量不超过千万贯,仅仅相当于北宋两年的造币量。即便如此,有时候朝廷还会刻意禁止金银及铜币交易。

因为缺乏货币,无法交易,许多小商小贩失业,最为惨绝处,甚至有人因钱法不通而倒毙街头。

这个缺乏治国想象力的帝王,将14世纪的中国带回4世纪的氛围之中。

王安石的时代,王安石可以要求坐着给帝王讲课,以表示对师道文脉的尊重;朱元璋的时代,上一秒还是朝廷重臣,下一秒可能立即被剥下裤子当庭杖责,士人的尊严在皇权面前不值一提,更何提商人。以沈万三等为代表的蓬勃经济力量成为他们最重要的打击对象,维持现状成为终明一代最为正确的政治观与价值观。

当王安石满身疲惫地回到南京时,他不会想到他的壮志未酬为中国留下了多么巨大的遗憾,这遗憾或多或少阻止了后来者尝试改革的热情。

---

① 赵桅等辑编:《明太祖实录》,北京:中央民族大学出版社,2000年版,第294页。

谩嗟荣辱，年过半百的王安石登上台城旧墙头，晚秋天气，千里澄江似练，他看着远处残阳归帆，借着怀想六朝，忍不住悲恨相继。

最后，王安石患病了，皮肉皆消，夜半辗转披衣起坐之时依然为国思虑，他不是不知道自己失败了，但他相信"天若祚宋，终不可泯，必有能复之者"。

王安石死的时候，将他的政策全盘否定掉的政敌司马光悲憾交加，司马光不顾病重立即上书朝廷，不让小人诋毁王安石，大宋亦给予了这位政治上的失败者最后的尊重。这些君子撑起了一个令人无限怀想，充满斯文与尊严的时代。

而王安石所坚信的大宋"终不可泯，必有能复之者"应在了朱元璋的身上。

朱元璋虽然愿意重开大宋天，却完全不信任这位在历史上评价复杂的宰相所推崇的这一套经济主张。事实上，朱元璋是王安石最极端的反面。他一手缔造的明朝在宋朝的坐标下实现了大幅度的倒退。黄仁宇说，"明朝之采取收敛及退却的态度，也可以说是在王安石新法失败后的一种长期的反动"[1]。明代的经济发展远远不及宋代。据黄仁宇计算，明王朝在隆庆四年（1570年）到万历八年（1580年），平均每年财政收入是三千零七十八万两，不过是宋朝的百分之十九。更主要的是，农业税占明朝政府总收入的百分之八十，工商杂税只占总收入的百分之十二。

这意味着明代经济结构的单一落后，也意味着宋朝改革试验的全然失败。朱元璋认定中国只能重返传统的重农政策，"他以经济因素的落后部分做全国标准，印钞只作赏赐及赈灾之用，尽量在全国保持低水准的雷同与均衡"[2]。

此时，欧洲大陆的城市已在经历动荡不已的百年战争后，渐

---

[1] ［美］黄仁宇：《放宽历史的视界》，北京：九州出版社，2019年版，第60页。
[2] ［美］黄仁宇：《放宽历史的视界》，北京：九州出版社，2019年版，第64页。

渐显示出成为一家巨大公司的潜质，中国城市却在对商人极致剥削，对商业强力干预，重新变回一座巨大的农庄。

越是接近历史，我们也越接近城市。

当朱元璋作为开国皇帝，用一系列规划宣布中国为世界上最大的农村集团时，南京也成为这个农村集团的中心。

大明三百年漫长而深刻的影响，城市的气质始终保留着土地与农庄的气息。它与北京的政治气息、上海的金融气息都迥然不同，它的恢弘来自土地，它的封闭也来自土地。

今天的南京，城市依然留下了大量明代区隔规划的痕迹，帝国充满理想化，简单粗暴的社会制度遗迹仍在，比如军户制度的卫所、役户制度的工匠作坊。仔细端详这个城市，明太祖朱元璋"厚本抑末"的保守统治似乎仍有遗风，它不极端，它看上去既不前卫也不先锋，有一种大萝卜式的厚重敦实感，乡土味重，却因为骨子里的开放而屡屡站在时代的最前端。

就像这段历经劫难、奇迹般保留下的城墙。

竖起的明城墙下是无数个消失的沈万三。沈万三身后，是大明站在世界文明突进的十字路口，毫不犹豫的错误选择。

朱元璋以高压专制所造成的社会心理气氛，剥夺了精英思维，剥夺了生命尊严，剥夺了原创激情，就连科学技术也难以发展。

六百年后，一纸《南京条约》让背道而驰的两个世界再一次激烈地碰撞。《南京条约》签订后不到八十年，南京就以三十万生命为代价，剥下了古老中国辉煌的锦衣。

沈万三等人死于非命的那一刻，虚构的情节就已经昭写了城市的命运，真实的沈万三是中国蓬勃的经济映射，虚构的沈万三是士绅阶层对自己生命权利的控诉。

四　消失的船队

◆红衣刺主

　　和沈万三一起消失的，还有曾领先于世界的科技。那时候的中国，可以造出很多世界上最好的东西：云锦、农具、火枪、巨大的轮船……

　　郑和下西洋的开阔、利玛窦来中国的启发，本是农耕文明接受海洋文明的转机，却终归成了农耕文明与海洋文明对峙后的挽歌。

　　龙江宝船厂是当时世界上最庞大的船坞，巨大的木材堆积如山，工匠的敲打声汇聚成机器一般的轰鸣，让人有种置身于工业时代的错觉。

　　全国的货物都集中在这里，"龙江之关，积薪如山"，海外的货物也将集中在这里，因为郑和要下西洋了。

　　郑和是那么有名，世界上至少有九个城市声称和他有关，其中五个是外国的城市，而南京，是他一生功业的大本营。

　　在这里，他七下西洋，监造大报恩寺，获赐静海寺，修建穆斯林庙。他居住过的马府为这座城市留下了六百年不曾风干的地名，他的功业让南京自此以后的履历，变得更加国际化。

　　城市往往就被这些最富有野心的人所塑造，朱元璋的野心是建一个安分的庞大帝国，朱棣的野心则是要证明他帝位的货真价实。

　　取代建文帝，多少让他心虚。

　　为了位置的合法性，他将建文年号改为洪武三十五年，昭一切复旧制，几乎完全照搬了第一位皇帝的治国之策，以显示他继承的是他父亲而非侄子的王位。

　　朱棣以为这些欲盖弥彰的方式是奏效的，直到永乐元年（1403）朝堂上，红衣刺主那一幕，生生地扎破了朱棣的自信。

在此之前，不肯归顺朱棣的建文帝臣子中，监察御史连楹被乱刀砍死，辅政大臣齐泰被凌迟处死，太常寺卿黄子澄被连诛九族，天下读书人的种子方孝孺，以一种惨烈且戏剧化的方式被诛十族，千古留名。

眼下，朱棣扫了一眼站在大殿上俯首帖耳的大臣们，耳边听着山呼万岁的朝贺，以为这朝堂之上，再无建文之臣。

下朝后，他站在奉天殿殿后的台阶上，抖一抖身上明黄色的云锦龙袍，金线蟠龙在日中阳光下，有些刺眼，身边几个年轻的宦官赶忙撑起绣满龙凤的赭黄色御伞。朱棣回过头看了眼他父亲的宫殿，赤黄色的飞檐外，钟山一际莽莽如黛，他眯起眼，想起了北京的燕王府。

如果不是钦天监送上的天象奏报"异星赤色犯帝座甚急"，这样平静的早朝可能还会持续一段时间。

数日之后，乌泱泱的朝臣里，一个清瘦的红色身影突然刺进了朱棣的眼里。是景清，建文朝的御史大夫，文章清逸，人也文弱，和朱棣算旧相识，归顺以来，规规矩矩地上朝、做官，不闻有异。

朱棣阴冷的目光扫过景清，景清面色平静。

突然，面色平静的景清猛地掣出一柄利刃，毫无征兆地扑向朱棣。

身经百战的近侍迅疾扭住景清。景清破口大骂，高声厉喝朱棣逆臣篡位。那一瞬间，他不像个文臣，而像一团绝望且正在爆发中的震怒金刚。

朱棣面色抽搐，命人赶紧击碎景清牙齿，割断其舌头。景清将血直喷朱棣簇新的云锦龙袍上。

朱棣大怒，"剥其皮，草楂之，械系长安门，碎磔其骨肉"。

死亡不是景清的终点，他那被填入稻草挂在皇城长安门上的皮囊，竟然在朱棣出门时，莫名挣断绳索，"趋前数次，为犯驾状",朱棣赶紧命人将这皮囊烧掉,却几次"梦清仗剑追绕御座"。

清醒过来的朱棣冷汗淋漓,认为"清犹为厉耶"!这个瘦弱文臣的忠贞坚硬,成了朱棣挥之不去的噩梦,诛九族、十族都不足以让他噩梦平复,他将与景清有关联的所有人,合族、连同乡亲故旧全部屠尽,村庄夷为平地,史称"瓜蔓抄"。

这一场"红衣犯主"让他感觉南京一刻也待不得,他想回北京,更迫切地想证明给大家看,他朱棣比朱允炆更适合大明帝王这个位置。

他让人重修《太祖实录》,在文字里塑造了一个喜欢自己、不断暗示要传位给自己的父亲,还将亲生母亲从籍贯模糊的硕妃改为马皇后。想证明自己得位正统的念头在朱棣的胸中越燃越旺,他不允许民间有任何隐射,"敢有亵渎帝王之词曲,全家杀了"。

对建文帝的同情被深深压抑,却在城市的集体记忆中默默发酵了六百年,为建文,也为那些慷慨赴死的建文臣子。直到今天,南京城规模隆重的元宵灯会还被认为是为了纪念建文帝的四载仁政。

极其强烈的情感都是有回响的,城市的记忆里,它们的余温都在。

◆帝国的声威

急切要证明自己的朱棣,此刻最需要的是天降祥瑞,来证明天命在他。因为天命,是古代中国至高无上的神,是中国历代帝王必须取得的身份证。

如果有一场他父亲当年祭告钟山、突然天宇澄清、一扫雨雪阴霾,证明天命在兹的政治秀当然最好不过。可惜朱棣篡位之前疏忽了这点,天命所归的天象是弥补不来了。

可这天命在兹的政治秀又必须要有,于是真真切切的祥瑞开始出现，万国来朝的盛景渐次开幕。据葛剑雄研究，派出郑和的远航船队正是因为朱棣要"制造梯航毕集，重译贡献，万国来朝的盛况，向天下臣民证明自己才是膺天运、继大统的真命天子。这才是朱棣派郑和率领史无前例的庞大船队、二万多士兵，'多赍金币''以次遍历诸番国'的目的"①。

郑和的船队返回时，"诸国使者随（郑）和朝见"，还带回大批各国的"贡品"，尽管提供的"回赐"远高于这些物品的市价。

郑和带回了古籍中视为国家强盛吉兆的"瑞兽"。比如阿丹国所贡麒麟、木骨都束（今摩加迪沙）所贡花福鹿（长颈鹿）、暹罗国的白象、旧港的火鸡，"藏山隐海之灵物，沉沙栖陆之瑰宝"随着船队归来，在龙江关，堆积如山。

郑和还带回了朝见朱棣的三十多个国家的朝贡使臣，甚至是国王。这些宝物说明大明已是千古未有的太平盛世，朝拜的四方国王佐证朱棣圣天子的声威无远弗届，"四夷率土归王命，都来仰大明；万邦千国皆归正，现帝庭，朝仁圣；天阶班列众公卿，齐声歌太平"。②

毫无灵魂的颂歌响彻殿堂，政权的合法性得到一次次佐证。在朱棣的自我陶醉中，郑和的船队一次又一次出发，并且越驶越远，直到东非。

这是一次远征，两万多人的舰队在战场经验丰富的郑和带领下，"耀兵异域，示中国富强"，遇到"喜战好斗"的岛国，朱棣命郑和"不服，则耀武以慑之"。比如锡兰山国王亚烈苦奈儿"负固不恭，谋害舟师"，被郑和出其不意攻进国都，生擒亚烈苦奈儿全家，打到他服。

对恭顺的国家，大明赏赐极厚，若肯来中国朝贡朱棣，不仅带来的货物，官府全部以市价的三到五倍收购，所有的随从人

---

① 该内容引自葛剑雄：《宝船远航——郑和究竟为何下西洋》一文。
② 该颂歌来自《明史·卷三十九》四夷舞曲其二《殿前欢》。

等,都有专门驿站提供免费居住,吃穿用度一概大明官出。

永乐九年(1411),朱棣在一次朝会上赐予满剌加国王金镶玉带一条、仪仗一副、鞍马二匹、黄金百两、白银五百两、钞四十万贯、铜钱二千六百贯、锦绮纱罗三百匹、绢一千匹。

这个数据被很多文章反复引用,因为仅仅一个朝会对一个国王的赏赐就能达到如此之厚,实在是过于夸张。

从这点来看,南京就是当时世界最好的城市,它充满机会,是外国客的天堂,他们来中国赚钱,带的是香料、染料、珠宝、珍禽异兽,而最受欢迎的却不是货物,是他们外国使臣的身份本身,无论他们卖什么,在这个身份之下,带来的东西往往溢价浮夸。

买家最终只有一人,那就是朱棣。

航海带回的香料胡椒、染料苏木实在太多太多,终明一朝,胡椒、苏木都被用于官员的折俸,抵作皇帝发给臣子的工资。

想象一下,当你兢兢业业、勤勤恳恳地为国操劳几个月,老母亲和拖着鼻涕的小儿子饿了几顿,靠着门槛等着你买米回家下锅,而你拉回家的俸禄却是几车既不能吃也没法用的苏木时,你会如何看待朝贡贸易这件事?

与晚清"量中华之物力,结万国之欢心"相比,朱棣是"量中华之物力,讨自己之欢心"。

那些庞大的巨轮,身长四十四丈,阔一十八丈,相当于一艘艘小型航母,在洪涛接天、巨浪如山的印度洋里,"云帆高张,昼夜星驰",一百年后哥伦布远洋的帆船在郑和的宝船面前,就如同一只刚成年的海豚与一群庞大的座头鲸。

前赴后继的"海豚"为西方带来了地理大发现与世界航海大时代,而我们则是白白消耗了国力,就像是一场帝国的鲸落,壮观却凄凉。

我们的航海没有新大陆、新航线,也没有殖民地、土地、资源、人口或财富。我们的目的地是有人有国的地方,召和组织"万国来朝",壮我大明声威。

帝国的声威越来越壮,南京城内的织坊也越来越多,葡萄牙传教士曾德昭从城里穿过时,发觉几乎每间屋子里都有妇女在织布。官府织造局里更是穷耗织工,挖花斗彩,抖擞起帝国光鲜的表象。

大部分的锦绣被送到了郑和的船上,他带着大明国库里四分之一的财富,织锦、丝绸、黄金、瓷器……沿着阿拉伯人已经开辟的航路由近及远,一个国一个国地去号召,来自南京的锦缎妆点了欧洲最奢华的宫殿,以至于在此后的几百年间,欧洲人都不曾停止对南京货的信任与痴迷,财富点燃的欲望悄然腾起。

城市的名字飘向远方,城里的地方官则越来越不堪其累。被迫接受苏木、胡椒折为官俸的大明官员对"下西洋"的彻骨之恨终于在成化九年(1473),户部官员刘大夏火焚航海图的举动中得以纾解。这一烧,明清六百年不曾再有大航海,这一烧,中国人直到1949年再也未能造出郑和那样规模的船。

◆ 走进泥沼

今日下关,船坞仍在。

15世纪的海浪拍不醒沉睡的古老帝国,停泊在草坪上的复原宝船像不合时宜的帝国,拒人千里之外。离这艘模型数公里处,蜿蜒的明城墙下,廊庑上绘满海中灵异的天妃宫和北面的静海寺倒似乎还保留了郑和与海的气息。

六百年后,静海寺中,郑和亲自带回的娑罗树在春天依旧长出新绿,阳光透过枝丫洒在朱棣为他撰写的残破碑文上,朱棣绝对不会想到,为表彰郑和凯旋、帝国海内扬威而修建的静海寺,有一天会成为中国第一个不平等条约签订地。

白纸黑字,落笔处,帝国一步步走进泥沼。

◇◇下关码头旧影(金陵图书馆 供图)

◇◇1937年的下关码头(金陵图书馆 供图)

这泥沼早在郑和的宝船第一次扬起远洋的风帆时，就已注定。

世界已经意识到要靠海洋迎来转机和发展时，大明却只是用海洋证明帝国的威严，潮水落后，谁踏上新大陆，谁踩进烂泥沼，再无转机。

令人扼腕的是，我们并不是一直如此。我们曾是世界性帝国，宋元之际，海外贸易为中国带来了巨大财富。雍熙四年（987），宋太宗"遣内侍八人赍敕书金帛分四纲，各往海南诸蕃国勾招进奉，博买香药、犀牙、真珠、龙脑；每纲赍空名诏书，于所至处赐之"①。

10世纪的中国已然有了招徕贸易的眼界，而欧洲，直到18世纪才有帝王真正开始着手做这件事。

南宋时，完全理解海上贸易重要性的宋高宗说："市舶之利颇助国用，宜循旧法，以招徕远人，埠通货贿。"②终宋一朝，他们都是富庶的，海上贸易可称得上是他们的国策之一。

海外贸易巨大而丰厚的利润，让宋朝君主相信只要措置得当，这些动辄百万贯计的利润不比在国内苛勒搜刮百姓来得强？又能获得丰厚的商税收入，又能节省民力，何乐而不为？

他们根本不欢迎所谓外国入贡者，这种虚荣在务实而外向的宋廷看来，没有任何意义。南宋时，高宗甚至下令商船不得"擅载外国入贡者"，否则将处以"徒二年，财物没官"的惩罚。

完全可以想见，在宋朝的海外贸易中，中国的航海技术是多么令人振奋。那时候，宋朝船坞造出的多桅船，桅杆装着转轴，可以自由放倒、竖起，其中用于远洋航行的木兰舟，"舟如巨室，帆若垂天之云，柂长数丈，一舟数百人，中积一年粮，豢豕酿酒

---

① 徐松辑录：《宋会要辑稿》，清嘉庆刻本。
② 徐松辑录：《宋会要辑稿》，清嘉庆刻本。

其中"①，船舱之内居然可以养猪，就这还不算巨船，还有更大的巨船，"一舟容千人，舟上有机杼市井"，与今天的巨型邮轮相比亦毫不逊色。

中国历代积累下来的指南针技术与丰富的航海经验，让宋朝海商轻松地将船开至南洋群岛，穿过马六甲海峡，驶入孟加拉湾，他们的商队沿着当年阿拉伯商人控制的航线，进入印度洋、阿拉伯海、波斯湾、红海，大半个地球都留下宋人的足迹。

在与海外诸邦的贸易中，大宋输出的是陶瓷、丝绸、纺织品、茶叶这些手工业制品，而海外输入的则是珍珠、象牙、香料、药材、胡椒等天然产品。诚如很多学者所言，这完全是发达经济体与落后经济体之间的贸易结构，仅一年之中，宋朝市舶司就可从海上贸易中抽税近二百万贯，以百分之十的税率计算，可以推算出，宋代每年的进出口总额约为二千万贯。

那时的中国港口"苍官影里三洲路，涨海声中万国商。"

这一切，在大明朝贡贸易中谢幕，涨海声中再不见有船往还。

五　考试与希望

◆保持希望

万历十四年（1586），南京大水，江东门到三山街一带水可行舟，连学重东南的标志性建筑、夫子庙前的棂星门都被淹没，人们纷纷爬到高地，哭声震天，洪水散去之后，粮荒、瘟疫接踵而来。

市面上米价迅速飞升至一两六钱，折合人民币差不多一千多元一斤米，当时人叹"开国两百余年，南都谷贵未有至此者"。荒疫期间，南门司阍者用黄豆记棺数，每日计出的黄豆有数升之

---

① 周去非撰：《岭外代答校注》，中华书局2006年版，第72页。

多，即便如此，大明朝表面看去，依旧盛世太平，平静如水，谁也不曾想到，远在南都，正史上一笔带过的水患荒疫，已暗潮汹涌，旁证了帝国衰亡的这一点青萍之末。

就在这一年的秋末冬初，万历帝开始了他严重的怠政行为，因为立储问题上的巨大分歧，平庸而执拗的万历帝在这一年与大臣们开始了正式的、旷日持久的对峙。

他连宫门也懒得踏出，自然从未踏足过留都，远在南京的这一场天灾几乎没有在他的御案上留下任何痕迹，自然也没有得到来自朝廷的任何赈济。

南京要凭着自己的力量复苏。

这座大明的留都，有着极其坚韧而庞杂的生命力，它的影响力以旧时皇城为中心，一圈圈辐散开，涟漪最远处，是京城。因为太祖余威，也因为南都地位，帝国的物力、资源不断涌入，弥补了南京腹地常年水患的地理不足，且为这座城市带来了举国无法望其项背的漕运通衢，这样的水灾、瘟疫放在别的城市就是伤筋动骨，对南京，只是无数劫难中不起眼的一个小漩涡。很快复苏的南京就凭借无可比拟的资源再一次展示出繁华富庶的超级大都市气质。

街市最先恢复元气，"东西两洋货物俱全""川广杂货"的招牌随着水路的恢复重新挂了起来，接着是长干里外的鸡鸭行、猪行、羊行、粮油谷行，价格渐渐回落至灾前，南市街上车马行人又渐渐活络起来。

市集基本恢复正常后的某一日午后，清凉山崇正书院的学长主持焦竑把书院的大门合上，沿着薜萝满阶的狭窄山道，一阶一阶走下山来，他准备去南市街多买些书院日用之物，顺便去夫子庙看看明年秋闱，贡院号舍、道路情况。

南京这地方要说有什么特别人杰地灵的，倒真绕不过夫子庙。自东晋渡江以来，几乎所有的南京政权都极为重视文教工作。考试这件事，从东晋到今天，依然是城市里最牵动人心的大事之一，在别的城市，考试可能是一种选择，在南京，考试是看得见的命运，是从未黯淡过的希望，也是城市一次次从废墟中站

◇◇贡院孔子庙（金陵图书馆　供图）

◇◇江南贡院考棚（金陵图书馆　供图）

◇◇贡院内景（泱波 供图）

起来的动力所在。这里在现代挤进了中国最多的大学，在古代也改写了无数考生的人生。

科举差不多是古代中国普通读书人唯一可以上升的靠谱途径，哪怕还有一口气，就还有能中的希望，有改变自己命运、家族命运的希望，中国读书人永远留有"致君尧舜上"的梦想。

然而，事实上，朱元璋的文化专制主义是一种生硬的系统设计、长久的专制渗透。读书人最大的希望是治国平天下，想治国平天下就必须参加科举，参加科举就必须读被排除异见的经书，写合乎要求的八股。人生最富于创造力的年华被这些僵化的思想牢牢钳控，最终科举把中国文化全盘捏塑成了一个纯粹的朝廷工具、皇家仆役，几乎不留任何空隙，任何一个人只要走进这个体系里，他就几乎再也无法保持可以苏醒的希望。

◆ 江南科举

朱元璋开国，始建于北宋景祐元年（1034）的夫子庙学宫就显得不太够用了，明远楼重新修葺，夫子庙再扩规模，学宫里生员接踵，读书之声悠悠不绝，号舍也一棚棚地搭建起来，慢慢地，屋舍连廊，也有了几万之多。

为防止考场内外的串联作弊，江南贡院的外面建有两道高墙。两墙之间留有一丈多宽间距，形成一圈环绕贡院两丈多高的岗楼，围墙的外面也留有一圈空地，严禁百姓靠近和搭建，这就是著名的贡院街。

在乡试期间，南京贡院围墙的内外还布满了兵丁，戒备森严。又因在贡院内外两层围墙的顶端布满了带刺的荆棘，所以贡院又被称作"棘闱"。在江南贡院这座科举城中，占地最广、建筑最多的还要算"号舍"。号舍处于龙门与至公堂之间，以及明远楼的两侧，是考生们白天考试、夜晚住宿的场所。号舍以千字文编列，其中除天、玄、帝、皇、圣人名讳，以及数目文字和凶煞诸字不能使用外，其余皆可列号。每一字号里面的号舍，多的近百间，少的也有五六十间，称为"号巷"。号巷门口设有水缸和号灯，可供考生夜间行路、白天饮水之用。号舍屋顶盖瓦，每间隔一砖墙，不装号门，一律南向排列。举子按号入座，自备油布充作门帘，以防风雨。考试期间伙食自备，每号对面的墙壁上留有小龛可以放置小炉以热茶水。因为乡试时间较长，加上天气闷热，自带的饭菜很快就会霉变，所以考生一般都只带干粮充饥。每间号舍高六尺、深四尺、宽二尺，人在其中是很局促的。

清凉书院的焦竑准备参加万历十六年（1588）在贡院举行的乡试，四十七岁的焦竑站在等待入场的考生中，倒也不显得突兀，因为年岁甚长，甚至须发皆白的考生在队伍里立着的也不少。

这一年农历八月，正值秋老虎发威，天气特别闷热，焦竑掏出白棉布帕子抹了把额上的汗，人群里一阵骚动，是哪个老生员站不住摔倒了，家里仆从一边尖叫着"借过"，一边紧赶着扶了出去。

寅时一到，炮声响起，贡院朱红铜钉大门缓缓洞开，考生们一哄而上，焦竑一脚没站稳当，一个踉跄要摔，身旁一个年轻考生赶紧扶住："是焦主持吧？"焦竑不认识他，但焦竑文名早传布两京，还未及跟他致谢，两人就被挤散了。

参考考生除自带笔、墨、砚及草卷、正卷纸各十二幅外，不得携带他物。入门之后有一道极细密的搜查，有巡绰搜检官带人对考生逐个进行搜查，从头发、衣服直至鞋，如发现夹带，立即驱出考场，并取消考试资格。焦竑挤在人群中，被这人身上的汗馊之气熏得有些头晕，好在这次搜查倒没耽搁太长时间，进了甬道，人流稍细了些，焦竑赶紧找到自己的号舍安顿下来。

号舍就像鸽子笼，焦竑身长七尺，钻进去并不能直身，连两臂亦不能完全伸直，晚上把考试的木板卸下来横铺，蜷着身子勉强囫囵一宿。

乡试三场考试，考生进场，吃喝拉杂全在号舍内。此时，南京蚊虫张狂肆虐，空气黏热，放置于号巷尾部的粪桶，经暑气一蒸，更是臭味弥漫，令人窒息。

焦竑沉心静气，并不管那考舍气味熏天，空间促狭，只顾着研墨开卷，第一场考"四书五经"，内容是"四书"义三道，每道答案规定在二百字以上；"五经"义四道，每道三百字以上。如书写不及，可各省去一道。

答案也是统一的。按"科举成式"规定，"四书"的标准答案用朱子集注，《易经》用程传和朱子本义，《尚书》用蔡氏传及古注疏，《诗经》用朱子集传，《春秋》用左氏、公羊、穀梁三传及胡安国、张洽传，《礼记》用古注疏。永乐时颁布《四书五经大全》，成为国子监和府、州、县学的统编教材，以及科举头场的标准答案。

焦竑研好墨，先在卷首写上姓名、年龄、籍贯、三代名讳，以及在校所习本经，然后方开始看题。对常年在崇正书院讲学的焦竑来说，这一场答起来颇为轻松。

黄昏之时，如还有人没有答完题，贡院会供烛三支，烛尽后不管是否答完，均须离开考场，早早交卷的焦竑并未用到蜡烛，考完第一场他就赶回清凉山，好生休息了一日。

第二场在十一日之后，修整后的考生重走一遍入考场的流程，坐定后，答的是"论"一道，三百字以上；"判语"五条：诏、诰、表、内科任选一道。这一场主要检验考生是否具备做官的基本条件。第三场往往和第二场相连，考经、史、时务策五道，可视为对考生是否具有安邦定国能力的判断。①

一位曾参加江南科举的考生在其所著的《明斋小识》里就记载了这样一件事：初八日天气微凉，人悉兼衣。及明午暴热，日

---

① 本章关于明代科举程序的内容描述依自方志远《明朝的乡试、会试和殿试》。

如火炙,甚于三伏,又旁置红炉,后叠衣服,遂致两眼昏愦,气不能出。至二场以单衣进。十一夜半,大雨忽来,陡然寒冷,体僵齿战……

这年乡试,第一场进场时天气还比较凉,所以他穿了厚衣服进场,但第二天突然暴热,热得两眼昏花。于是,到第二场进场时,他就穿了单衣进去了,没想到晚上天又下起雨来,又冻得要死。

也有考生不幸被安排到邻着巷尾粪桶的号舍,被熏得头晕眼花,无法考试。三场过后,不但没有考中,还生了一场大病,差点丢了性命。

每场考完的卷子都要先交受卷官,然后由弥封官将姓名糊上。誊录官督人将墨卷誊录成朱卷并编上序号,经对读官校对后,墨卷交掌试卷官封存,朱卷送主考、同考官审评,最后由主考官决定名次。录取者的朱卷经与墨卷核对无误后,即张榜公布名单。江南贡院每次乡试,参与者约有一两万人,但最终录取的不过一百多名。

虽然录取率极低,但不得不承认,科举毕竟是古老中国相对比较公平的一项人才选拔制度。

放榜之日,焦竑料定必中,只叫了个学生去看榜。

每一份考卷都经多位考官审阅,并不知姓名背景,倒也不容易鱼目混珠,焦竑的才学,当日就已名重江南,这科的确是稳当当的中举。

◆ **状元之路**

万历十七年(1589),赴京参加会试的焦竑稳中贡士。出榜三天后,焦竑整理好衣装,第一次走进紫禁城。与乡试、会试相比,殿试是如此辉煌宏肃,"朝为田舍翁,暮登天子堂"的巨大差距让所有参加殿试的贡生们都不免在内心激荡起波澜壮阔的功业理想。

当第一缕阳光照进奉天殿时,礼部官就已将贡士们带到殿前丹墀内分东西两群面北站好了。焦竑扫了一眼,见奉天殿殿外东西两庑已预备好给贡士们的试桌。文武百官穿着胸前带补子的锦绣公服侍立殿内外,鸿胪寺官员低着头,小步趋入,请皇帝升殿,霎时间殿外鞭炮齐鸣,百官轰然下跪,行叩头礼。

礼仪气象果然威严恢弘,三声磬响,整个大殿都缭绕着磬声余音,穿着藏青色官服的执事官举着朱红策题案迈着端步来到殿中,黄衣内侍将策题举过头顶,交给礼部官置于案上。这时,鸿胪寺官已带着贡士做好跪拜准备。

每一个细节都衔接得分秒不差,每一个动作都仿佛经过千百次的排练,执事官举着策题案,从左阶缓缓走进阳光里。

朱红的策题案被放在御道中央,贡士们朝案行完五拜三叩头礼后就分东西侍立两旁,几百个贡生,除了衣物摩擦的声音,再也没有任何其他声响。最后一个贡生刚一站好,执事官就已将策题案举起,送至丹墀东,在鞭炮与一齐奏响的器乐声中,鸿胪寺官奏告仪式结束,紧接着仪仗打开,皇帝退殿,文武百官也依次退出。

这是焦竑第一次看见万历皇帝,那个掌握着帝国命运的男人。

没等焦竑细想,穿着玄色织锦曳撒的军校们就鱼贯而出,将准备好的试桌面朝北排列在丹墀东西两侧,礼部官散卷,贡士们列班跪接,叩头就位,露天答卷。考试结束后,贡士们将试卷交给东角门的受卷官处,受卷官将试卷送弥封官糊名。

与乡试、会试不同,殿试不另用朱笔誊录,所以糊完名后就可以直接由掌卷官送东阁读卷官那里,评定高下。读卷官的工作是将试卷分成三等,也就是我们通常所熟悉的一、二、三甲。

殿试的第三天有一个"读卷"仪式,通常在文华殿举行。等万历来到文华殿,读卷官们就可以拿着试卷,按官职的高低依次跪在御前读卷。每读完一份，司礼监官便毕恭毕敬地将试卷呈于御案。一般只读三份，除非皇帝觉得卷子不合心意，下旨再读，才会继续读卷，直到皇帝听到满意的卷子下旨免读，这种情况非常少见。

这次，万历刚听完焦竑的卷子就点头了，他虽然疏于政务，但心里未尝没想过要为大明留些真正的人才。

放榜那日，华盖殿一早就有执事进进出出的忙碌，气氛比殿试那日倒轻松许多，身穿赤红官袍的读卷官在御前按万历钦定的一、二、三名依次拆卷，拆完一卷奏一卷，只听他浑厚高腔地拖着尾音大声念出："第一甲第一名，焦竑。"旁边等待的誊录官即在黄榜上填上一甲一名，填完三位，尚宝司官员即在黄榜上盖上官印。

又是一阵鼓乐齐鸣，殿里洋溢着年节的喜气氛围，笑容满面的执事官将黄榜卷好交付翰林院官，捧至奉天殿等候。

万历由导驾官引导，由华盖殿来到奉天殿升座，文武百官侍立两旁，堂下开始奏乐，殿外又一次鸣放起了鞭炮，传胪仪式开始。

焦竑和这一科贡士们早已在殿外丹墀两边拜位上列队候着，传制官请旨后出奉天殿左门，在丹陛东朝西站立，执事官高举放有黄榜的榜案来到丹墀御道上放定，传制官一声高唱："有制！"众贡士立即齐刷刷跪下，只听他高声宣读："万历十七年（1589）三月十五日策试天下贡士。第一甲赐进士及第，第二甲赐进士出身，第三甲赐同进士出身。"然后念焦竑等五人姓名。念罢，众进士随着执事口令做俯、起、四拜。

宫内，致词官在丹陛中跪定，高声致词："天开文运，贤俊登庸，礼当庆贺！"又是一阵鸣放鞭炮，皇帝起驾，百官退朝。仪式结束。

礼成后，执事官举着黄榜案出奉天门左门，将黄榜张挂于长安左门外,这就是古来所谓皇榜中状元。

整个流程一气呵成,熟稔礼仪的中国人,尤其是读书人完全不需要过多的规戒和训练就可以跟随口令做到动作丝毫不爽,时间分秒不差。这场仪式里,每一个人衣着的款式、颜色,所站的方位、角度,走路的步态,跪拜的方式都有至少一千年的历史,每一个小小的细节都对应着中国人对天道规律、圣贤经典与人生价值的理解。

一个中国孩子从懂事开始就在这礼仪中生活,一年当中,祭祖、拜师、奉迎长辈,也不知道要重复多少遍,他们太熟悉这套礼仪。

而一生当中,再没有哪一场礼能比得过今天这场激动人心。仪式一结束,新科状元焦竑立即被顺天府官员用伞盖仪从,前呼后拥地送回了住处,一路上,扶老携幼的,不知多少人挨挤在一处,满眼艳羡崇敬,看他这队车马仪仗从这街上过。

传胪仪式仿佛有一种不可迫视的神圣之光,让这些贡生强烈地体会到自己被帝国的神明所选中,不由得在大殿上生出要为帝国死而后已的志气。状元焦竑在这场仪式中更是众星捧月,这位中年状元,在这无限风光中,想起清凉山上书院里的时光,想起大水漫过棂星门时,城里如草芥一般被装筐运出的无数尸体,以及贡院考棚中弥漫的酸馊气。

他下定决心要对得起自己读过的圣贤之书,对得起殿上遥坐着的万历。

两天后,焦竑率众进士进宫谢恩及往国子监谒先师孔子庙,这一科,状元焦竑授翰林修撰。

◆ 起点与终点

五年后,焦竑被引荐修国史,同时也为内廷皇长子做讲习。他渴望能为这表面依然繁华的大明做一些事。万历二十五年

（1597），主持顺天乡试的焦竑，仔细查看每一份考卷，经历过科举的人太明白考生的艰难。他甚至连落选的卷子也不放过，在大堆的落卷中，焦竑看到一份虽然行文有些险诞但中情中理的好卷，忍不住提携出来。

这份卷子的主人是徐光启。

然而，性格耿直、一直备受同僚嫉妒的焦竑这次却因为这份卷子而被弹劾。

被贬的焦竑屡次受挫，心灰意冷，竟弃了官，径直回到南京，找了处北门桥豆巷的宅子住了下来。宅子有两层楼，明末时候的藏书家祁承爗还亲见过焦竑的宅子。他说："金陵焦太史藏书两楼，五楹俱满，余所目睹，而一一皆经校探讨，尤人所难。"

焦竑的经历基本上就是明代中晚期，绝大部分有抱负的读书人经历的一个缩影。

在南京，他们燃起为国尽忠的希望，被浇灭后，又重新回到这里，闭门著书。不能让人才各在其位、各尽其职的政权是没有希望的。

万历何尝不知道，但偏执的他拒绝面对。

大明亡，亡于万历。

万历四十七年（1619），二三月间发生的萨尔浒之战，大明精锐在辽东败给了努尔哈赤麾下的后金军队，而且败得极惨。自英宗土木堡之变后，明朝还没吃过这样的大败仗，此番折戟沉沙，震动可想而知。

已是朽病之身的万历挣扎着，为帝国取了最后一批人才。

他也曾想当个好皇帝，病朽之际，他也还关心怎样才能恢复朱氏祖宗往日的光辉，为此他甚至已经不避讳本朝的种种乱象。

这一科三甲共选出三百四十五名人才，万历在殿试策问中直接问大家，大明当如何。

考生庄际昌站出来，直面万历朝的种种弊病，言辞直接，鞭挞入微，丝毫没有顾及皇帝的面子。他说："以不迩不殖之心风励臣下，则素丝羔羊之节著矣；以无偏无党之念倡率群工，则涣丘集益之门宏矣。又何治人、治法不交维哉！"

他说，陛下您，要用不亲近歌舞女色，不聚敛金钱财物的心激励大臣，用公正不偏私的方式率领大家，才会看到官吏清廉的节操，群臣的团结，才能看到国家治理的成效啊！

万历听了竟然觉得甚合心意，庄际昌被点为状元。这一批里，状元如是、榜眼如是、探花如是。

状元庄际昌和万历年间大多数状元一样，一腔报国志，却无处报。力不从心的帝国与义愤填膺的学者之间有着深深的鸿沟，抑郁的庄际昌不过十年便郁郁而终，而他的结局竟是三人中唯一的善终……

崇祯十七年（1644）甲申国变发生，一直不肯附阿权贵、官运不济的榜眼孔贞运正在山里看桃花。人间四月芳菲尽，山里桃花和血开。家丁远远地连滚带爬扑过来："老爷，不好了，万岁爷没了！万岁爷，他没了呀！"孔贞运吓得一把跌坐在泥地里，旋即一口乌红的血喷出来，被抬回家后，他只做了一件事，哭，直到哭死。

探花陈子壮倒是一直在做官，崇祯朝已是礼部右侍郎，南明弘光年间，又任礼部尚书。后来，隆武帝还非要他领尚方宝剑，总督广东、福建、江西、湖广军务。隆武那时候，局面哪还是个局面，南明几乎气数已尽，但陈子壮不放弃。

他是广东总督，可广州早就被攻破了，那他就自己起兵，攻城尽忠，可惜没死在杀敌的战场，被俘了。清军两广总督佟养甲为了杀一儆百，遍招两府乡绅围观陈子壮受刑。

那日，校场人山人海，黑泱泱的人群将校场围得一只猫也钻不进去。人们异常沉默，一个男人死死地掐住自己的胳膊，怕自己失态。志满意得的佟养甲慢吞吞地站起来，脸上的横肉微微颤了颤,他懒洋洋地看了一眼被拖到校场中央的陈子壮,他居然在吟诗!声音很高:"金枝归何处,玉叶在谁家?老根曾愿死,誓不放春花。"

佟养甲脸色一变,猛地挺直身子,肌肉绷紧,狠狠地扫视了遍周围,突然把手中的木块狠狠砸向桌子:"行刑!"

清兵推出铡刀,将破口大骂的陈子壮拖到铡刀边,从脚开始,一寸寸斩。血瞬间喷了出来,人群不忍看,有人哆嗦着嘴唇控制不住地浑身颤抖。陈子壮不喊疼,只是骂,一直骂到没了声音,他被"寸磔于校场",他的血肉和他想捍卫的这片土地融为一体。

佟养甲冷冷地看着他一寸寸地消失,森森地问左右:"诸公畏否。"

……

这一科还有不肯打开南京城门跪迎清兵的马士英。马士英是贪恋权力,但一众大明朝臣,却又有几个像他一样坚决抗清,至死方休。

在万历皇帝生命最后一次为国取士中,他为大明留下的,不止这几位大明忠义之士,还有足可以力挽狂澜的良将,比如袁崇焕、孙传庭。如果他们可得善用,袁崇焕坐镇辽东,孙传庭力拒李自成,两将军未必不能为大明撑起将倾之厦。

万历也许并非是一个毫无见识的帝王,但经年累月的内耗让他已无法支撑起大明的气运。他虽然留下的这些人才,但无论是天启,还是崇祯,都不能知人善任,长城自毁,英雄横死,枉负了这一科鸿鹄之志!

科举是国家的希望,它为帝国输送了人才,更为人才照亮了家国之路,激荡起效国之志。经历科举,是一场巨大的洗礼,科举让人们坚信他们读的书是有用的,立的志是发光的。科举的存在让中国无论处于什么境地,普通人都还留有奋斗的希望,国家也还有改变的机会。

江南贡院从建成至晚清废除科举为国家输送八百余名状元、十万余名进士、上百万名举人，明清两代名士唐伯虎、郑板桥、吴敬梓、施耐庵、翁同龢、张謇，以及中国共产党主要创始人之一的陈独秀等皆出于此。

自万历以后，很少有人再能通过登科而实现力挽狂澜之理想，嘉靖帝甚至连殿试的仪式有时也不来参加。

南京在明代的状元、进士不少，却几乎都步焦竑后尘，满怀救国之志，却蹉跎官场心灰意冷，不得不还归旧里。焦竑之后，南京中状元的还有朱之蕃。万历二十三年（1595），四十八岁的朱之蕃殿试第一，授修撰，然而朝廷腐败，朱之蕃不意与之同流合污，也同焦竑一样，"告老还乡"，在南京选了处宅子，积鼎彝书画，聊以自娱。

城市是他们的起点，也是他们的终点。

◆ **积重难返**

清代科举鼎盛，江南贡院之规模竟超乎从前。才子袁枚科场得意，也曾被那科场的光芒激荡过"致君尧舜上"的理想。他做官，哪怕是县令，也秉公办事。

做沭阳县令的袁枚离任时，"吏民送至河上，卧辙攀辕"，他问前来送行的百姓："吾有何德何能，而能令诸父老依依不舍如此？"百姓答曰："公无他，大小之狱，无十日留。两年之中，鲜有人受讼累者。人民感戴，职是故耳。"

他来沭阳时，这里万户萧疏、悍吏横行，水灾过后"饥口三十万，饿毙者不计其数"。多少官员来了又去，谁也不愿意真正去管这样一个烂摊子。袁枚不，他怒骂那些苛政悍吏"苛政猛于虎，蠹吏虐于蝗"。

面对灾民饥口，袁枚毅然开仓济民，减免税赋，以纾民困。

他的朋友有书生，也有商贩、耕夫、蚕妇、工匠。为了杜绝水患，他亲自组织县民疏浚河道，加筑堤堰。他说："苦吾身以为吾民，吾心甘焉。"

他在任期间，沭阳再没有发生大的水患。

然而，清朝的官场，既免不了倾轧，比之前朝，也有更多繁文缛节，那时候的臣已不是中国传统文化意义上的臣，不再具有独立的人格和尊严，下级参见上级，须先在一定距离内跑步上前，作小跪姿势，而且不能发出声响，获准后才能起身入座，而他们也都不过是皇帝的家奴。一直官阶低微的袁枚不得不恪守礼仪，种种压抑之处令这位以性灵为美的才子不堪其苦。

他说："士大夫宁为权门之草木，勿为权门之鹰犬，何也，草木不过供其赏玩，可以免祸，恰无害于人；为其鹰犬，则有害于人，而己亦难免祸。"[1]

乾隆十四年（1749），三十三岁的袁枚对上称，父亲去世，自己要服丁忧，归家赡养老母，辞官归隐。

千年前，寄居洛下的张季鹰感叹："人生贵得适意尔，何能羁宦数千里以要名爵！"然后辞官。千年后，袁枚感叹："人生不得行胸臆，纵年百岁犹为夭。"辞官回宁。

他买下曹雪芹家的旧园子，改做随园，拆掉围墙，任人游玩。藏书四十万卷，随人借阅，晚年还将余下书籍捐掉十之六七。

在随园四十八年，袁枚以自由之身尽享生命之妙。他最后一次看春花吐蕊时，是否会想起自己当年科场进学的锐意？也曾做过江宁考官的他是否也曾如焦竑一般渴望能为国取士，振作华夏？

万历以后，大明以无可挽救的颓势渐至崩塌，有清一代，规

---

[1]〔清〕袁枚著，顾学颉校点：《随园诗话补遗》，北京：人民文学出版社，1982年版，第108页。

模越来越大的江南贡院却也将中国与世界的距离越拉越大。

从南京贡院走出的郑板桥、吴敬梓、施耐庵做了风流散人，一腔热血挫折进丹青书卷。翁同龢、张謇锐意进取，实业救中国，奈何积重难返，"四书五经"的卷子如何考得出科技新世界。意外考中的陈独秀倒成了高举大旗、推翻旧文化的一员猛将。

对于这个城市而言，考试永远是这片土地上最值得投资的希望，但具体到某一个时代，某一个个体身上，考试却并非只是个人的命运，而是时代的共运。

对于焦竑、朱之蕃、袁枚等人而言，贡院的考棚是他们的起点，城市则是他们的终点。对于一个依靠道德治国的老大帝国而言，科举是古老中国的希望，也是古老中国的终点。

六 理想与现实

◆徐光启的仕途

这是一段足可以沸腾时代的友谊，即便只是飞鸿踏雪，也值得城市留下他们的名字，虽然这故事收尾仓促，但它也为中国照进过真正的希望。

当三十八岁的徐光启背上考篮再一次走进江南贡院的乡试考场时，他可能并未想到他的一生将在中国留下怎样的痕迹。

毕竟他已经失败过很多次了。

这一次南京的秋闱之试与他以往所参加的考试并没有什么不同，考棚里臭气熏天，隔壁考生可能一宿没睡，趴在号舍横板上打起鼾来。徐光启定了定神，汗水将衣领黏在脖子上，他擦了把汗，过滤掉所有影响，挽起袖口，摊开卷子，执拗地写下自己对经典的看法。

毫无意外，他的卷子又落选了。在他离开考场之前，这一科的主考官焦竑正站在明远楼上向脚下无数的考棚看去，他也曾是这局促号舍里奋笔疾书的一员，考试时奋笔疾书的紧张与一种即将卷入波澜壮阔世界的感觉交织在一起，这感觉让人振奋也让人战栗。

封卷官向焦竑报告，称弥封官与誊抄员都已就位，焦竑点点头，传令官即刻鸣鼓，收卷出清。焦竑胸中的火焰还没有灭，看着三场试后的考生鱼贯出场，他心中涌起一股为国取士的强烈责任感。这责任感让他神经紧绷，不敢有一丝的懈怠。每一份卷子都关乎读书人的命运，而读书人的命运则关乎帝国的命运，选择什么样的人就是为国家选择怎样的未来。

至少那个时候，焦竑还是这么认为的。

他一切亲力亲为，亲自巡视各官作业，考官们呈上来的待选之卷，每一份焦竑都亲自过目，他眉头拧得越来越重，陈腔滥调、浮华之辞堆砌满纸，他想起那天殿试，影影绰绰，满朝大臣，衬托着万历一人在龙椅上孤单的身影。

焦竑有点着急，他站起来，问："选上的卷子只有这些吗？"

从考官垂手答："回大人，只这些。"

"将落榜生员的废卷也一并呈上。"

"大人！废卷有万份之多！"

"不妨。"

焦竑拂起衣袖，年已半百的他仰起头，转了转脑袋活动了下，命随从点烛。在如山的废卷里，考官们陪着焦竑一起细心地搜检，蜡烛已换了三根，焦竑依然聚精会神地翻阅。作为大明的主考官，他一腔炽热，生怕遗珠，也生怕自己未能替国家选出真正的才干之士。

突然，焦竑停下手，考卷上与前人完全不同的新奇论点瞬间吸引了他，不破不立，来自崇正书院，受王阳明、耿正向影响颇深的焦竑太明白时代需要什么。

这份考卷的主人叫徐光启。

他被焦竑从落榜废卷中拣起,拔为头名。

赏识他的焦竑却因为这份新奇拔僻的卷子,被同僚抓住把柄,寻事端弹劾了。心灰意冷的焦竑回头看了眼金碧辉煌的紫禁城,转身罢官回了南京,从此著书立说,再不踏足官场。

而开局自带光环的徐光启,也并未如焦竑所希望的那样,一路跃进龙门。他的科举成绩不算出色,即便有焦竑格外的赏识,徐光启也只是在七年之后才中了进士,殿试排名三甲五十二名,这个名次让他没有资格申请读书人梦寐以求的翰林院。

大殿上,站在新科进士队伍的末尾,徐光启甚至看不清殿前的仪仗。攘攘的队列中,前排一位头发花白的老人回头看了徐光启一眼。老人是徐光启的老师黄体仁,他注意到徐光启的黯然,他也知道无法参加翰林院考试对徐光启的打击。

老人和焦竑一样,觉得徐光启身上有种他们不能全然明白、却具有召唤性的、一种说不出来的新感觉,他决定将自己考翰林院的机会让给徐光启,最后托他一把,让他青云直上。

徐光启果然考中了翰林院,但即便从此仕途顺利,官至礼部左侍郎文渊阁学士,在有明一代数以千万计的官僚中,他也称不上多么出类拔萃。但他身上,确实有一种新的东西,这东西不在焦竑、黄体仁所熟悉的过去,而在未来,在中国将要遇见的那个全新的世界。

◆ 利玛窦来了

自古以来,华夏本身就是一种天下观,从华夏文明的起点开始,中国人就从未怀疑过自己是世界的中央。这种观念就像南京的"王气说"一样,最开始"王气说"形成于一种政治需要,当它不断被验证、被实践,它就已经成了一种真理,并深刻地影响了城市的命运。

当城市足可以担当起这份王气时,城市是自信、开阔、繁荣且坚固的、当城市担当不起这份王气时，比如陈后主，在隋兵压境，即将亡国时还坚定地相信"王气在我"，那只能束手就降，城市也必然在劫难里委顿。

古代中国当得起这份天下观时，古代中国是自信、开阔，充满弹性且有着巨大向心力与吸引力的；当不起这份天下观时，比如晚清，先进文明的枪炮抵在了古老帝国衰朽的国防线上，国家也必然要历经亘古未有的大劫难。

不知是幸还是不幸，古老中国在数千年中竟从未遇见超过自己的文明。虽然明代的中国已然隐约感觉到时代的大潮似有不同，但朱元璋和朱棣的森严海禁，也只不过让人们的疑虑止步于疑惑。

来自意大利的利玛窦撕开了这层疑虑，他说自己是"耶稣的勇兵，梯山航海，替他上阵作战，来征讨这崇拜偶像的中国"。但他比所有历史上的征讨者都更熟悉中国，他发现获得中国人认同的最好方式是，先认同他们。

由于倭寇一直在东南一带侵扰，明朝政府也禁止外国船只驶入停靠，利玛窦只能先在葡萄牙人控制的澳门等待机会。当他终于得以进入内地，游历过肇庆、韶州、南雄、南昌、南京、苏州这些中国城市后，他被南京深深地吸引了。他曾无数次听别人说起过这个城市，第一次踏上南京的土地时，他还是被深深震撼了。在他的日记里，利玛窦毫无保留地赞美这座城市："南京正处在帝国中部，为南直隶，所以也十分高贵富丽。"他深情地回忆起这座城，"论秀丽和雄伟，这座城市超过世上所有其他的城市；而且在这方面，确实或许很少有其他城市可以与它匹敌或胜过它。到处都是殿、庙、塔、桥，欧洲简直没有能超过它们的类似建筑。在某方面，它超过我们的欧洲城市。这里气候温和，土地肥沃。百姓精神愉快，他们彬彬有礼，谈吐文雅。"①

---

① 该段内容出自意大利传教士利玛窦所著《中国札记》。本节中所有引用利玛窦原话均出自该著作。

在利玛窦眼里"整个中国及邻近的各邦，南京被算作第一城市"。

他从西北的下关进入城中，看到从下关开始有两三条街直达江边，两侧全是店铺，一条相当宽阔的河流流经城市，河上美轮美奂的石桥、木桥完全数不过来，河两岸商店林立，非常热闹，而夫子庙则是城市最为鼎沸的热闹之处。

河水冲刷着城岸，巨大的船只行驶在水面上，利玛窦毫不意外地看到很多欧洲的货物在港口进出，城市给予这个陌生人一种极度适宜的感觉。他决定住在南京，任何地方都不去，他觉得这就是上帝向他指示的地方。

然而，因为倭寇之故，明政府对外国人严防死守，利玛窦两次无缘南京，直到1599年2月，丰成秀吉的日本军队撤回国内，倭患略解，城市的氛围不再那么紧张，利玛窦才有机会真正地体会南京。

体会一座城市最好的方式就是在这里生活，且与城里的居民成为朋友。

利玛窦非常清楚，他要如何和中国人成为朋友，他把传教士的衣服叠好，换上儒服往来士大夫之间。

名士李贽惊叹于利玛窦对中国文化的了解，"凡我国书籍无不读，请先辈与订音释，请明于四书理者解其大义。又请明于六经疏义者通其解说。今尽能言我此间之言，作此间之文字，行此间之礼仪，是一极标致人也"。①

这个外表朴实、内心玲珑且德行高尚的传教士几乎吸引了南京城所有的官员士大夫以及知识分子的注意。

与时任南京礼部尚书王忠铭交往让利玛窦有机会更深入地感受了中国。有一次，他获邀参加王府的元宵节，利玛窦惊讶地

---

① 〔明〕李贽：《续焚书》（卷一）《与友人书》。

发现，仅仅一个城市在元宵节前后一个月工夫所耗费的硝石、火药，比欧洲连续作战两三年还要多。

瞻园的主人魏国公徐弘基邀请利玛窦参观瞻园时，他同样被这座充满东方人灵性和技巧的具有皇家气派的园林震撼。中国人这种富有艺术美感的生活方式，以及官员表现出对政治近乎柏拉图式理想的哲学态度让利玛窦愈加深信，上帝将他指派给了南京，指派给了中国，是为了不让这样的文明走上歧途。

他努力地深入中国的思想核心。在一次轰动全城的辩论中，利玛窦与佛家人物雪浪大师黄洪恩（字三淮）就中西方哲学思想、基督教与佛教教义等辩题进行了长达好几个月的交锋。越来越多的人加入这场辩论，利玛窦坚决反对三淮和尚对造物主的看法，基督教信奉唯一的神，但在中国本土化之后的佛教虽然认同有造物主，却并不把造物主当成不可企及的神。中国化的佛教，甚至可以说中国文化，都有一种人人皆可成佛，人人皆可修仙，人人皆能成圣贤的人神并举观念。

中国人其实并没有信仰过唯一的神，他们最信仰的是自己。

在这一点上，利玛窦坚决地反驳了三淮和尚，甚至一度占据了辩论的上风。虽然交谈显得火药味十足，他也认为三淮和尚是一位热情的学者、哲学家、演说家和诗人。辩论最终是没有结果的，但士大夫们已普遍接受了利玛窦是一位儒家学者，利玛窦也认为就城市而言，只有南京"最适合深入中国思想的核心"。

从南北朝时期开始，南京就已稳居中国文化的正统之列。在这个以儒家学说为官方意识形态的国家，儒学既需要通晓经典，也需要修德致用。衣冠南渡的士人仓皇从洛阳逃命到了南京，华夏文化活下来需要什么他们比谁都清醒。那时候的经学就已经"南人约简，得其英华；北学深芜，穷其枝叶"[1]，北方的研究成果

---

[1]〔唐〕魏征：《隋书》，中华书局，1973年版，第605页。

依然在外围的枝叶上纠结，南朝的研究方向已经直指精义。

明代中晚期的南京，阳明心学对儒家经典的消解、李贽把经典当作史料来看的态度，让城市耳目一新。利玛窦所带来的西方科学成为城市新的知识来源。在南京，阳明后学，当时的三教领袖焦竑和李贽都对利玛窦极其激赏，他们让利玛窦看到了在这座城市里，思想的深度与活跃度。

不单是学者，普通人对利玛窦带来的西洋物品一样充满强烈的好奇，要求一睹其物的人群一批又一批，利玛窦不得不将自己带来的自鸣钟等物，用柜子锁起来排期开放。

南京吏部主事吴中明最为好奇的是利玛窦在广东所绘的《山海舆地全图》，他郑重地请利玛窦将这地图修订详细，增加一些注释，他要将这世界的样子尽他所能地公诸于世。

利玛窦深刻理解中国人的天下观，他也巧妙利用了中国人的天下观。在南京这座当时的全国之中，利玛窦丝毫没有掩饰他对"天圆地方"说的反对，他震撼于南京钦天监那些留自元代郭守敬设计的浑天象、玲珑仪、量天尺、简仪等天文仪器，认为这些"规模和设计的精美超过在欧洲曾看到和知道的任何这类东西。这些仪器虽经受了近二百五十年的雨、雪等天气变化的考验，都丝毫无损于它原有的光彩"。但他也看出钦天监的官员没有什么知识，更谈不上学术，中国人此刻对世界的认知近乎荒谬。

城市的伟大之处就在于此，它既不避讳自己的无知，也不掩饰自己的好奇，甚至它愿意为自己的无知寻找真正的解答。

在吴中明的催促下，利玛窦开始了修订世界地图的工作，他对这幅地图进行了大规模的重新绘制，使它的轮廓更加鲜明，内容更加丰富。当然，他也不失时机地把许多宗教方面的东西也加入了其中。在这幅地图上利玛窦用子午线、纬线和度数来划分地球表面，并用赤道、南北回归线、南北极圈把地球划分为热带、南北温带和南北两极。为了不遭到中国人的抵触，利玛窦也非常小心地维护了中国人的天下观,他将中国的位置故意绘在了地图的中央。

吴中明非常满意这幅地图,他不仅将图挂起来供公众观赏,还用公费镌石复制,并刻上了一篇赞扬世界舆图及其作者的序文。这个版本由于工艺精细,印行数量大,因此这个版本的《山海舆地全图》从南京发行到中国各个地区,徐光启就因为看到这版世界地图而慕名赶到南京,希望拜访利玛窦。

◆祖制不可改

万历二十八年(1600)的春天,距离崇祯吊死煤山只剩下四十四年。

在恩师焦竑家的厅堂,徐光启第一次见到了这位高鼻深目、身着宽袍长袖、斯文儒服的欧洲人。

这段被赋予了众多意义与光环的友谊被一遍遍书写,人们总是试图从这段不同寻常的友谊中挖掘出更多更深刻的意义。

一个官至礼部左侍郎、文渊阁学士的士大夫居然受洗成为一名基督徒,在16世纪的中国,这段友谊为中国人带来影响甚深的《几何原本》中文译本,以及面对本民族文化缺陷的最佳时机。

难以想象,他们在当时的时代里,曾如此坦诚地面对过自己,西方知识分子有着对中国文化的真诚尊重,中国士大夫有着对西方先进文化见贤思齐的求知之欲。

那是整个帝国最为繁荣的时代,它账面上的强大远超西欧,而不上朝的皇帝、擅权专政的宦官,让帝国在很长一段时间只能凭借惯性运行。经济的巨大繁荣与政治的无尽黑暗让整个国家在一种烈火烹油、鲜花着锦的奇异状态下呈现出一股无可挽回的衰世气象。

徐光启在这个时代里选择了自己的信仰是如此意味深长,他深受利玛窦的影响,《明史·徐光启传》中评价他"从西洋人利玛窦学天文、历算、火器，尽其术。遂遍习兵机、屯田、盐策、水利诸书"，他甚至曾希望用西式的军事理论来改造大明的军事防御体系，用西洋的法子铸造大炮。

利玛窦的文艺复兴思想给予徐光启衰世振作的鼓舞，如果西方可以从古罗马的文艺复兴中得到巨大的力量，为什么中国不可以回到古学中看到转机？然而，接连而来的几次弹劾，阻力重重的顽固政体让徐光启除了翻译西方数学著作，为崇祯皇帝编出几本新的历法，再也没有真正显著的成就。

远离政治中心，却又身为留都的南京在思想高度沸腾而自由的明末，成为各种思潮汇聚碰撞的最佳点。利玛窦、徐光启、焦竑、李贽、雪浪和尚他们都不是南京人，但南京给予了他们最自由的思想空间。固有阶层、等级桎梏被全然打破，民间学术氛围活泼开放，徐光启可以在南京受洗成为一名叫保罗的基督徒，士大夫们也可以纷纷下海，经商贸易，民众完全不惮于打破礼法陈规，他们可以穿任何他们买得起的衣服，住任何他们住得起的房子，阶层的观念在强大的经济活力冲击下几乎濒于崩塌。

城市让他们拥有决定自己生活的权利，却没法阻挡他们命运的走向。

光看城市表面的鲜活，很难相信它所属的帝国已经垂朽不堪，无数士大夫为探索新的出路而努力。然而，舵手与指挥官们依然沉睡，几何算术与世界地图叫不醒积重难返、即将迈入老年的帝国。

后世的人们曾扼腕叹息，他们以为晚明曾经寄托过中国转型的希望，比如商品经济的突飞猛进似乎总带着资本主义萌芽的味道，社会风气的纵欲与崇奢助长了经济对社会结构与秩序的改变，晚明政治价值观的猛然转变则更直接批判过几千年集权帝国的君主权威，一些士大夫已然不以君主之是非为是非，而以天下之是非为是非。

与东晋南朝不同，这一次个体的觉醒有着普遍而繁荣的商品经济做背景，这次对政治体制的批判与反省，则是有帝王以来所未曾有过的深刻自觉。一切都仿佛让人看到人文主义萌芽的发展。遗憾的是，一切都未触及根本。

中国的根本问题不在于是否有君王，而在于华夏的天下观；不在于商品经济是否曾发达过，而在于是否可以不再以一个农民的眼光制定经济政策；不在于我们接不接受西方的"奇技淫巧"，而在于我们是否意识到只用道德、哲学的标准去治理一切现实的问题是行不通的。

当崇祯皇帝面对即将坍塌的大明江山，依然喊出"祖制不可改"的谕令时，徐光启等人就已注定是失败的，城市也注定要在陈腐顽固的观念中衰败，甚至中华也将不免于更大的劫难。

南京为利玛窦留下了他曾亲建的教堂，焦竑读书的崇正书院也还在清凉山上独享城市的清凉，走出过无数热血而慷慨的读书人的江南贡院里，"为国取士"四个大字依然在壁，一个时代沸腾的理想凝固在淮水两岸，城市用看得见的建筑、看不见的风骨与理想珍藏了他们的故事。

七　倭寇之祸

◆停摆的城市

吏部侍郎顾起元也去看利玛窦带来的西洋物件，给他留下深刻印象的是一幅圣母像。

光透过窗棂打在画像上，半坐的圣母面目栩栩如生，面庞凸凹之处竟然和真人并无二致。顾起元仔细看去，只觉得圣母身子与手臂似乎隐隐立起于画板上。

他将这幅圣母像写进了《客座赘语》，一部他专门为南京写的书。

通过顾起元的文字,你完全可以看见下关码头的漕运船只如何在水面上聒聒噪噪地往来,瞧见船上的梢婆、岸上的脚夫,官道上来来往往驮送货物的骡马,听到巷子里家长里短的南京话。

码头的热闹是输送给城市的血液;城市里,沿着秦淮两岸,商铺挨挨挤挤。南都的人物景致,一言一语,一草一木,顾起元都拣着那可记的录成一篇,哪家大臣的遗腹子、谁梦里得了什么奇事,还有那往城里讨食的妖猿、谐谑的陈公、出殡的队伍……

城市满是细节,但看不清的地方,也有赝画流传、贼赃替出,有泼皮无赖、渣滓泛起,人性里的黑暗与欲望一样在角落里滋长。

站在辉煌的顶点,城市如一枚已然熟透而将坠落的果子,一眼看去,色相俱好,囊中却已有了将要朽坏的气味。

当时的南京作为留都,城市管理体系有"三套班子",分别是六部、府衙和县衙(留都中央机构与五城兵马司官、应天府尹及其僚属、上元和江宁二县官员)。

这是一个极其特别的城市模型,因为明代的两京制,北京和南京都是大明合法的首都,南京保留了完整的中央行政机构,城市被划分为五个兵马司辖区,分别为中城、东城、北城、西城和南城五个辖区,辖区内的居民被称为"五城军民"。他们大多是留都官员、国子监生、商人、手工匠人和内使,原先南京的土著居民大部分被编入坊厢,归属上元、江宁两县。

到了明末,兵马司不仅成为重要的城市治安力量,同时也参与一定的城市税收事务。人们管兵马司的指挥、副指挥叫"城官",他们虽然与上元、江宁二县知县同级,却直接隶属于京官系统,知县则隶属于府。与其他城市相比,南京既有都城模式,也有府县模式,城市管理体系按理说应拥有更高效、更系统的官僚体系与发展空间。

早期,这种京官直接介入地方事务的都城管理模式的确为城市带来了更多的资源配置,城市刑事案件、民间诉讼桩桩有法可依,钱粮发放、城墙维修、城河疏浚这些公共事务也都还透明便利,但随着明王朝的日渐腐朽,这套官僚制度渐渐停摆。

三山街一主簿家里,有块上好的祖母绿,碧光剔透,市场上至少要值五百两银子。一日,主簿在家闲着消遣,有门人来报,门外一个索姓商人求见。商人在南京做倒卖珠宝生意的不少,到人家里替珠宝鉴定估价的也不少。姓索的只说是来开开眼,主簿起初也没多疑,命人将祖母绿取来,递给他估个价,谁知道这人接过来,在手上摩挲了一阵,便举到阳光处透看,说时迟,那时快,他竟一仰脖子囫囵一口将祖母绿宝石吞进了肚子里。

主簿大惊,惊叫着要报官,那人竟不怕:"你倒有本事切开我肚子看看,我何曾吞了你家石头,莫要讹我。"

主簿气得几要吐血,却也深知报官就是一入衙门深似海,上下打点怕都不止五百两,一口老血,自己咽了。

这就是彼时的南京,一个停摆的城市,三山街一带不法之徒,北门桥的淫棍赌徒,白塔笪桥收荒人替出贼赃,茶府湾、水关的外来娼妓、强盗……全是明面上的事。仿佛一湾沉渣泛起的死水,越嚣张繁华,越透着腐烂气味。

◆倭寇来了

倭寇作乱从万历年间开始已越演越烈,嘉靖三十四年(1555)六月七日从浙江绍兴上虞县登岸的一小撮倭寇,大概五十来人,最多不超过七十二人。

这一小撮倭寇上岸后一路暴走,遇小县城就攻打,遇官兵就搏杀。"突犯会稽县,流劫杭州,突徽州歙县,至绩溪、旌德,屠掠过泾县,趋南陵,至芜湖。烧南岸,趋太平府,犯江宁镇,直趋南京。"[①]

---

① 该段出自《明史·日本传》。

这完全是一支特种部队的战斗力，大明的官兵在他们的搏杀面前，几乎毫无还手之力。倭寇甚至能徒手接明军官兵射出的箭，临阵官兵见这等情形，骇然相顾，错愕之下相继溃败。

这是一撮训练有素的武林高手与一群久失操练的仓促之兵之间的对战，结果可想而知。即便是抱着必死之心，比如芜湖县丞陈一道父子率领"芜湖骁健"，力战独进，亦不过全部战死而已，并未击溃倭寇。在南京的江宁镇之战，明军指挥朱襄、蒋升率众迎拒，也是"不能御，襄战死，升被创坠马，官兵死者三百余人"。

接下来，这股仅有几十人的倭寇分队开始了攻打南京城之战。据《明史》载："贼逐直趋南京，其酋衣红乘马张黄盖伞，众犯大安德门，我兵自城上以火铳击之，贼沿外城小安德门、夹岗等门，往来窥觇会城中，获其所，遣谍者，贼乃引众由铺岗趋袜陵关而去。"

倭寇头子穿着大红的衣骑着马裳，头上居然还张了把黄盖伞。

城上士兵用火铳攻击也没消灭他们。这可是堂堂南京！大明之留都，城坚墙厚，守城兵力不下万余，周边卫所起码几十万大明驻军。然而，这一切在这一小撮倭寇眼里，统统都是纸老虎。郑若曾对此感慨无比："其所经历八郡，转战三千里，凡人材、物力、地形靡不了然于胸中；不杀人，不掠财，不奸妇女，周流深入，其志讵可测耶！"[①]

旁人把这撮倭寇当作往常一样的流寇，郑若曾看到了更远处。他已经感觉到，日本人对中国，要的绝对不只是掠一点财货和女人，他们摸的是中国的人才、物力、地形，要的是填不饱的贪婪之壑。

[①]〔明〕郑若曾著，李致忠点校：《筹海图编》，北京：中华书局，2007年版，第284页。

正在安德门火铳震天响。举城鼎沸之际，南京兵部尚书张时彻匆忙下令关闭城门，并命令市民自备粮械，登城守卫。关于这场战斗的详细情况，时人所记，满纸愤懑："贼才七十二人耳。南京兵与之相对两阵，杀二把总指挥，军士死者八九百，此七十二人不折一人而去。南京十三门紧闭，倾城百姓皆点上城，堂上诸老与各司属分守各门，虽贼退尚不敢解严。夫京城守备不可谓不密，平日诸勋贵骑从呵拥交驰于道，军卒月请粮八万，正为今日尔。今以七十二暴客扣门，即张皇如此，宁不大为朝廷之辱耶？"①

虽然最终被歼，但这股不足百人的倭寇已然横行三省共八十余日，杀死杀伤官兵四五千人，包括明朝一御史、一县丞、二指挥、二把总。

晚明学者何良俊忍不住痛斥，平日你们这些勋贵在城市里大道驰骋，骄纵得很，每月耗费朝廷粮食八万担，养兵千日用兵一时，今天不过几十个倭寇，你们就张皇成这个样子，朝廷之耻居然能到这种地步！

大明军事最后的遮羞布被这一股倭寇生生剥下，按照定制，南京诸卫的军力，定制是十二万人。士兵们都到哪里去了？

◆ 朽坏的内囊

士兵们毁在了军户世袭制。

崇祯至死不肯更改明太祖祖制，包括这军户世袭制。

这是朱元璋当日引以为豪的制度，将军士编制在卫所中，平日屯田，战时保护地方。这方法让明朝开国时期士兵总数一度高达一百八十万。这样庞大的军队，如果不能自给自足，全靠老百姓供养是不可能的，所以朱元璋采取了军户世袭制方法，保障了

---

① 〔明〕徐学聚：《嘉靖东南平倭通录》，清康熙刻本。

军队平战两栖。

按说，这种方法在当时确实起到了积极作用。朱元璋还曾得意地宣称："吾养兵百万，不费百姓一粒米。"但实际上，朱元璋只是养活了百万名集体农庄的农民而已。

无可否认，军队的战斗力肯定会因为屯田劳作，而减少训练时间，削弱专业强度。明朝中后期，卫所军队与普通农民无异，毫无战斗力。南京至今留有卫所曾经驻扎过的驻地

◇◇明洪武宝钞：世界票幅最大的纸币

之名，比如孝陵卫，可以想见，倭寇攻城时，卫所情形之凋敝。

不怪士兵们要逃走，明朝中后期，士兵的俸禄不仅微薄到根本不够日用，还经常不能按时发放，有时被折成宝钞，或者棉布、胡椒及苏木来发放，甚至有一年，士兵们被告知，他们的俸粮中的折色部分减少到每人只有四两几乎无用的胡椒和苏木，并且还要到遥远的仓库去领取。

即便是这样，他们的俸禄还时常被克扣。明弘治二年（1489），山西的一位千户报告说，自己的士兵已经两年没有领过俸粮，六年没有领过棉布或棉花。这种情形之下，士兵应召入伍，还要自己准备好装备。

试问如此待遇，谁愿意当兵？

嘉靖年间，军户的逃亡率已经高得吓人，大量卫所形同虚设，有的卫所竟然只剩下几个人，哪怕是前线，能剩下十分之三

的士兵就已经非常不错了。

这些剩下的兵素质如何呢？军中不会骑战马、看不懂旗帜的人大把在，这样的军队，上阵如何不败？

前线官员章焕曾上疏皇帝，情辞恳切，痛心疾首："上阵如同儿戏，将无号令，兵无纪律，往往隔着敌人老远开完火、放完箭就算完事，临阵脱逃、杀民报功者数不胜数。"

他的意见显然没有起到任何作用。

南京兵马司为制倭患，招募了数千个尚算骁勇的浙江义乌兵，屯兵在龙江一带，倭事平息，这些兵也就留在了南京，本来就是恶少打手，招来当了兵，免不了成为城中一害。兵痞子们在城里经常三五一群，往市场热闹处逛，见着好东西顺手就牵进衣袖里，铺子伙计看了也不敢声张，只能自认倒霉。有当兵久了的，见了人家女儿娟秀，竟然强抢来霸占了。家人捶胸顿足，击鼓鸣冤地去告官，官府畏惧军士人多势众，怕兵马司弹压，不敢过问。一家子咬碎牙齿，却毫无办法。

倭寇之祸，祸在当下，却伤及根本，它让倭人看到南京的脆弱。数百年后，当日本人再一次兵临城下，城市在他们眼中，恐怕依然是当年不堪一击的模样。

城市在这场祸乱里乱了阵脚，大明在这场祸乱里曝出了腐坏的内囊，即便有戚家军后来痛歼倭寇，力挽狂澜，"隆庆开关"开放海禁的短暂试点，大明还是在内忧外患之中，无可挽回地走向了自己的终点。

八　残梦不可觅

◆时尚之都

城市令人失望，却不掩晚明风流。

万历三十四年（1606），苏州二流画家李士健带着自己新作的几卷山水画轴来到金陵三山街一家书坊。

这条不到五百米的街道上有九十三家出版、发行一条龙的书坊，他们主要的生意是为来金陵贡院参加科举考试的南方各省士子们出版考试范本，类似今天的教辅书。此外就是通俗小说、黄历、诗集、图谱的刊刻，城里士人阶层与庞大的市民群体是这些出版物的忠实拥趸。南京三山街出版业的发达程度从后来甲申之变就可窥见一斑。

崇祯十七年（1644）三月十八日，李自成军攻陷北京。十九日晨，明思宗自缢于煤山，史称甲申之变。二十日到二十一日，这一消息在京城内传开，到了三月二十九日消息传到距离北京八百公里的大运河中部重要码头淮安。又过十余天，到了四月中旬，陪都南京的官员才从北京逃来的人口中得到确报。但是，"京师之变未及两月，即有卖剿闯小说一部，备言京师失陷，先帝将国母及公主俱手刃，然后出后斋门自缢于煤山"。也就是说，明思宗自缢的消息传到江南大约一个月后，讲述此事的小说就已在江南面世。这种惊人的高效，即便放在今天也是罕见的。

出版业的发达也催生了盗版生意的兴旺，戏剧家李渔就是因为作品在南京广为盗印，才被迫从杭州搬到南京，建芥子园，自刻自印，一套《芥子园画谱》至今仍是国画临习的经典教材之一。包括胡正言在南京刻的《十竹斋画谱》彩色套印本，完全当得起当时世界印刷品之巅峰。

这样蓬勃的文化产业，自然吸引了各地士人来这里，希望从这里找到在这个城市立身的契机。李士健此刻就在向一家熟悉的书坊老板推销自己的画。明代晚期，物质的极大丰富催生了对生活的精致化追求，消费文化自江南始，席卷全国，而南京作为江南重镇，一直走在消费时尚的最前沿，而消费第一大头，莫过于营造屋舍园林，家居摆设。晚明江南，几乎家家挂画，以至于有好几部书专门讲厅堂应该挂什么样的画，显得气派大度，斋阁应该挂什么样的画,看起来小巧精致。什么节令要换什么内容,才显得入时不俗。挂画已然成了附庸风雅的必备工具。

李士健的山水画中规中矩,通常会题上王维的几句诗,在苏州颇受欢迎。可是,三山街书坊老板看过李士健的画,摇摇头:"画固是好画,南都不赏。"怎么在苏州备受市场认可的山水画到了南京这里就卖不出去?李士健忍不住问:"我这样古法端正的画你们不欢迎,那你们南都流行什么画呢?"

原来南京流行的是魏之克、吴彬的画。他们的画山水奇绝,人间未有,魏之克的山水仿佛飘在水云之间,没有实体感,吴彬的石头画得像万花筒一样,视觉感受新鲜又奇幻,这是南京这样一个时尚之都所追捧的。一个走在时尚前沿的城市,必然不会重视中规中矩的平铺直叙之作,他们喜欢的是最新潮、最新奇的,最能与其视野与眼界相匹配的装饰品。

一个以奇为时尚的城市也必然吸引那些求新求怪的人群,比如晚明南京,就出现了一批批前代未有的山人、狂人、痴人。

这实在是个前所未有的新鲜城市,大批无所事事的官员、财资丰厚的商人、饱读文章的士子,以及那南北西洋百货交聚于此的场景,培养了瞠目结舌的奢侈习气,催生了层出不穷的新鲜时尚。

与土豪只顾堆砌富贵的审美取向不同,文人们追求的环境之美是舒朗、清雅、充满书卷气的。袁宏道的插花、文震亨的陈设,将一个城市的美学标准拉高到后世无法企及的艺术高度,以至于晚明文人书斋成为永远被模仿而从未能超越的存在。

不单后世模仿,当世之人也拼命模仿,大字不识的人家也要照葫芦画瓢布置一间书斋,摆两部书,挂几卷画,这是时尚。

那时候,江南的城市化进程达到古代中国所能到达的最高峰,快速的城市化进程所带来的非理性和欲望让城市变得极其复杂,既奢靡堕落,也风雅奇绝。

原先作为太祖旧都,正、嘉以前,南京的城市风气最为醇厚，军民以营生务本、畏官长、守朴陋为常。万历以后，欲望逐渐吞噬了这座城市，人们抛却质朴，逾礼越制，追求起奢靡华丽的生活。

城市太时尚了，模仿文人生活品位是时尚，模仿娼妓装扮也是时尚，就连本该与青灯古佛、粗布青衣常伴的僧尼，都不可免俗："尼之富者，衣服绮罗，且盛饰香缨麝带之属。"①

了解一个时代的审美，看女子的衣服便知其大意。《客座赘语》中形容这几年南京人的穿着："近年以来，殊形诡制，日异月新……"晚明服饰尚奇，有士大夫特意做新奇衣服，画满荷花，走出去，满街儿童跟着看稀奇。女子服饰更是紧跟潮流，两三年一变，"首髻之大小高低，衣袂之宽狭修短，花钿之样式，渲染之颜色，鬓发之饰，履綦之工，无不变易"②。时尚之都，日新月异的服饰变化让晚明金陵人追新慕异的体质尽显无遗。

◆ 秦淮烟柳

在对时尚的追求中，最突出的恐怕就是性时尚。

晚明金陵，"倡家处处勾阑接，轻妆细抹鸣弦跕。夜艇遥遥载莫愁，春帆渺渺迎桃叶。七弦瑶柱锁鸳鸯，五晕银泥围蛱蝶"。城市中这些娱乐场所的发达凸显了城市的繁华，画舫楼台中，轻妆细抹的青楼女子曼妙生姿，拨动琴弦，轻弹一曲，不管是普通市民，还是品位雅致的文人，都难免沉醉其中。顾起元亦云："月涌寒潮过石城，寥寥商女榻歌声。后庭玉树花犹艳，转见当年罗绮情。"

那时的妓院分三等，底层妓女在南京被称作南市妓女，夜幕之下，底层妓女出街站巷，等不挑拣姿色的嫖客选中，谈好价钱，两人一起回到妓女住处。每晚都有一些没人光顾的妓女，她们哪怕是浓妆也掩盖不了衰老的面容，唱上半宿怕也没有一点生

---

① 〔明〕徐咸撰：《徐襄阳西园杂记·卷上》，明刻本。
② 〔明〕顾起元撰：《客座赘语》，金陵丛刻本。

意好做。

珠市的妓女和这些姐妹比就高级多了，这里是富豪们一掷千金的地方，这里的妓女颜值最高，明末南京妓女选美，第一名王月就来自珠市。那是崇祯十二年（1639）的七夕，名士方以智侨居的居水阁聚集了许多妓女，各路的名士豪杰也都来了，车马、舟船将周围的街巷与水道挤得水泄不通，三班戏团同时在台上竞演。

阁内正在品选花案，王月独特的清冷之气让她被品为第一名，在一众脂粉堆里，她被簇拥着，登上特制的状元台，丝管一时齐奏，各路名士豪杰也赶忙进酒祝贺。选美的宴会通宵达旦，宾客人人赋诗，其中文人余怀那句："月中仙子花中王，第一姮娥第一香。"被王月绣在手巾上，随身带着，不似接了个嫖客，倒像遇见一个知己。

比珠市更高级的则是旧院妓女，南市妓女的客户群是南京普通市民阶层，珠市妓女的客户群是富豪商贾，而旧院妓女的客户群则是文人士大夫及年年来此参加科举考试的士子们。

也是这一群旧院妓女成就了晚明秦淮八艳的传说，至今仍为南京留下意义非凡的故事。她们或俏丽活泼，或洒脱不羁，或幽如谷雾，或温似闺秀，她们一改前代名妓讲究粉融香腻、豪华奢靡的俗气，脱离喧嚣与热烈，浑身都是一股子清幽雅致、淡丽精洁的味儿。

那些高雅脱俗的气韵，折射出晚明金陵，与其他任何一个时代都迥然不同的，充满艺术气质、文化气质的时尚追求。

秦淮名妓董小宛，"面晕浅春，缬眼流视，香姿玉色，神韵天然"[①]，可谓名妓之精品。陈圆圆颇有林下风致，其人"淡而韵，盈盈冉冉，衣椒茧时背顾湘裙，真如孤鸾之在烟雾"，如岚如雾，飘逸轻柔。

[①] 出自明末清初学者、诗人冒襄著：《影梅庵忆语》。

她们的住所纤尘不染，挑不出一点俗侩之气。马湘兰家中"池馆清疏，花石幽洁"，李十娘所居，"屋宇精洁，花木萧疏，迥非尘境。轩左种老梅一树，花时香雪霏拂几榻；轩右种梧桐二株，巨竹十数竿"①。青楼所居，竟然一扫浮华喧嚣之气，书卷飘香，老梅梧桐，池馆翠竹，分明是高士们的雅居。

还有的名妓干脆撤去一切纷华之物，远离尘嚣，如董小宛"小筑河滨，竹篱茅舍"，屋内摆设只有书帙瑶琴，宛然一山中隐士。范珏同小宛一样，不喜欢俗艳之物，不好奢靡，不要管弦。她们完全不像是青楼女子，而像隐士，像文士，像名士。她们房中，不过是焚香煮茗、药炉经卷而已。

居处清雅，人更清雅，晚明金陵，这些名妓的视野早已延伸至诗词歌赋、绘画戏曲、琴弦丝竹等艺术的各个领域，比如顾媚通文史、善画兰，卞赛专精小楷，柳如是诗文俱佳。

这些不是她们生活的点缀，而是她们生命的追求，她们和那些装点门面，靠琴棋书画自抬身价的前代名妓不同，她们是禁锢在妓者身份里的独立艺术家，是疯狂时代里最后的风流人物。

她们服务的对象是文士名流，能真正欣赏她们的也只能是文士名流，他们之间必然产生共鸣效应而相互影响，无论是失意的士子，还是狂诞的名士，这一群特殊的女子为晚明金陵留下的是一个石破天惊、率性而为的新世界。

当时秦淮八艳之一的寇湄（字白门），十八九岁时被朱国弼（保国公）购入，后来朱国弼降清，家口被没入，寇湄则花费千金替他赎身，因此被称为"女侠"；另一位秦淮名妓柳如是明亡之后，力劝钱谦益与自己一起投湖殉国，气节炳然。

她们身处风月场，却追求与风尘相背离的东西，她们灵活、通脱、充满情趣，她们风雅、细腻、情操高洁，她们是士人化的

---

① 出自〔清〕余怀著：《板桥杂记》。

女性，也是晚明金陵最别致、最风流、最美好的时尚。有她们在的金陵，开放、浪漫、高雅、轻松、放纵。当政治的腐败让仕途前程在这个城市变得毫无价值，虚伪的道德被抛掷时，个体生命的本真就开始被重视，林泉竹篱的雅致，率性而为的自由就开始流行。这是晚明的金陵城，也是属于她们的金陵城。

这个金陵城曾如此特殊，既有都城繁会的洋洋得意，也有秣陵凋敝的顾影自怜，既有太祖建国的威仪气象，也有金陵王气黯然收场的悲观宿命。

这个金陵城也如此复杂，既有一城五司的张弛有度，也有鱼龙混杂的腐朽衰败，既有如过江之鲫一般的名士风流也有暗流涌动的苟且故事。

永乐迁都，让这座南方都市远离政治中心，消费主义迅速膨胀，成就了一个繁华、复杂、精致、时尚而又浪漫，充满大都会气质，独一无二的金陵城。在那个混乱的时代，南京用享受、拜金与消费展示了一个都市的繁华，用士风、艺术与气节留下了一个城市的气质。

几经起落，几经沉淀，晚明金陵文化上的极度成熟让市井繁华褪去虚浮，那些有质感的、底蕴深厚的、能慰藉心灵的文化成为南京独一无二的时尚。

这是三百年大明最精致的一笔，也是帝国最后的气脉与运数。明亡，金陵陷落，辉煌成余响。只是与其他城市不同，因为明代，南京始终处于一种后追忆时代。

六朝亡，六朝意向成为南京的文学母题，不断被提起。明亡，晚明故事成为一个时代的文字焦点，不断被回忆。文人用文字去追忆，比如于怀的《板桥杂记》，美人何处，园林何在，繁华过眼，恍然一梦。画家用山水画去追忆，比如叶欣、龚贤这些朝代更替之际的画家，笔下亡国之人，枯木无声，落叶生悲，颜色如洗，画面残破而感伤，曲终，人散尽。

第五章 属于人的城

引子　城市的味道

城市即人，一个活生生的城市，是其居住者的化身。

居住者让城市的每一条街道拥有了蒸腾的生活气，要了解一座城市，我们就需要了解建造它的人们，以及居住在这里的人们。

在那些宏大象征的指引下，我们重新认识了城市的许多建造者，落定在历史上，它们都是一些很难触碰的结论，比如太平天国运动、洋务运动、首都计划等，但如果以看身在其中的人的方式，则有可能体会到当时历史的洪流。

有人说这是一座市民之城，市民的精神为城市塑造了独特的集体记忆，而城市也因为这种塑造与他们成为一个共同体。

你说起这座城市时，就意味着你在说他们。

可城市是变化的，人们来来往往，你很难一眼将它看透，站在一处闹哄哄的集市中央时，你可能会觉得这里并没有所谓的文化或精神逻辑，但属于市民的城市力量却在自由而蓬勃地生长。

城市给了人们归属感，有人说一个城市可以提供的归属感有时比一个民族国家的更具包容性。称自己是重庆人、南京人、伦敦人、纽约人或莫斯科人，与自称中国人、英国人、美国人或俄罗斯人是不一样的。因为前者立即让你拥有了性格，后者往往只是一种身份或国籍属性。

在更广泛的认知里，人们可能未必清楚南京作为一个城市的文化符号，但人们会熟悉这个城市的气味。

首先来自食物的气味，比如看着夕照吃一盅茶与它所代表的南京人的趣味，"没有一只鸭子能活着离开南京"的城市故事，还有夫子庙的小吃、杏花村的酒，以及袁枚写的食谱。

然后是书卷气。不同于六朝文教文风，也不同于吴敬梓的笔底金陵，这书卷气来自赶考的考生，一路舟车，跋涉而来的考生背上的书篓被汗浸得透湿，陈旧的书页里埋伏着各自家乡小书房里老油板桌上的馥酣气。

每到春秋两闱时，夫子庙一眼看不到边的两万多间考棚里就密密麻麻关进了中国读书人的全部梦想，开考那几日，这书卷气搅着汗馊味儿一并发散出来，在大半个南京城里发酵起来，几乎整个城市都腌在这味儿里。

城市还有脂粉香、时尚气、书画风，以及作奸犯科的腌臜味，时令节气里的灯火味……每一种味儿都是城市活生生的面目。

人们把南京人叫作"南京大萝卜"，一个老南京人往往像憨直敦厚的大萝卜一样，说话直爽、为人大方，再大的事也可以不急不慢，"烦不了""多大事啊"是他们的口头禅。

南京人是不够精明的，没有细抠精算的尖刻相，也不张扬，不会张口就是从前也阔过，即便纵论天下也没有口沫横飞的劲儿。

他们甚至不够虚荣，因为不够虚荣，所以城市并不浮夸。几度兴废，数不尽风流人物，不过是名士青衫、美人黄土，城市里再没有什么事能在南京人心目中成为真正的大事。再大，大得过太祖登基？城市屠城？

他们似乎看起来都很低调，但对八卦的嗅觉一样极度灵敏且乐此不疲。民国时候，只需要一个下午，所有茶馆里喝茶的人就都知道蒋介石刚刚为他的新婚妻子做了一件巴黎时兴样子的皮大衣，甚至蒋太太收到皮大衣的表情，做衣裳裁缝的姓名，以及裁缝家后院的母猫刚生了一窝杂毛小猫都被完全周知。

码头上停的是哪家的船，门东头老太太做寿堂上来的谁，某个著名人物怎么试图藏匿他的私生子而被正房抓个正着，古琴世家的公子与昆曲世家的花旦之间的婚约如何谈好又撕毁……

城市是没有秘密的，每一张饭桌上都堆满佐酒的故事。

城市也是最有秘密的，每一个角落里可能都有一段隐名埋姓、完全不被知道的半生惊涛。那些鸿鹄之志的情节被收进了漆黑的木门里，再没有一点声响。

有些城市的鲜明一部分来自对土著身份的捍卫，但南京是没法排外的，问一句"老家哪儿的"，几乎和"吃过饭没"属同一种性质。南京不是一种优越感，而是一种认同感，人们认同这是一个包容、豁达，注定无法停止融合的城市。

六千年来，这片土地上一遍遍上演着不同文化流域之间的碰撞、交融。比如今天的南京话，最早大抵来自洛下之音与江南吴语的结合，但这其中必还有甚多语音的不断羼入，你看这声调里就有印度梵语经唱的影响。其实，不仅语音如此，今天的南京风俗、南京饮食、南京工艺，甚至南京文化无不如此。

这是一场我中有你、你中有我的恋爱，相遇的双方最终结为夫妇，他们的后代又不断遇见新的爱人，代代繁衍后很难再穷究某一个基因属性到底归根于哪一代的哪一位，但它们共同为城市奠定了独特的味道。

是的，味道，而非气质。

城市的气质是一种理性的认识，而城市的味道可以是一种感觉。不同人感受到的城市味道也不尽相同，毕竟这取决于你会被哪种味道吸引,是一碗鸭血粉丝汤,还是一家老书店。

城市即人。

它不是静态的,而是不断变化的,想了解一座城市,我们必须了解居住在这里、建造这里的人们。

人总是不可预料的,城市也一样。

城市是人类最复杂也是最非凡的创造,它看似固定为各种街巷,甚至建筑的方式也有可能千年不改,但因为不可预料的人出没其中,让城市可以不断调整、适应、在各种不同的境遇里,和各种不同的居民共同探索空间的意义。

无论是因为渴望、野心、贪婪,还是绝望,只要来到这座城市,人们就不会失望,因为城市总会留出自由。

一直以来,城市的建设者,往往是从幻想、乐观开始,而那些政治老手和利益投机者选中了城市。某些个阶段,一些不切实际的改良家加入其中。当城市崩塌时,他们就都蛰伏不见,直到下一个机会来临。

这里有贪婪的人、磊落的人、短见的人,也有偶尔出现的英雄人物,他们共同塑造了城市。

与很多城市不太一样的地方就在于,南京这座城市总是会为意外留出空间,让城市总是充满意外,生命总是有鲜活的可能。

它总是在重构自己,也不断与过去和解。

一些趋势塑造了它,让它沿着某些路前行,也总有人停下来,替城市思考它的方向。

在无数个寻常的早晨,城市醒来,来自长江的水流过秦淮,在盥洗的木盆里溅出些水花,母亲拉过孩子幼小的手,厨房里煮熟的食物滋滋地喷着香气。

人们在这里交换货物、话语、欲望与未来。

它永无休止,也从未停歇。

一　清风不识字

◆ 人心已去

朱元璋命令工匠们把所有经手官员的名字刻在城墙砖的时候，并不会知道，他亲手筑起的坚固城墙竟然替清军挡住了明朝复国的最后一丝希望。

第一次朱棣攻城就不必说了，李景隆和谷王朱橞联手开城迎入燕师，城墙无动于衷地注视着城内的叔侄易代。

这一场易代让南京成为大明的留都，留下了和北京一样的中央配置，六部俱全。按说如果有一天，一旦都城北京沦陷，南京凭借太祖开国的威望、三百年的城市积聚、完整的中央机构，完全可以在大明覆亡之际力挽狂澜。然而，早已涣散的大明帝国，连这半壁江山也很快丢掉了。

在城墙第二次被大规模攻打的七个月前，也就是明弘光元年（1645）四月，清军先围住了扬州。明将相继投降，唯兵部尚书史可法坚守扬州城。清军将领多铎亲自出马，连发五封书信，史可法连看都不看便一把火烧了。多尔衮致书诱降，史可法回信："我为朝廷首辅，岂肯反面事人？"

在给夫人的遗书中，史可法说："人心已去，收拾不来！法早晚必死，不知夫人肯随我去否？如此世界，生亦无益，不如早早决断也！"

他早已绝望，只是数千年来的士大夫教育让他必守忠义、以死报国。

城破，史可法慷慨就义，他的余部战死至最后一刻，清军屠城十日，有记载称，扬州满城被屠者竟有八十万之多。

让人扼腕痛惜的不仅是史可法的死，更是这死亡所代表的忠烈表象之内能力欠奉的注定悲剧。

早在崇祯朝，史可法就因长期未能平定叛乱而获罪，南明小朝廷成立之际，辅国重臣史可法没能如当年新亭对泣中的王导一般，遽尔起立，斥无用之悲绪，辅有用之司马睿，两分天下，护晋不亡，保汉政权衣冠不灭。

站在南京当年太祖指点天下的旧殿上，身为南明第一重臣的史可法既没有能力阻止大敌南下，也没有能力挽救弘光小朝廷内部的分崩离析。朝堂上，马士英、阮大铖之流争权夺利；朝堂外，军国重务也因史可法不断犹豫而失去机会，他领军不能统将，清军攻城，史可法作为统帅决策几乎全错。

他早就丧尽了筹谋杀敌的冷静，也不再有鼓舞士气的精神，他现在唯求一死。这样的史可法，守城守得悲，却不壮。

他有铁骨铮铮，足可史册流芳，但他远称不上伟大。

他太像他所属的那个时代，回想起来光芒万丈，细看过去叫人扼腕痛惜。

整个明代，尤其晚明，帝国看起来光芒万丈，繁华无边，实则腐朽至极。它看似曾深刻地反省过自己，甚至也不曾完全拒绝与世界对话，但它缺乏从内而外改变的能力，它始终在追求全国的对称与均衡，无论商业多么发达，这里永远只是一个顽固的农庄。

像这堵坚甲海内的城墙一样，它有极其完美的形式，却没有与之相匹配的实质。晚明时最有希望为近代中国转航的城市南京，在这堵坚甲海内的城墙内备受煎熬。

◆ 戛然而止

南明弘光元年（清顺治三年，1645）五月，多铎的清军驻扎在了南京城下。

多铎比任何人都更加了解这道城墙，深知此墙坚如磐石。

几个月来，甚至几年来，他无论是夜里醒着，还是沉入梦乡，心中念念不忘的只有一件事：如何占领这无法占领的城池，如何摧毁这难以摧毁的墙垣。他细细地看过城市防守工事的尺寸和图样,他的幕僚们和他一起仔细推敲每一个可能的突破口,但是全都令人失望,即便他们采用威力无比的大炮,也无法摧毁这座坚甲海内的城墙。

没想到的是,城门自己打开了。

皇帝朱由崧带着太后、嫔妃迅速溜走。

大雨滂沱的晚上,忻城伯赵之龙、大学士王铎、礼部尚书钱谦益跪在巨大的城门外像一摊摊失去骨头的烂泥堆。洪武皇帝修建的城墙,在这个大雨的晚上成了贰臣们归降的背景墙。

相传城降后,南京城内有一个乞丐投水而死,乞丐投水前,做了一首绝命诗:"三百年来养士朝,如何文武尽皆逃。纲常留在卑田院,乞丐羞存命一条。"

曾经被无数人寄予厚望的南明弘光朝廷,仅仅存在了一年不到,就此灰飞烟灭。正如《桃花扇》中所唱:"长江一线,吴头楚尾路三千,尽归别姓,雨翻云变。"

吊诡的是,南京城墙发挥作用居然是明朝灭亡以后。

明朝灭亡以后,南明势力和清廷的斗争依然持续了二十多年。这当中,最为高潮也最为激动人心的一幕,是郑成功北伐南京。

崇祯吊死在煤山后的第十五年——清顺治十四年(1657)春,大明延平郡王郑成功率十七万水陆大军北伐。

六月初一攻克瓜州,六月二十二日攻克镇江,六月二十三日,句容、仪征、滁州、六合等相继主动归降。明军一路势如破竹,十五年没见过大明衣冠的江南百姓,摇着剃掉半边脑袋的金钱鼠尾辫,穿着立领直身的马褂长袍,看着马上衣冠完整的明军,跪倒在路边痛哭失声。

他们有十五六年没见过自己民族的服饰装扮了,他们将要失去对这衣冠的记忆了。他们拼命想抓住这最后一丝希望,江南各地无不箪食壶浆,争相劳军,整个大江南北为之震动。

清顺治十六年，即南明永历十三年（1659）六月，郑成功与张煌言联手率领八十三营十七万水陆大军，泛海北伐，破镇江、围南京，席卷徽宁池太四府三州二十四县！如果夺回南京，收复广东与云贵指日可待，整个东南将尽在掌握，清廷失去南京，则失去了江南财赋，经济掣肘之深必然牵动大局。

然而，朱元璋坚甲海内的城墙挡住了大明最后一丝生路。

南京城内的清军实力远不如郑成功，可明军先是在高大的南京城下久功不克，继而在清军出城迎战时再次失利，直到清军援军到达，内外夹击，郑成功希望破灭，不得不退守台湾，从此未能再进一步。

这是大明真正的终结，城墙拒绝了它最后一次苏醒的机会。

从此，反清复明只存在于民间的武侠幻想中，这些幻想激荡起的情感回响因为太过强烈而延续了很久很久。

只是属于大明的故事，那些沸腾过的理想都已戛然而止。

◆ **小民的噩梦**

来自马背上的民族凭着他们对汉族文化的认知开始探索如何接手和创造一个属于他们自己的时代。

城市经过了一段艰难的适应。

清军惯例，每攻占一地，八旗要和当地居民分隔而居，不隶属地方政权，也不受当地法律管制，他们自己形成了一个征服者的特权团体。

在南京，清军以皇城为中心，将南京东北一带强占为八旗驻地。"分通济门起，以大中桥北河为界，东为兵房，西为民舍。通济、洪武、朝阳、太平、神策、金川，凡六门，居清兵"[1]，这一片被称为满城。原先住在这里的百姓，区域划出后，就立即被

---

[1] 〔清〕计六奇：《明季南略》，北京：中华书局，1984年版，第72页。

命令迁走,数十万居民,几乎没有任何时间收拾财物。《明季南略》载:"百姓俱狼狈走,稍迟则刀棍交下,立毙。什物悉为兵有,百姓止走空身而已。"稍微迟一点,清军就刀棍交下,打死则立即拖至乱坟岗,来不及带走的一切什物都归清兵所有,一时之间,南京整个东北区,"提男抱女,哀号满路"。

就算做顺民,剃了头发扎了辫子,也一样被打,顷刻之间,十万南京人流离失所。曾风月无边的秦淮岸,那些清雅出尘的秦淮名妓,大多被掳往军营,从此不知所终,金粉繁华之地一时残砖断瓦,野草丛生。

年少时见过城市繁华的方文伤心感叹:"依稀年少来金陵,两岸楼台千百层。瑶笙锦瑟家家曲,画舫珠帘夜夜灯。如今未及三十载,城市萧条风俗改。居人对岸悄无哗,月色波光似烟海。"两岸朱楼雕画栋,箫鼓楼船美酒歌伎,曲声缭绕通宵达旦的秦淮已经萧条无声。明孝陵禁墙一带也沦为兵营马厩旗兵放牧马匹的草场,几百年的大树被任意砍伐,无人修养的草地日渐荒芜。

南京的农田多,草场不够清兵的马吃,马匹们就践踏农田,啃食庄稼,"环城六十里内,稻田俱尽矣"①,即便如此,农人也不敢声张,悲苦自咽。

见八旗人为所欲为,当地一批刁民恶棍不免动了心思,嘉庆《新修江宁府志》载,"南民投充,惟江宁为多。而江宁为溧阳最甚",这些人为了求一点旗人手中鱼肉乡里的特权,不惜携带家财印地,委身旗下做奴。

"身一入旗,夺人之田,攘人之稼。被攘夺者愤不甘心,亦投旗下。争讼不已,刁风滋甚,称旗盗之害。"②摇身一变,成了旗人的奴才,倒比往日更狠毒百分,夺田抢粮,狐假虎威。被欺

---

① 张伟仁主编:《明清档案》第3册,《江宁巡案毛九华揭报江安二府残破情形》,台北联经出版事业公司1986年版。
② 原奏本影印件见《明清档案》第三册。

压的不甘心,也去做旗人的奴才,相互争讼,好好一个金陵城,成了不断失去底线的乌烟瘴气之地。

康熙年间,有两个汉人无赖,串通旗兵到南京郊外田地里牧马,"每百亩勒索规礼银一两",有农户不给,立即放马下田啃噬庄稼,农人情急,也下田驱赶马匹,兵士们立即一拥而上,二话不说绑了人就走。除非家里"献银五两始放"。假如有哪个旗兵的马死在农户家附近,那这家不闹得倾家荡产必然是赔不起的。

绞尽脑汁苛勒百姓的还有守门的旗人。南京城墙大,乡民进城必要过城门,不管进城买卖什么,只要经过城门就得交担索钱,没钱就把帽子、烟袋、物什扣下来,出城再赎。这时的城市,是底层小民的噩梦。

◆ 屠刀与文字狱

为了彻底收服南京,刽子手举起屠刀。

顺治四年(1647)九月十九日午时,南京西门市场,暑热未消。商户们早早关了铺子,男人将辫子缠在头上,新剃的前额油光锃亮,旗人的袍子有点窄,走路时候还不太习惯,他看一眼里屋的婆娘,虽然还是汉人装束,但一脸黯淡。外面鼓点响起来,两个人互相看一眼,又都垂下眼。

是要行刑了,那些要被砍头的三十多个拒不剃发的反清义士和这家人没任何关系。但只要一想起还有人为大明死节,城里哪怕是身份最低微的草民也忍不住要黯然失神。

挤在西门市场的人很多,像城墙砖一样堆在刑台前,死犯被推上来,是之前抗清兵败的吏部考功司主事夏允彝的儿子,和他一起被推上来的还有一些夏家的亲族。夏允彝的儿子夏完淳在这群人里年龄最小,不过十六岁,少年气朗,束发白衫,立而不跪。

刽子手赤裸着上身,凶煞一般,甩着粗壮的膀子扛刀过来,杀人不眨眼的他看见这个少年，竟然不敢与之对视，迟疑着有些不敢近前。

夏完淳神色安详，他父亲兵败投河而死，老师陈子龙被捕拒降，赴死，叔父自缢。岳父钱彦林、堂兄钱榛、姐夫之父侯岐曾，此刻皆与他同在。

这三个家族，夏家、侯家、钱家世代联姻，人才辈出，誓死不降。今日，几近灭族。

一腔碧血，为华夏衣冠，忠魂做祭！

人群里吞声哭泣者有之，愤恨睚眦者有之，默然观之者、凑睹热闹者同样有之。据《明遗民录》辑录，清军入关，明朝臣儒为尊严节义，慷慨赴死者有八百余人，并称："其所遗漏者，尚汗漫而不可纪极也。"

无数的人将自己留在了那个死去的时代，城市永远记得那些深刻的情感，即使中国再无大明，城市也永远浇筑了对这个时代的回忆，并不断激起回响。

夏完淳死后的这个秋天，驻守南京城门的旗兵拦住了五个僧人，进行盘查。为首的僧人是明礼部尚书韩日缵之子，当日的他是江南大名士，海内名人以不能和他成为朋友为耻。

明亡，二十九岁的他出家为僧，法号函可，随行的是他的四个徒弟。

即便他身上带着清廷高官洪承畴签署的准予出行印牌，并不把汉官放在眼里的旗兵还是拦住他们仔细搜查。函可随身有本《再变记》笔记，记录了一些明清易代的见闻，旗兵一见立即羁押了函可，严加审问。

旗兵的审问就是拷打，先上夹木，夹住双腿，狠狠拽夹，直拽到木板折断，函可也并不多言。恼羞成怒的旗兵又用铁链将他重重捆绑，用尽酷刑，函可两足重伤，多次昏死，鲜血盖满双脚，依旧平静如常，这份属于江南名士的淡然沉静，让行刑旗兵也忍不住嚯口叹服。

后来，函可被押解到北京，下刑部大狱。

从他开始，清朝的文字狱愈演愈烈，康熙时《明史》案，编书的、印装的、卖书的、作序的无一幸免。有人被凌迟处死，有人被株连九族，入狱者两千余人。

经手《明史》的书商陆德儒，家中正张灯结彩、锣鼓齐鸣的嫁女儿，官兵一到，全家老小和迎新亲友无论男女全部被捕，个个下场凄惨。为《明史》作序的李令皙被判凌迟处死，他的四个儿子都被问斩，其中最小的孩子才十六岁，按大清律法，十六岁以下可以免死改判，有狱卒不忍少年送死，教他少报一岁，这孩子哭着说："我父亲兄长都赴死，我怎能一个人活着？"

如果说这个时候的文字狱还略有迹可循，那雍正时的文字狱就已经直接成为一种恐怖高压。翰林院庶吉士徐骏诗稿中有"清风不识字，何必乱翻书"一句，被判斩立决，江西考官查嗣庭以诗经"维民所止"为题科考，被雍正帝视为影射其无头，查嗣庭被戮尸，儿子被处死，家属被流放。汪景祺因写《西征随笔》，中间有几句不够恭敬的话，雍正看后大怒，不仅将他枭首，还把他的头骨挂在北京菜市口十年之久。

当落笔时充满禁忌和恐惧，文字也就失去了力量，在这种软骨头的文字浸润下，时代必然会失去它的脊梁。

康乾盛世，有史可查的文字狱就有两百多起。

每一起背后都有许多颗鲜血淋漓的头颅，每一处是非曲直也都成为历史褶皱中的微尘。时间是漠然的，不讲感情，不讲是非，只留下结果。

中国在执拗而勤奋的清朝统治者带领下，马不停蹄地奔向世界的另一面。

他们全部的聪明才智都用来恢复一个以农为本的国家秩序，他们更深地相信华夏天下观不容置疑，他们将西夷的科技视作奇技淫巧，曾经领先的技术类著作，如《天工开物》，只因为有关于前朝的字样而被毫不犹豫地禁毁。

玉米、甘薯、马铃薯等高产作物的引进，养活了中国历史上从未有过的庞大人口，乾隆时期，中国已有至少两亿人口，并很快将突破四亿，庞大的人口让国家有了繁荣的条件，但"清风不识字"的恐怖也让这庞大的人口犹如帝国与土地的囚徒。

不过，清廷倒也并不过分阻碍工商业的发展，海禁政策相比较明朝，执行得并不严格，他们给予了城市在可容忍限度之内的自由。这让整个中国在经历了初期痛苦的适应之后，凭着那打不死的韧性慢慢复苏了生机。

恢复了秩序的城市又一次从秦淮两岸醒来，商贾辐辏的忙碌让城市陷入一种盛世的错觉。此时的中国，几乎每一处都在康乾盛世的繁华泡沫里沉浮。而地球另一边的文明已不仅仅是盛世这么简单。

乾隆三十年（1765），令妃的皇贵妃册封典礼风光无两，云锦丝帛如海积，珠玉珍馐供满堂，而距离他们半个地球之远的英国，一名叫哈格里夫斯的纺织工正在组装一台新式纺车。这台珍妮纺纱机开启了英国的工业革命，几十年后，来自南京的锦绣布帛将遭遇这些纺织机所带来的前所未有的市场冲击。

那一年，我们的翰林院大学士们还在修补《四库全书》，以便更好扼杀一切与专制统治不相契合的思想，世界的另一边，美国已打响了独立战争的第一枪。

很难相信乾隆与华盛顿居然是同一个时代的人。当华盛顿忙于制定联邦宪法，张罗着为国家信用背书建立国家银行，批准了奠定西部自由土地制度的公共土地法案时，乾隆正在自己的行宫里不断物色新的江南女子，不断收紧文字审查制度，不断为自己创立更多的尊号以凸显作为帝王的存在感。

清嘉庆四年（1799），乾隆皇帝与美国第一任总统乔治·华盛顿相继去世，他们之间，仿佛隔着几个世纪。

作为帝国的中国，在这场落后里已然注定了在与来自海上的文明迎面相撞时的惨烈。但作为城市，此时的南京还是在清朝中期恢复了往日的繁华。

二　好物不长久

◆过于灿烂

一旦城市提供了机会，人们就会拥入这里，寻找城市所能提供的一切。

作为中国最大的消费及流通型城市，康熙后期，南京城已恢复元气，秦淮两岸，数十里地，闾阎万家，商贾辐辏，没有哪一个城市能有南京这样的规模，云集消化那么多地方的会馆。

桃叶渡、姚家巷一带，卖手绢、鼻烟、风兜、雨伞、纱绸衣服、皮绒衣服、棠木屐、重台履、香裹肚、洋印花巾袖、顾绣花巾袖、云肩、油衣、结子荷包、刻丝荷包、珊瑚扇套、金彩鬼子栏杆貂勒、义髻、步摇、流苏……商铺鳞次栉比，炫心夺目。考试用的笔墨纸砚、来自常州的梳子、苏州的糖果、扬州的香粉……但凡国内有的货物，没有这里买不到的。

贩卖丝绸、布匹、粮食、南货、洋货、皮毛、煤炭的富商大贾四方来集，单人独货的本地小贩也不在少数。客商、铺户、赶考的士子形成了庞大的消费主体，直接带动了城市里酒馆、茶楼和客栈生意。来南京的外地人太多，这种周期性的旺季拥入让旅店这一行情火爆到报恩寺的僧房也辟了不少出来做客房。

有经营头脑的酒店甚至把业务扩展到秦淮的游船上，在船上弄一个小火舱，将将好容一个人蹲在那里，焐鸭子、烧江鱼、炊饭煮羹，前舱里听着琵琶小曲的游客竟然感觉不到火舱里的动静。

城市非常热闹，热闹到让人羡慕，清嘉庆二十一年（1816），英国的德庇时爵士来南京之后，在《中国闻见录》里感叹："南京太像是一个现代的罗马，尽管它的城墙更高，也更长，大约绵延了二十英里。"在西方人眼中，南京的地位与古罗马一样悠久辉煌，也和古罗马一样流淌着无法想象的奢侈与腐烂，提起南京这两个字就有无数言犹未尽的象征意味。

最有名的是那座用琉璃烧制，缀满无数宝珠的瓷塔，哪怕历尽沧桑，颓败失修也不掩国色。安徒生在《天国花园》想象："我现在是从中国来的，我在瓷塔周围跳了一阵舞，把所有的钟都弄得叮当叮当地响起来。"城市实在是太过于灿烂，哪怕是晚清凋敝衰微之中，城内的建筑与炫心夺目的商货也给予了远来的客人无限的想象。

◆ 锦缎之城

康熙一次南巡，驻跸织造署，远远见楼下几个人，盘着辫发，穿着短褂，粗壮的臂膀露在外，一路气象趔趔地走过去，康熙很好奇，问左右："这是什么人？"侍从告诉他是六个去上工的机匠。康熙笑："此呆机包子也。"从此机包子的名号倒叫响了。机包子有蛮力，也有忠勇之心，太平天国时，南京城内倒添了许多织工的忠义故事。

女子们也有做织工的，贫家女子将染过的湖丝络在篗上，绕一束为一窠，一天绕个三四窠，结了工钱买米，够吃个一天。家境好些的南京妇人喜欢在领子上缝金线、旗带、花边，没钱的南京人家也尽力让女孩们穿得干净利落些。

城市的西南隅因为多岗阜，没什么潮湿之气，丝物不容易霉烂，住了许多以缎业为大宗的金陵商贾。这城里至少有二十万人在靠织业生活，从前，皇帝不许一户人家超过一百张织机，曹雪芹的爷爷曹寅任江宁织造时奏免，乾嘉年间，南京城内光织机就超三万台,男女织工十五万人左右,机杼之声彻夜不绝。

北城人擅长剪通草、彩绒做成花胜,手工精巧的做出的花比真花还要好看,这绒花做着做着倒成了城里一个风俗,丫头媳妇逢年过节戴个绒花,讨个口才,只说是荣华富贵的意思,意思好,听着吉庆,连清宫里的娘娘们也学了去。

城市给所有外来的人都留下一个深刻而鲜明的印象,这是一座丝帛之城、锦绣之城。北京天桥上说相声的,词里都有一句"小小的纸啊,四四方方,东汉蔡伦造纸张,南京用它包绸缎……"。据1922年的一份材料,当时单钓鱼台的于启泰号一家,一年就能织出六千五百匹锦缎,雇了手工工人一千三百多人,到1927年,城市历经那么多变化,还有八千多架织缎机,男女大小工人两万多人日夜不歇地织布。

城市已经不再是名士风流之地,现在,它浑身是质朴的力,满脸是通俗的笑。绸缎已然成为城市的象征,它不仅仅是城市经济的支柱,而且是城市给人们留下的面容,它鲜艳、繁复、代表时尚、高贵与奢侈。

在清代江南重赋的情况下,以南京为首的江南还能保持相对富庶,就是因为"室庐舟楫之繁庶,胜于它所。此蚕之厚利也"①。是蚕丝、锦帛养活了这座城,虽然"赋重困穷,民未至于空虚"。

作为植棉纺布的大国,西人曾感叹"中国可以生长的棉花足够供应全世界"。城市更是这个大国的经济枢纽,在这样繁华的所在,人们藉着丝帛的厚利,享受着眼前这一点浮华,穷人家哪怕炒点豆子,扯个衣搭,起个好听的名字,比如"状元豆"在贡院一带往那生员考生中兜售,也不至于困顿无路。

---

① 〔清〕唐甄:《潜书》,康熙年刻本。

◆ 极速坠落

然而，也是这布帛，最直接地感知了时代的剧变。

它辉煌时，连法国的大仲马在《基督山伯爵》中，也要让成为基督山伯爵的唐泰斯穿上来自南京的紫花布裤子，完成他最重要的复仇。《基督山伯爵》成书的那一年，《南京条约》已签订了十年，被迫打开的中国，如果说有什么亮点，也就是那些大量销往欧美各国、质地上乘的手工艺品，比如唐泰斯身上所穿的紫花布。

这种布料在欧洲被称为"南京布"，英文译做"nankeen-bosom"，几乎每一个上流阶层的绅士或女士都熟悉这布料如同亚麻般的手感。

大文豪们总是不忘给自己的重要角色搭配上有南京特色的服饰：福楼拜让包法利夫人穿着紫花布长袍遇见莱昂；法朗士的小说《领带》中那位男士"穿着紫花布背心，黑绸子宽领带在颈子上绕了三圈"；狄更斯的《匹克威克外传》《大卫·科波菲尔》里，穿着南京布登场的人物多得无法一一罗列；简·奥斯汀笔下，姑娘们穿着南京布做的紫花半靴在英国乡村小道上散步。

作品来源于生活，19世纪的欧洲，南京布凭着天然的色彩，舒适细腻的手感，以及来自中国南京的名头，在上流社会特风行，尤其是贵妇们追逐的时尚面料。

《南京商贸史话》中记载了1820年之前，英美商人在南京布上的巨大贸易消费。英国出版的《中国博览》写着：中国造的南京土布，在颜色和质地方面，仍然保持其超越英国布匹的优越地位。这一切在第一台珍妮纺纱机问世之后戛然而止。

穿着杭绸衬衫配南京布长裤的英国上流人围在珍妮纺纱机旁，指挥着工人们开始了不停歇的工业探索。工业革命之前，"中国人在手纺领域长期享有难以超越的地位，前期是丝织业，后期是棉织业，只要是手工制作，中国的手工艺人就可以将其发展到极致"①。欧洲完成工业革命之后,这一切的优势烟消云散。

如果说南京布是农业文明臻于完美的标志之一,那南京布的衰落也正预示农业文明鼎盛的落幕,就像一个迟暮的美人,衣饰精美却总透着一股行将就木的老人气。

英国曼彻斯特织物展开成为连续不断的布匹,以及堆积如山的圆筒货包时,南京仍然在"札札弄机杼"的手工操作里,一厘米一厘米地向前织进。在城市与城市的对话中,曼彻斯特与南京为世界划出了一道人类生产史的时代界限。

前者拥有无限可能,后者开始急速坠落。

南京布不再是市场的宠儿,英国物美价廉的机织布很快赢得了压倒性优势,几百年来的棉布进出口格局被逆转,中国的码头上,堆满了来自曼彻斯特的圆筒货包。伴随着这一点手工优势的流失殆尽,中国开始全面落后于西方世界。

这座以云锦、丝帛著称于世的城市,开始一步步走向至暗的深渊。

虽然在此后的动乱中,曾国藩替大清收复了太平天国统治的南京,李鸿章为大清改良了故步自封的南京,城市从一个单一政治军事行政型城市开始向近代工业化、商业化城市转型发展,洋务运动在这里喊出了"民富国强"的新理念,但这一场清政府的改革已为时太晚。

作为这场改革的中心点,南京也想跟上这个世界,但帝国腐朽的航船已驶不进新的航道。城市在飞奔的世界面前,急速坠落,直到1937年的冬天,城市坠入地狱。

它其实已经见惯了屠戮,哪一次战乱之后,城市不惨烈?

人们意识到自己拥有人的权利之后,加诸他们身上泯灭人性的凌辱就显得格外惨烈。而实际上,这一场注定的失败从六百年

---

① 引自网文《从"南京布"的盛衰过程,来看清代中西方经济地位的转换》。

前云锦张开的那一刻就已在慢慢发酵，南京的锦缎是它极致的辉煌，也是它衰落的旁证。六百年的背道而驰将让城市付出代价。

只是没有人会想到这代价如此之惨烈。

1937年的冬天，城墙最后一次为保护它脚下这片土地而发挥军事防御功能。城破之时，人类近代文明史上最为黑暗的一页被摊开，城市被吞噬进深不见底的黑暗。然而，日军的屠城也激起了一个民族最后的斗志，城市成为国家的图腾。从此，每一个南京人，都拥有了意义与象征。

三　一整座军营

◆集体生活

天气潮湿得很，风刮得很大，一会儿雨，一会儿雪，路上覆盖着一层很深的泥浆，每走一步都泥水四溅。因为寒冷，所有的行人都蜷缩着，就像患了心绞痛。从上海一路过来的慕维廉在天完全黑透之前进了城，他是英国伦敦传教会的传教士，干王的老朋友。[①]

这是太平天国在南京建都后的第七年，城里情况看起来相当糟糕。昔日宽阔的街道已成为破砖堆中延伸的通道。除了军营以外，城内看不见其他公共建筑，许多房子看起来被洗劫一空并被捣成碎片，诸王的宫殿显眼的坐落在废墟中，旧的衙门和寺庙乃至整个城市都遭到毁坏。

那座用琉璃烧制缀满无数宝珠的瓷塔，在太平军进攻南京城时已完全被炸为瓦砾，粉身碎骨的瓷塔依然吸引着得以靠近它的外国人，他们总是试图从废墟里带走一两片残缺的小小构件，希

[①] 该处慕维廉与干王的会见及见闻来自慕维廉于1861年2月的书信中，该书信收入《传教杂志与编年史》（二十五卷）。本文引自卢海鸣、邓攀编《金陵物语》，南京：南京出版社，2014年版，第83页。序言中提及慕维廉是与忠王李秀成会面，但正文中均为"干王"，本处引用，仍用"干王"。

望留作纪念，因为这毕竟是他们很多人从童年时就已无数次从书中看到的东方建筑。

太平军在入城的第四天就已经开始实施男女分馆政策，他们将全城居民以二十五人为单位，按照性别分别编入男馆或女馆，选择宽敞房屋集中居住，这个叫"打馆"。据在城内开油坊的王永年后来在其《紫苹馆诗钞》中自述，某日午后，某太平军首领来到其宅院，"令以东院居众兄弟，西院居众姐妹，前后墙门堵断，并将街邻驱入，以左右屋二十四间住满为度，名曰男、女馆"。馆里不分长幼，全部以兄弟或姐妹相称，集体生活一夜之间取代了家庭生活。

新政权在城市里推行他们的新政，男女分馆只是第一步，人们很快发现这是一支抱有狂热宗教追求、行事极端却缺乏贯通性的庞大军队。他们要求所有人全部改信上帝，决不允许偶像崇拜，包括神、佛、菩萨、祖先。"遇庙宇悉谓之'妖'，无不焚毁"，为了给天王及天王所封的大大小小的王盖宫殿，拆掉的庙宇砖木能用的尽皆搬去，一时间"拆妖庙，梁柱成山储木料"。为确立上帝信仰，他们宣布只有经天王洪秀全审订、由官方刊刻的书籍才被允许阅读，孔孟经书当然是毫无疑问的"妖书"，不仅被下令焚毁，还下令凡买卖藏读者一律问罪。紧接着，全城开始大规模搜查销毁古书，"搜得藏书论担挑，行过厕溷随手抛，抛之不及以火烧，烧之不及以水浇。读者斩，收者斩，买者卖者一同斩"。

太平天国倒也不是不讲文化，他们也在南京开过科举，甚至迫不及待地在攻克南京当年（1853）就开科江宁，他们也知道，对于城市，甚至对于政权而言，考试就是希望。只是与焦竑、徐光启等参加的科举不同，太平天国的科举不问出身，信仰上帝让"四海之内皆兄弟"的思想贯入人心，不仅从前不可能踏进科场半步的倡优、隶卒、僧、道、巫、觋、卦卜、星相之流可以应试,女子也可以应试,并且一科能取几千人。据说,那时的第一位女状元傅善祥就凭着一卷力驳"唯女子与小人难养也"的雄文,高中了鼎甲第一名。她游街时,花冠锦服,乐吹鼓奏。住在女馆中惶惶不可终日的女子瞧见了,也安了几分心,住进来这些日子,确实没有军士进来骚扰淫掠。城市是禁欲的,除了禁欲,也禁烟、禁商,禁穿丧服,禁做佛事,因为他们宣称人死就是回到上帝的怀抱,是"头顶好事,易欢不易哭"。

所有人都改了装扮,男的不许戴帽,要用红巾扎在额头上,红巾一下成了精巧货,找不到就只好"制巾不及裹红布,觅布不及裹红纸"。男人们将全部头发混上大量的红丝线编一个大辫子盘绕在头上,看上去倒弥补了亚洲人颅骨不太饱满的小缺憾。女的不许穿裙,也不必裹脚,头发追着广州、湖南的样式梳。官员和诸王们穿的袍服则有点类似明代服饰,又有点类似传教士的简易袍子,头上戴着围着镀金纸带包裹着的头巾,纸带上装饰一些飞龙夔雷之类的花纹。没镀金纸带的,就用制作得很糟糕的假花,或者小老虎图案贴在头巾上,看上去和服饰并不协调。一些王因为私生活过于放纵,面孔总是显得萎靡不振,这些怪异的黄色服装和装点着奇奇怪怪东西的头巾,加上他们有时候为表示尊严而故意摆出的不自然的姿态,使得他们看上去十分可笑。

据说,他们中大部分人所受的教育并没有超过清代社会一个普通苦力的水平。

◆ **崩溃的边缘**

城市的命运变得非常叵测,商业已经全部停禁,城内所有东西都属于天父所有,归入统一的圣库调配。男女馆中每日分工种做工,比如兵器、火药、建筑、食品、日用品、服饰、印刷之类的,据涤浮道人《金陵杂记》中记的,具体细目工种有五十九种之多。这些做工的地方被称为"衙",像典织衙就是织造布匹锦缎的，豆腐衙就是做豆腐的，"使被胁百工技艺各有所归，各效其职役，凡军中所需咄嗟立办"。①

城市被规整为一个巨大的军营，整肃运转，全城军民日常生活必需品由圣库按是否为官、官衔大小等标准分别定额供应，早期这种理想主义的共同生活倒也起到一定作用，美国传教士裨治文看到后就觉得这一切非常梦幻，他觉得这里每一个人都被指定住处、安排工作、做错事立刻会被责罚，秩序和纪律简直就是尽善尽美。

太平军破城的第三天便开始清理死尸，随后就设立负责收埋尸骸的掩埋馆。还指派老人专门负责打扫街道，他们的职责包括及时清除路面上的杂草和牲口的粪便。不少街道不仅宽敞，而且看上去保持着清洁状态。然而，这种新气象很快便烟消云散。

并不与民同制的天王、干王、东王，以及一入城就迫不及待封下的几千个王，每一个都急迫地需要为自己盖一座王府，选很多妻子，抢一些奴隶，尽管他们信誓旦旦地宣称禁止任何人"卖子为奴"，同时规定所有人都"不得买奴"，但他们每一个王，甚至地位稍微高一点的军官手下也掳掠来许多小男孩充作随从。这些小男孩永远也不会再见到自己的家人，曾经有三个被抢来的小男孩因为想回家看看家人被当众砍去脑袋。

城市被迫禁欲，王府却越盖越多，到处散发着红、黄油漆的气味。各王府的大门大同小异，都是通常的旧式衙门的门，只不过涂上了耀眼的红黄两色。府内的装饰上颜色混杂，乏味异常，大群肮脏的身穿杂色衣衫的随从懒散地靠在王府的走廊和屋檐下。

由于严禁一切商业活动，城内街道显得十分荒凉，除了几个药铺外，城里见不到任何一个店铺或摊点。进城必须"穿过散发

---

① 〔清〕涤浮道人撰：《金陵杂记》，咸丰六年刻本。

着恶臭的郊区",在一些城郊的村庄口,经常会有几个老妪向过路者兜售一点干瘪的土货。一路上看不见一个身体健全的人,有些被杀死了,更多的是在太平军中服役。远远的河岸边,就有两个头发纠成灰白一团、枯瘦的老妪在悲伤地号叫,由于号叫的时间太长,声音听起来像惨厉的老猫。她们中的一个人的丈夫因为不够强健,干不了苦力而被砍掉头颅,两个勉强能干点苦力的儿子被太平军拖走成了奴隶。另一个老妪的女儿则因为长得漂亮被带走,她们必然是永远不会再相见了。

只是欲望是戒除不了的,城里面男女分馆的情形很快维持不下去了,夫妻冒死同居事件时有发生,鸡奸的现象悄然滋蔓,勉强维持了一年的男女馆制度不得不作废,夫妻终于可以回到只剩一片瓦砾的老宅搭起草棚,千恩万谢地活着。城里也相继出现了鱼、肉、蔬菜、茶点、杂货、绸布、古董、玉玩等各色店铺,商业有限度地恢复了一些。

城内粮食随着战事吃紧,早期的充分供给已不再可能,刚开始,城内大片的土地还被用来种菜,后来随着秩序的混乱,菜地也开始荒芜。太平天国后期,英国军官白拉克斯顿上尉进城时发现城内居民区"有许多荒地、废墟和垃圾"。原先铺设讲究的路面已面目全非,"满是小洞和裂痕,污水污泥积成的小水潭和水沟散发着臭气;雨天时街道则变成湖泽,无法行走,当地居民在必要时只得赤脚蹚过去"。他还目睹了天王府的环境,发现里面与想象中的画面完全不是一回事,"每一件东西都很脏,镀金之处很快就被手汗、灰尘和雨水所污而附上一层棕色……地上满是痰迹和污物。懒散闲逛着的天兵们蓬头垢面衣衫褴褛。虽然身处天王宫殿,你在周围仍能看到断垣残壁,看上去满目凄凉"[1]。

漂亮的女子经常找机会逃走,城里到处贴着寻找走失女子

---

[1] [英]富里赐著《天京见闻》,卢海鸣,邓攀编:《金陵物语》,南京:南京出版社,2014年版,第133页。

的告示，人口越来越少，被抢来的男孩子垂头丧气地跟着他们的主人。

传教士看见许多这样的小男孩，南门桥就拥挤着很多吵嚷的士兵、数不清的小男孩、妇女和小贩，那里是太平天国允许进行有限度的商业的地方。如果在路上突然听到一阵锣鼓声，那一定是哪位首领出来了，随着这声锣鼓响，先是会看到几十名身穿杂色衣服的士兵骑着马，手里举着鲜艳的大绸旗列队行进。骑马走在队伍中央的首领往往穿着一件耀眼的红绸袍，靴子上绣满复杂的花纹，头上戴着那顶装饰得稀奇古怪的黄绸帽。有时候，他手里会拿着一柄巨大的仿照外国式样的三色绸伞，两名小男孩紧紧跟在他后面，他们俩一个提着一支生锈的枪，另一个用一支竹竿挑着一面大旗，衣服粗陋，所有人都看上去既疲倦又肮脏。

因为坑洼和没有清理的垃圾而造成的污水污泥在路面上持续散发着臭气。这些小男孩小心地绕过地上的污水坑，他们都是首领作战时掳来的，他们再也不能回到家或见到父母。男孩们把首领称呼为"大人"。首领的家里还有十几个这样的男孩，同样是掳来的，如果他们逃跑或者抗命，就会像那三个想家的孩子一样被杀掉。

唯一的好处是他们此刻还有吃的，伙食比起在家时，可能还稍微好些，但基本上等同于一个奴隶。

现在，这座巨大的军营正处于崩溃的边缘。

◆榨干最后一滴血

特意从上海赶来的传教士慕维廉见到干王后，建议他们开放通商，恢复秩序。干王嘴上答应，实际上根本没有想过要怎样更好地维系城市的生命，他们曾经有过一个宏大且不实际的天国梦，在简单粗暴地移植了基督教后，他们也曾基于基督教的教义推行过男女平等、公共救济，幻想过天朝田亩制度。但事实上，他们靠抢掠生活，只要他们能够抢掠，他们将既不工作，也不经商。

太平天国可能也并不知道自己在做什么，他们为晚清中国画下一个大饼，却带头打碎了它，他们在南京城里做了十四年的理想主义试验，并因为自己的欲望、贪婪与懒惰让这个理想主义成为城市的噩梦。

如果太平军里那些目光明亮的年轻人占大多数，即便蠹虫再多，城市也有可能再继续支撑一段时间。但可怕的是，原本支撑他们的，关于天父的信仰因为天京事变中会"天父附体"的杨秀清被杀而几乎崩塌。毕竟杨秀清号称是无所不能、无所不在、无所不知的，他都可以被杀死，士兵们怎么会相信自己在战场上会因为天父的庇佑而刀枪不入？这套神话把戏眼看着演不下去了，城里人心涣散，锐气大减。

但他们必须和城外的湘军决一死战了，曾国荃的军队趁着他们自己内乱消耗得厉害，早已扑准时机将南京围成了一个孤城。城外火炮声震天，城里已经很多天没有粮食了。清醒的李秀成提出"让城别走"，迁移到别的地方，等待东山再起，但偏执的洪秀全拒绝了，他骂李秀成："怕死就给我滚，我是奉上帝圣旨来这里的。这是我的铁桶江山，你不扶，有人扶，我的天兵比城外的水还多，怎么可能会怕那姓曾的妖怪！"

他的天父并没有来救他，城里粮食断绝，左右禀告他，他说："合城俱食甜露，可以养生。"甜露就是野菜杂草揉碎搓成的丸子，洪秀全带头吃，没几天就病重不救，枯槁的身躯裹在宽松的被衾里，呼吸里散发出腐烂的生物的气味。临死前，他说："大众安心，朕即上天堂，向天父天兄领到天兵，保固天京。"

一场血光瘆人的荒唐闹剧，陪葬了一个城市。

清同治三年（1864），由太平门攻入城内的曾国荃率领他的湘军放火烧城，城里负隅顽抗的太平军高喊着"莫留一片破布给妖享用"，率先摧毁一切能摧毁的。曾国荃的火烧了三日三夜，"见人即杀，见屋即烧，子女玉帛，悉入于湘军"①，整个"秦淮长河，尸首如麻"。城破五日之后，仍然是"尸骸塞路，臭不可闻""其老弱本地人民不能挑担又无窖可挖者，尽情杀死。沿街死者十之九皆老者，其幼孩未满二三岁者亦斫戮以为戏，匍匐道上。妇女四十岁以上者一人俱无，老者无不伤，或十余刀，数十刀，哀号之声达于四远"②。

南京人对曾国荃的恐惧一直延续到1937年日军屠城，新的残忍覆盖了旧的恐惧，那句家家户户吓唬不听话孩子的"曾剃头来了"这才换成"日本鬼子来了"。

破城之日不仅曾国荃的士兵武官烧杀抢掠，文官们见军士们成群结队地在城里挨家搜抢财物，个个腰缠手提，也纷纷眼红，他们抢着用低价争购士兵的赃物。"各员自文案以至外差诸人，则人置一簏，有得辄开簏藏纳，客至则侧身障之，丑态可掬。"③每个人都有一个竹簏子，买到赃物就收在簏子里，有人来就侧身坐着，欲盖弥彰地稍微遮挡一下簏子，这丑态叫人哭笑不得。曾国荃自己也从中获资数千万，城市被榨干最后一滴血。

一切都成了废墟。

四　回光返照

◆妓女与科举

曾国荃收复南京的第二年，总督李鸿章来南京上任。

见惯荒芜的李鸿章进城之后，还是倒吸一口冷气，这是一座完完全全的空城，四周荒田、无屋、无人、无钱。

---

① 〔清〕谭嗣同：《寥天一阁文》，民国初年刊本。
② 〔清〕赵烈文：《能静居日记》，长沙：岳麓书社，2013年版，第659页。
③ 〔清〕戴逸：《中国近代史稿》第一册，北京：中国人民大学出版社，2018年版，第741页。

他们这批在镇压太平天国的过程中起家的"中兴之臣",曾国藩、李鸿章、曾国荃、左宗棠、刘坤一、沈葆桢、彭玉麟也算是同一气类,面对此时病入膏肓的大清,他们决定自救,这气概倒颇有几分当年"新亭对泣"的感觉。

从前作为汉人的他们处于权力的边缘,人微言轻,如今剿灭太平天国让他们掌握了更多的话语权,古老帝国在他们的推动下,步履蹒跚地走向另一个文明,也走向自身文明的临界点。

他们做的第一件事是恢复秦淮河的酒楼歌女,曾国藩亲自带着大员们乘舟夜游,他完全明白这条污浊不堪的河流对城市的影响力,他下令任何行业,只要在秦淮河开门做生意,三年内不纳税。

河流两岸生动的腰肢让战争的痛苦竟然仿佛被一夕遗忘,逐利的机会一旦冒出些苗头,商人立即会循味而来,两岸茶馆、青楼、酒店、餐馆不过数年竟然也有几分旧日光景。

与余怀《板桥杂记》里精通文墨清雅如兰的女子不同,此时的秦淮河边,艳帜高扬,都是些市井喧嚣。光绪年间《点石斋画报》颇喜欢留意秦淮故事,比如某日天气清和,秦淮灯船画舫,箫管之声,笙歌香氛之中,有一条粪草船想赶在天黑前出东水关,急匆匆行船,不料刚走到桃叶渡,河面游船拥挤,粪草船进退两难,在挣扎之中终致倾覆,满船秽物全都倾入河中,那光景叫一个狼狈。

彼时,秦淮河就如这粪草船倾进香氛窟,外面看去一片莺歌燕舞,内里却藏污纳垢,多的是酒酣耳热之际的荒唐故事,曾家兄弟、李鸿章先后在南京当上两江总督,南京街头就多出了许多操着湘淮口音的文武官员。有一天,一个操"江淮口音"的嫖客"自称某局司事",到钓鱼巷某妓家找其所爱的一个名妓金宝,不想金宝正在接待他的上司,这司事只好忍着一肚子无趣在另一个妓女房中痛饮直到沉醉,出门时一个踉跄,哐当一声坐进路旁的一个大淘米水桶中,不仅大出其丑,还被画进了《点石斋画报》,供人笑谈佐酒。

他们的光顾自然带动了南京妓业的"中兴"。据说,当上两江总督的曾国荃,为了掩人耳目,受贿这种悄咪事总是选在钓鱼巷妓院,当时,两江总督府衙门有东西两个辕门,上面分别写着"两江保障""三省钧衡"。有人借拆字法把"衡"字巧妙地拆成"鱼""行"二字,"钧"字又仅比"钓"字多一画,这样"三省钧衡"就变成了"三省钓鱼行",嘲他是"钓鱼(牟利)行"的总行主。

城市的回暖不单在妓业,也在救济安抚上,评事街江西会馆和北门桥设了两座抚恤局。后来,江宁知府涂宗瀛议南门外立官粥厂,"每年十一月朔开,次年二月截"。粥厂盖起长长的席棚,收容贫民,散发些米粥。然而,往日的辉煌自是续不上了,从前城里至少十七万人从事织造业,如今再怎么扶持,也不过一万余人。曾国藩觉得这是城市失去了信心,而让城市重新把信心找回来必须有鼓舞人心的大事。

曾国藩想到了科举。

太平天国在时也开科举,一年开四次,几乎报名考试都能被录取,状元完全不值钱。清朝的科举延自隋唐宋明,是文脉正朔。曾国藩想着只要南京科举一开,就不愁没有四方士子云集,"两江人士闻风鼓舞,流亡旋归,商贾云集",何愁城市不兴。

进城不久,曾国藩便去视察江南贡院,发现"幸未全毁""公堂、衡鉴堂、明远楼未经毁坏;号房一万六千余间亦多完好",只不过号板全数毁失,"监临、主考、房官、提调、监试各屋,誊录、对读、弥封、供给各所,片瓦无存,均须盖造"[①]。他很兴奋,当即要求立即修复,甚至打算当年就举行乡试,在他的极度坚持

---

① 〔清〕曾国藩:《曾文正公全集》第十一册,中国书店出版社,2011年版,第420页。

下，南京贡院排除万难，于清同治三年（1864）12月20日，如期举行甲子乡试，这一科应试者一万三千多人，最后录取了正榜两百七十余人，副榜四十八人。

文教在，古老中国的希望就不曾灭。

◆金陵机器制造局

李鸿章上任时见到的城市旷如荒野，他立即将在苏州创建的洋炮局连同各项设备、生产资料、所有生产管理人员包括英国人马格里和他的手下人，都带到了南京，扩建为金陵机器制造局。这是继曾国藩的文教复兴后，大清最后的希望。

这里的厂房在此后几年里越扩越大，房屋就近取材，隔壁大报恩寺塔废墟上能用的砖石都被一并搬了来，不到十年间，金陵机器制造局铁炉房、汽炉房、砌炉、造翻砂厂屋，翻砂坑屋、火药局、冰雷局一应俱全，四架十马力至二十五马力的机器不知疲倦地经年运转。

这机器里转动着衰老帝国的最后一丝希望，昔日回响在佛堂、充盈于空气之中那沉闷的诵经声，现在被更加喧闹的声音替代——引擎的轰鸣声、汽锤的撞击声，以及测试枪炮的爆炸声。一些车间的照片被英国的摄影家约翰·汤姆森拍下。通过这些照片，人们看到穿着短衣裤的工人正在操作机器，枪炮被巨大的西式车床、钻床打制出来，并加工出膛线。

园子里，两个顶戴花翎、身着官服的清廷官员背着手看一个穿短裤的工人向他们介绍一挺机枪，这挺机枪的右边是水雷、火箭管、一堆炮弹、一门榴弹炮、一座火箭基座、一门野战炮。约翰·汤姆森对枪炮冲压成型后，由机器装填这一过程很感兴趣，他甚至觉得这里制造的大炮既可靠又精确，可以同他在欧洲见过的最好的枪炮媲美。但在另一个英国人贝斯福看来，金陵机器制造局"机器设备很好，主要购自英阀，间或也有德国和瑞士的"，

◇◇南京商业中心新街口旧影（金陵图书馆 供图）

◇◇1929年的南京南门大街（金陵图书馆 供图）

◇◇两江总督衙门（金陵图书馆 供图）

◇◇南京老城墙（金陵图书馆 供图）

"机器是现代的、头等的,但用来制造过时的无用的军需物品,他们正在大量地制造一种小炮,只能放射一磅重的炮弹,大部分的机器用来制造抬枪"。①

制造局里延秉了一贯的清廷官员作风,腐败严重,产品成本高,实效差,生产进展缓慢。工人们却非常辛劳,金陵机器制造局里有七八百名工人,他们要在车间里劳动十一个小时左右,每个月逢初一、十五歇息一天,工资有的三元,有的一元,一些做学徒的幼童,每月只能领几文钱,被严重压榨的工人终于在一次强迫加班的要求下爆发。他们包围总办洋楼,进行罢工,直到官兵用武力驱散。

管理混乱,上下失和,制造的枪炮在国内镇压内乱上虽然派上过大用场,但在甲午战争中却黯然失色,引擎的轰鸣没有催开新世界的大门,倒像是一场知其不可而为之的善终。

距离金陵机器制造局不过三条街的距离,是江南贡院。曾国藩紧急修复的一万七千多间号舍远远看去,还是屋舍俨然,但每年"五经"、策论、八股文的考题与眼下这轰鸣的机器声配在一起就显得格外别扭。

◆病根上的顽瘤

光绪二十二年(1896),一个十七岁的少年在母亲催逼下来南京参加科举。

他之前勉强通过了县考和府考,到了院试时,拿到试卷后发现题目是一句完全不通的"鱼鳖不可胜食也材木"。这句不通的话是拿"四书""五经"中的一句的前半截和另一句的后半截,截搭在一起组成一句新的话,根本没有任何实质意义。少年冷笑,既然你不通,我也不通,于是恶作剧般地随便找出了些《昭

---

① 该段来自英国人贝斯福1898年至1899年间访问中国多个城市后,回国出版的《细述中国》中。

明文选》中关于鸟兽、草木等的怪字，以及《康熙字典》中那些从没人使用过的生僻字，按照八股文的格式填进去，硬是拼凑出一篇古怪不通的文章交了上去。谁知道这篇古怪不通的文章居然高中院试第一名。少年看榜时呆住了，也不顾母亲激动的流泪，心里只是生出一股子厌弃，把那些考官都视作不通之人。

少年叫陈独秀，第二年，在母亲和大哥的催逼下，他不得不来南京贡院参加乡试。这一年，金陵机器制造局的机器已经运转了三十六个年头。

江南贡院和焦竑他们赶考时的光景没有任何区别。天还没亮透，背着考篮、书籍、文具、食粮、烧饭的锅炉和油布的考生已经将贡院门口挤了个水泄不通，如果不是他大哥帮他领了试卷，陈独秀怀疑自己会被挤死。

一进考棚，三魂差点吓掉了二魂半，每条十多丈长的号筒，都有几十或上百个号舍，还有号夫在高楼上拖着尾音长喊"有怨报怨，有仇报仇"，大约这里愤懑不满的孤魂野鬼太多。矮屋的三面七齐八不齐的砖墙，里外都不曾用石灰泥过，蜘蛛网和灰尘积得满满的。好容易打扫干净，坐进去拿一块板安放在面前，就算是写字台了。吃喝睡考都在里面。①

那一年南京的天气，到了八月中旬还是奇热。大家都把带来的油布挂起遮住太阳光，号门都紧对着高墙，中间是只能容一个半人来往的一条长巷，上面露着一线天。大家挂上油布之后，连这一线天也一线不露了，空气简直不通。每人都在对面墙上挂起烧饭的锅炉。大家烧起饭来，再加上赤日当空，那条长巷便成了火巷。考头场时，陈独秀看见一位来自徐州的大胖子，一条大辫子盘在头顶上，全身一丝不挂，脚踏一双破鞋，手里捧着试卷，在如火的长巷中走来走去。走着走着，脑袋左右摇晃着，拖着怪

---

① 陈独秀参加科举的内容描述来自陈独秀、蔡元培著：《蔡元培自述·实庵自传》，北京：中华书局，2015年版，第71页。

声念他那得意的文章。念到最得意处,用力把大腿一拍,竖起大拇指叫道:"好!今科必中!"

他呆呆地看着这位"今科必中"的先生足有一两个钟头,心里翻腾着科举的怪现状,想起梁启超那班人在《时务报》上说的振聋发聩的话,顿时觉得自己此刻就如选学妖孽一般,头场过后,接下来被大哥逼进考场的陈独秀再也没写一个字,连交两场白卷。他真真切切地感觉到国家病了,科举就像这病根上的顽瘤。

◆ 洋学堂

这样的情形一个十七岁的少年能发现,庙堂上的大人岂能完全不知,他们也渴望改变。作为洋务运动的成果之一,光绪十六年(1890)南京就已经建立了江南水师学堂。江南水师学堂在今天挹江门附近,与天津水师学堂、广东水陆师学堂相比,江南水师学堂招收学生的要求很独特:年龄上要求学生在十三岁以上,二十岁以下,知识储备上要求学生"已读四经,能作策论,文理通顺",而且曾学习英文三到两年。满足条件的不管哪个省份,什么籍贯都可以报名,报名成功后还要经过严格的考核,考生要填写籍贯、年貌、三代,家长需出具甘结和绅士保结,保证身家清白,没有外国籍,不信奉基督教之类外国宗教,经过西医体检身强无病,才能参加考试。考试科目是英文、翻译、地理、算学,通过考试的人,可以在学堂试读四个月,如果这期间发现有口齿不灵,或为人执拗,品性轻浮的就会直接劝退。已经录取的,还要他们保证五年内不自行告退,不请假完婚,不去应考江南贡院那套童子试,不滋事逃逸。录取的学生再根据英文深浅程度,分出等级,每班二十个人,每人的赡银根据实际情况从二两到四两不等。以上听起来都比较理性,充满逻辑感,分派专业则比较随意,靠抓阄为准,拈取到哪门,就学哪门,因为这些学生也不知道他们要学的究竟是个什么。

作为一所海军学校，水师学堂有驾驶、管轮（轮机）与鱼雷三个班。后来，鱼雷班取消，只剩驾、机两个班。学生总人数一百到一百二十人。学校里有教英文的教师六个人，教汉文的四个人，还有教兵操、体育的老师各一人，一周里面，五天时间学数学、物理、英语、化学，还有海军要用到的相关技术，这些课都用英文上，汉文课只排一天。学生全部住校，上课时间和现代课堂几乎一样，作息时间是早晨六时起床，晚上十时就寝。宿舍两人一间，每间宿舍每月会分到灯油费两百文，这只够点香油灯（用一只小瓷碟，放上一枚灯芯），如果嫌光线暗，是可以改为洋油灯（煤油灯）的，不过这就得自己贴一百文了。

水师学堂是培养水上人才的，校内本来有一处游泳池，供学生训练用。后来，因为有两个学生淹死，游泳池被填平，上面盖了一座"伏魔大帝"庙，也就是关帝庙，古老的信仰和新式的学堂就这么不伦不类地兼容了。

学校等级森严，即使在学生间也是这样，校内工友对所有学生都要称"少爷"，学生要买什么东西可以驱使工友去办。高年级学生还有特权，起床号响后，不必起来，早餐可以让工友送到宿舍。中餐时，高年级学生有固定座位，而低年级学生则打游击，动作稍迟，便没有座位，甚至有的进饭堂时，若前面有高年级学生在踱方步，低年级学生即使心如火焚也不能超越过去。每每遇到这种情况，低年级学生只能吃咸菜雪里蕻，因为餐桌上为数不多的肉片早已让他人捷足先登了。

虽然如此，江南水师学堂对学生的管理十分严格，对考列全班前六名者，除增加赠银外，还赏给功牌衣料以示鼓励。在严格管理之下，学生学习卓有成效。清光绪十八年（1892），该校聘请英国人傅兰雅到堂主考，预拟英文试题一百余道，满分为三千二百分，结果驾驶班二十人均分为二千一百九十六分，管轮

◇◇两江师范学堂（金陵图书馆　供图）

◇◇鼓楼街及劝业会场（金陵图书馆　供图）

班二十人均分为一千八百六十六分，两个班只有一人不及格，在一千一百八十分以下。按照英国常例，只要得一千六百分者，已可列为上等，得三分之一分者，也可以列为中等。水师学堂开创不过短短两年，这个成绩真的是咬着一股子救国匡世的志气了。

学校渐渐吸引了很多有志之士，和江南贡院比，这简直就是一个新世界。江南水师学堂从第二期开始，报名者更加踊跃，甚至翰林周维藩、进士勤恰、举人张修祜也来投考。学堂第二期增设了一个路矿班，招收学生三十余人，待遇除了没有制服，其他和陆师学生都一样，鲁迅就是这个班的学生，后来任同盟会江宁支部长的章梓也在这个班里。

当时的南京，这样时新的学校还有刘坤一、张之洞创办的三江师范、两江优级师范学堂。他们的努力虽然步履蹒跚，却为南京带来了电、铁路、学堂，以及中国走进新世界的第一步。

◆ 南洋劝业会

清宣统二年（1910）秋，在湖州中学读三年级的少年沈德鸿看到学校里贴了一张告示：愿去南京参观"南洋劝业会"者即刻报名，交费十元。沈德鸿一看高兴极了，马上报了名，并写信告诉了母亲。他母亲即刻给他汇来了十元大洋。

跟随学校队伍拂晓到达南京下关车站的沈德鸿刚一下车，猛抬头便看见斗大的"南洋劝业会"五个闪闪发光的字，完全不知为何物的沈德鸿直到走近了看，才知道是许多小电灯泡连串做成的。这个十四岁的孩子被这些新技术惊呆了，整个南洋劝业会，各地的物产山堆海富，孩子既惊且喜，感觉中国的工业之路并不渺茫，他为自己的国家生出新的自豪，断不相信自己的国家会被列强打败。这个少年后来改了名字，叫茅盾。晚年的茅盾对那一眼的震撼念念不忘。

今天的南京城顺着模范马路往东走，会在三牌楼一带迎面看见一幅"南洋劝业会"的墙绘广告画,这是城市对自己过往的纪念。

南洋劝业会是一次全国性的博览会,是由陈琪、端方这些开明官僚发起、清政府也支持的中国第一次博览会。南洋劝业会的灯光招牌挂起在会场的门楼上时,紫禁城金銮殿上四岁的宣统皇帝正在一边啃着自己的手指甲,一边心不在焉地想着一会儿下朝有没有糖糕吃,没有的话,能不能搞点粥吃。信奉孩子需要多饿饿的清廷养生法让宣统经常觉得自己饿坏了,他自然是不知道南洋劝业会的,他所代表的朝廷却依然试图在每一根漂过眼前的稻草里寻找能救命的那根。

◇◇南洋劝业会早期图(金陵图书馆　供图)

曾出洋考察、遍游西方诸国的端方1906年9月南下担任两江总督。被西方工业化文明深深震撼的端方认定城市兴盛一定要有西方那样的商业博览。他给农工商部打电话,跟他们一遍遍灌输欧美发达就是因为重视博览会事业的想法。端方的嘴皮子奏效了,四年后,他成功地在南京召开了南洋劝业会。

南洋劝业会会场设在丁家桥、三牌楼一带,南起丁家桥,北至三牌楼，东邻丰润门（今玄武门），西近将军庙，占地七百余亩，门头有"南洋劝业会"五个大字，当时便用彩灯缀成，进门有喷水池，夜晚在灯光的辉映下显得尤为壮观。整个会展期间展出一百余万件中西各地产品，会场内设有贩卖部、饮食店、旅社、剧院、游艺场，以及动物园、植物园、马戏团、照相馆、邮局……会场还有专设电梯，可乘坐电梯到高处遍览整个场景，会场里甚至还有带跑马场的运动场。为了与城市更好地连接，他们还打通了城墙，好让游客可以在品鉴完这些产品后，直接从劝业会现场穿过城墙游览玄武湖风光。

离开江南水师学堂后，再一次回到南京的鲁迅就是带着自己任教的绍兴府中学二百余名师生来参观的。他们参观了教育、工艺、器械、武备、卫生、农业等大馆，一行人又兴致勃勃地参观了直隶等省的陈列馆。浙江的丝织品、福建的漆器、江西的瓷器、广东的玻璃制品……师生流连忘返，足足参观了一个星期才恋恋不舍地离去。大家齐声赞扬鲁迅说："豫才先生真好！""百闻不如一见，南京一行胜读十年书！""我们这些绍兴井底蛙已由豫才先生带队游过汪洋大海了！"一些受到鼓舞与刺激的学生刚一回绍兴就剪了辫子，要做新时代的人。

新时代好像就这么摆在了眼前，可是无论是曾国藩、李鸿章，还是张之洞、端方，他们都没有能力接住这个时代，他们只不过是大清的裱糊匠与送终人，他们的存在，不过让这个垂死帝国在弥留之际留下了些许微末的光芒。

城市次第有了现代工厂、发电厂、印刷厂、电报局、铁路和新式学堂。有了第一届博览会、第一届运动会、第一所华侨大学，第一所大型公共图书馆，以及在全国城市里数量最多的书院和学堂。他们让南京种下了科教之城的种子，但城市依然缺少真正的活力。

在张之洞主持修建的下关商业局码头上，来自美国的传教士从汽船上登岸，船夫将他们带到专门为等待汽船的旅客设置的栖身草棚中，灯笼散发的昏暗灯光映着墙壁，照亮了一群中国人的脸。传教士看到他们或者蹲在地上，或者躺在木质长凳上，空气中弥漫着大蒜和烟草的气味。

博览会、运动会、大学和图书馆都跟这里似乎没有任何关系，街道两旁还是有一些倒塌的房屋，但最使造访者震惊的还是马路两侧的草棚子。

那些棚子看起来很局促，盖着一点稻草和一个草垫子。垫子是用来当床睡觉的，很多草棚子里唯一的家当是一口下面烧着火的铁锅，以及曾经是被子的一堆烂棉絮。

小面积的现代之光没有辐射整个城市，尤其南京这样严寒的冬天，老人根本抵挡不了多久，食物的贫乏又使年轻人饥饿的身体衰弱多病。许多人只好用赌博或者偷鸡摸狗的方式维持生计，因为没有更好的事情可做。如果仔细看，会看到他们的皮肤冻得发紫，有的地方冻裂了，结着一层白色的疮痂。

有位传教士看到一位孕妇就住在毗邻的草棚里，还带着一个小孩。她将这个婴儿生下来后，就不得不将婴儿扔在棚子外面不足五十码远的寒冷的空地上，到早晨时候，这个可怜的小婴儿已经被饥饿的野狗吃得干干净净，只剩下粘着斑斑血迹的破布。这些统统被传教士们写进了笔记中。

再看一下城里的轿夫们，南京城是当时全国黄包车最多的城市，这些轿夫因为经常有人光顾他们的生意，情况要略微好一些，但大部分轿夫仍然穷得穿不起鞋袜，他们的腿直到膝盖光光的，脚上是用草绳系着的草鞋。在没过脚踝的冰冷的泥浆里，他们艰难地跋涉着，心情却很快乐，因为他们有活可干，付出慢慢被冻坏、最终落下一身病痛的代价，他们为一家老小挣来晚餐。

洋人们住的高级旅馆也没好到哪里去，每排房子的前面都是糊着纸的窗子，窗框中间都有很宽的缝隙。房间是由薄木板隔开的，中间的缝隙也很多。因为风是从高处吹进来的，从房间刮过就像水流通过筛子。房子没有天花板，并且紧挨着头的隔板与外面宽阔的走廊连在一起，冬天半夜里的冷风完完全全地自由出入——这房子像极了大清，只剩下框架，只剩下透心凉的冷风。聪明人甚至已经嗅到帝国像一具沼泽里的尸体一样发出腐烂的气味，这气味吸引来掠视的秃鹫，这腐烂却成为新世界的肥料。

现在，宽敞的城市里，獾、狼、豪猪和狍子躲在城墙后，山岗上树木繁茂、丘陵上有不计其数的坟墓、大报恩寺遗址上大量残坏的釉彩砖远远看去惨白一片，坑坑洼洼的街道上会突然跑过几只瘦骨嶙峋的野猫，野兽、废墟、坟墓与活着的人一起分享了这座城市。

越到后来越难辨认出过去的帝都，一座南方大都市该有的辉煌在一次次无功而返的尝试里越来越黯淡。开办不到半年，南洋劝业会便因亏空严重不得不将会场变价拍卖，与这座城市一起成为帝国最后的回光返照。

幸运的是，关闭了贡院，打开了学堂，城市在这微末的光芒里再一次留下重生的希望。

五　清晰如昨

◆迎接孙中山

南洋劝业会倒闭后的第二年（1912）元旦，晚上九点钟光景，一列早上八点就从上海北站发来的火车在停经几个站后，终于喷着蒸汽到达南京火车站。

车站早已人山人海，火车到站的汽笛声一响，人群顿时雀跃起来。一位中年男人在人潮的簇拥下出了站，上了一辆马车，从仪凤门进城直奔总统府，这原是两江总督署衙门，此刻旧招牌早已全部撤下，柱子乌亮，气象簇新，临时大总统的就职典礼已准备停当。

中年男人是孙中山,在夹道群众的欢呼声中,平民风度的孙中山在门内大堂上站定,宣布中华民国成立。当时已是深夜,天气很冷,会场的气氛却因为人心鼓舞而显得相当热烈。成为中华民国临时大总统的孙中山话很简短,重复最多的就是:"诸位将士们辛苦了,你们的功劳很大。"

在洋务派从废墟中竭力开拓出的城市中,孙中山与他的跟随者再一次赋予了城市以使命,它像千百年间,所有被推上历史聚焦点的时刻一样,城中的一切拥有了新的意义。

此刻,它不再是一个地名,而是一个故事、一种意义。在这里,它被加上很多修辞,成为关系、决策与矛盾的发生地。

历史留下的零星过往都已隐藏,城市成为民国的城市,哪怕1949年蒋家王朝败亡,总统府也因渡江解放军所秉有的非凡历史观而完整地留下了4月23日前的一切。墨绿色的台灯斜放在书桌一角,民国最后一任总统的办公室里窗帘还是他自己当日选定的样式,除了门口为了保护而拉起的隔离栏,一切都仿佛从未离去。

那个穿着中山装、当年在总统府大堂里宣布中华民国成立的男人,也成了今天城市中心车马洪流中的一尊永恒的雕塑。

清晰如昨日一般的城市与今天的南京生长在一起,那七十多个因为忌惮、压制、偏爱与寄望而改过的名字都留在了文献深处,它不再是刻意被忽略的秣陵,或带着忌惮和提醒的江宁,它永远成了南京。

◆ 修建中山路

民国在这个城市里留下了最多的细节。

人声、汽笛声和车轮声嘈杂鼎沸的下关码头,匆匆的旅客们、急行的车辆、负重的搬脚夫,在下关江岸上急急忙忙地活动

◇◇ 1929年正在修建的中山路（金陵图书馆　供图）

◇◇ 1938年的中山东路街景（金陵图书馆　供图）

着，这是城市当年最为重要的商埠和交通枢纽，背靠浩荡长江，南面是京沪铁路到南京的终结站，北面遥望着津浦铁路的起点。所以，无论任何一个旅客，不论他走的是水道，还是旱道，从长江里坐船也好，从津浦、京沪两路坐火车也好，他们想到南京城里去，一定先要经过下关。

朱自清的《背影》里，那位替他买橘子的父亲便是从这里坐轮渡和他一起去往浦口火车站的。从下关进城，要先穿过广阔的荒野，极臭的大粪味儿会从路旁的菜园里弥散开，红红绿绿的洋房在菜圃、桑园、稻田、茂林、修竹之间慢慢地出现，哪怕城南人烟稠密的区域，池塘菜圃也常与繁华的市街相同。此时城内五分之三是农田和荒地，往往一脚尚在街头，另一脚已踏入田野，以都市而兼具乡村的风味，倒成了当时南京最大的特色。

一旦上了中山路，气象便雄阔了，路名是为了纪念孙中山。他把自己生命的归途交给了南京。他第一次看到紫金山时，就被这山峦气势吸引。他说："待我他日辞世后，愿向国民乞此一抔土，以安置躯壳尔。"十三年后，病笃在床的孙中山告诉他的妻子和追随者："吾死以后，可葬于南京紫金山麓。"他担心别人忘记自己对这城市的情感，想要用自己的身后事给城市再点燃一些希望。

为了奉迎总理灵柩，南京决定修一条前所未有的大道。此前城内通往钟山的街道纵横歪斜，很不整齐，首都特别市政府和建设委员们大刀阔斧地干了起来。当时，这条路不过是一条很狭窄的十字街，两边的房屋很稠密，且大半污秽不堪，中山路的测量线，便从这又密又挤的许多房屋间，向东南西北拆开四条大道，这条路线所经过的地方，要拆去许多房屋。当首都市政府开始测量这路线，把"拆"的红字写到各家的墙壁上时，居民都联合起来反对，请愿及种种示威。那时主持拆屋的首领是市长刘纪文，他不在乎居民的反对，只管照了预订的计划做，先把沿线几处的房屋派人拆了，并且声言："凡在路线中的房屋，一律自动拆除，拆了以后，这地皮由政府备价收买。如果不拆，便由政府派人代拆，以拆下来的砖瓦料抵作工钱。"这声明一出来，居民们竟没有办法再坚持反对，只得各自照测量线照章拆除。

政府抱着"要建设先要破坏"的决心，用铁的手腕来建设这项大工程。据说，那段时间，南京人有不知道国民政府的主席姓甚名谁，但即便三岁小孩也知道这位拆屋的市长的大名。

凡事都是"开头难"，开头的难关一打通，以后便不成问题了。大家渐渐地敛下了反对情绪，把拆房子看成一件极普通、极应该的事。有许多地方，常常把一家住宅截成两段，或者把一家卧房截去半边，或者把一家方正的厅堂截成一个拙狭的三角，许多畸形的房屋至今立在中山路两旁。①

中山路是南京第一条柏油马路，从下关江边开始，作三曲形贯通全城，再向东蜿蜒而达中山陵墓，长二十余里，路面广四十公尺，中间是沥青筑的快车道，阔十公尺，两行游憩道，各阔四公尺。游憩道两旁便是碎石的慢车道，各阔六公尺，再两旁便是水泥三合土的人行道，各阔五公尺。快车道上是专走汽车的。马车和人力车在两旁的慢车道上走，行人便在人行道上慢慢地溜。在快车道与慢车道之间的游憩道上，种着些洋槐或法国梧桐，油绿的叶子下面遮掩着一团团的阴影。这条当时全世界都无法望其项背的马路，被称为"民国子午线"。

当初，刘纪文遭人怨恨，现在的南京人只要一提起中山路，反倒称赞起他来。他们说："刘纪文真有魄力，竟造得这样一条平直大道，多威武啊！"

每一座城市都会有一个主题，往往用一条中心大街来表现。南京以修建中山路的魄力整理和影响城市。中山路两旁，厚实气

---

① 该内容取自民国倪锡英所著《南京》，南京：南京出版社，2011年版。

派,中西合璧又韵味独具的建筑一座座矗立起来,新街口的大华电影院、立体式的中央医院、宫殿式的励志社、有着罗马廊柱的中央饭店、近旁中央军官学院……一直错落绵延到中山门城墙脚下。城墙在这里自北向南抹成一条深黑直的影痕,高高的紫金山,压着城堞,踞在东北,合着那几座雄伟的建筑,构成一个伟大的秀丽的场面,人们无论坐着汽车,还是步行,在那一带经过时,心中总会激起一种凛然不可侵犯的情绪来。这情绪让人们知道,这里是南京。

◆ 城市新建设①

　　南京城里,农村人口、外国侨民和本地城镇居民杂居,穿着上也新旧混搭,男子服装主要为长袍、马褂、中山装及西装等,女子服装流行上衣下裙的穿着方式,也时兴穿旗袍,但和上海流行的旗袍样式不太一样,南京流行的旗袍往往保留着右襟的汉人传统,样式上更偏江南。小孩子们自然更活泛,朝天宫的两道青石台阶上,穿着开裆背带裤的小伢子、小丫头在青石条上放好屁股哧溜一声滑下来,老人在旁边拍着手笑,南京正在成为市民的南京。

　　街两旁的人行路上,有梧桐和刺槐的树荫,但树荫不浓,人们披一件旧绸衫、穿一双软底鞋,顺着水泥路面溜达。在清亮而柔和的阳光下,街上有几个汽车跑来跑去,没有灰土,也没有多大声音,在街这边瞧见街那边的朋友,招招手就可以同行在一处。

　　到处都是活泛的人气。初夏,可以看到小女孩们挎着小箧篮去玄武湖樱洲卖樱桃,见有人来便提着一篮飞奔到游客身边来:"先生,买樱桃吧!新摘下来的。"那一颗颗玛瑙似的樱桃颇能引

---

① 本节大部分内容来自民国倪锡英所著《南京》,南京:南京出版社,2011年版。这些内容里的细节为倪锡英当年所著,应颇为可信。

动游客的心。"几钱一篮？""四毛钱。""少点行不行？""你给几个钱？""一毛！""好，卖给你。"游客如数给了钱后，这些小女孩便散去了。而这一篾篮的樱桃恐怕会使你失望，你把上面一层吃完时，便会看见下层全是些烂樱桃。再吃下去，连烂的也没有了，只是一撮树叶，而且篮底的中央，还是向里面凸起的，实际上花了一毛钱只能吃到十几颗樱桃。雨花台也一样，只要有游客一到，兜售雨花石的小男孩们便会围过来，仰着脸哀求："买一篮吧，买一篮吧。"如果买了其中一个小男孩的雨花石，其他的小男孩势必缠到你离开为止。

游人多，他们的小把戏才玩得下去，小把戏在，城市的底色里就泛着生机。建都以前，南京市民还有"四不"的口号，这四不便是"道路不平，电灯不明，电话不灵，河水不清"。四个缺憾却是当年市政建设的四件大事。国民政府建都之初，第一个工程便是开辟新路，把机要的干线次第筑成。往年大家认为出门坐车是件苦事，会把小肚子颠得发疼，现在虽然有许多地方还保留着以前的旧路，但大半都经过一番修葺，已经平稳得多。

关于南京的电话和电灯，也是建都后才改良的。本来的电灯是商办的，每月论盏数收费，因为电力薄弱，一盏电灯几乎还及不上煤油灯。而电话，因为机件陈旧，设备简陋，要打通一个电话很不易，接通以后双方的谈话更不容易听清楚，这两项电政设施，在旧的南京城里，一个是等于盲人的眼睛，另一个是等于聋子的耳朵，装装幌子而已。建都后，商办的电灯厂和电话局收归国营，电灯厂扩大范围，改为首都电厂，隶属于首都建设委员会，添置发电机，另建新厂，多量的电流由此开始向南京全市输送，南京的夜晚便大放光明。电话局也改由交通部经营，在建都的第三年都改置了可自动电话，电话不灵的问题也解决了。

然而，南京的饮水却还是一个大问题。首都自来水工程未建筑完成以前，南京人的用水很困难。虽然紧挨着浩渺的长江，可城内大部分的用水还是得从井水里取。南京市面上有一种水车，每天由秦淮河及各地的井里运载大量的水，向居民出售，小户人家都要买水供饮料，较有钱的人家便自己置备水车，雇个车夫天天推运。自清早到黑晚，南京市的大街小巷间，不绝的一片吱吱的轮声，压着水车滚过，在严冬，还能看见那些水车上挂着冰箸，仿佛在诉说饮水的不易。自来水工程完成后，那些水车还吱吱地活动着，因为一般人家，还是没有能力装自来水管，于是各街各巷，由市政府的自来水管理所专设了售水处，供给市民去购买，所以还是需用水车去搬运。基本上"道路平了，电灯明了，电话灵了，饮水清了"。

民国的南京在建设中，城市好像变了，但又好像没有真正变过。

人们虽然不拜孔子，但老一套的忠孝节义还在人们身上，旧时候的物件、旧时候的老礼儿、清朝末年的茅草棚依旧在。

◆ 奇芳阁的早茶

安庆人张恨水来南京的时候四十一岁，他是准备在南京大干一场的，张恨水在中正路租了两幢小洋楼，后来扩大为三幢，买了四部平版印刷机，铸了几副铅字，办起了《南京人报》。张恨水特别爱去夫子庙的奇芳阁吃茶。

多年以后，他都还记得"上夫子庙吃茶"用南京话讲出来是要读作错平声的。他说："吃早茶是民国时候南京人的趣味之一。"① 南京吃早茶的地方多，最出名的莫过于夫子庙的奇芳阁、六朝居。民国时候，祭孔已经不时兴了，贡院一带也成了以饮食休闲娱乐业为主的"丁"字形街市。南京大部分茶馆、酒楼、商铺都集中在这里，什么小巴黎、小乐意、老万全、老正兴、大三

---

① 出自张恨水散文《碗底有沧桑》。本节关于张恨水及奇芳阁喝早茶见闻部分均来自该散文。

元、大集成、永和园、太平春、六华春、金陵春、春云阁、新奇芳阁、六朝居……都是夫子庙的名店。肩挑车推，沿街叫卖的更是随处可见。贡院街上十多家戏茶厅，一两百个座位，看客一边品尝风味小吃，一边观看演出，生意非常红火，往来的多是清末的遗老遗少和民国政客官僚。

茶馆、酒楼口味南北混杂，有名的风味小吃就有数百种。得月台的羊肉面，六朝居的肴肉、大面，六华春的砂锅，老宝兴的烤鸭、鸭腰，奇斋的拆烧，韩兴益的泡牛肚、泡羊肉，绿柳居的素菜包、素烧鸭，奇芳阁的烫面饺子、鸭油酥烧饼、五仁馒头……数不胜数，丰俭由人，吃带随意。清真蒋有记包饺铺，最初是一家宰牛的铺子。每天卖掉牛肉后，剩下许多的骨头和下水，主人将其煮成一大锅汤，一角钱一碗。许多苦力中午在外不能回家吃饭，收入菲薄吃不起正经的饭菜，于是买上一碗牛杂碎汤，就着几分钱一块的侉烧饼或呛大饼，有吃有喝，既顶饱，又解馋。

张恨水自己每天早上不去吃个二三十分钟茶一天都不舒服，他最常去的是奇芳阁。无论去得多么早，张恨水都会发现茶楼上下都已是人声哄哄，高朋满座。张恨水后来摸出窍门了，七点钟后、八点钟前去茶楼，前面一二班吃茶的人，已经过瘾走了。

民国的奇芳阁，大板梯涂满"脚底下泥"，据张恨水记述，"楼上四方的桌子，有剥了漆的，也有裂了缝的。茶博士见客人来，麻利地从肩上抽下一条抹布，走过来把前一桌客人吃剩下的茶碗碟子、瓜子壳、花生皮、烟卷头、茶叶渣……风卷残云，一顿收拾扫荡个干净"。他是真爱喝茶，也喝得出滋味。一般茶楼里都记着熟客，茶博士一见老主顾来，就回过身往架子上找他常用的那把壶。如今南京城里一些老派的茶社，主客也还都像是朋友，每一个走得勤的客人都有盏自己的茶杯在主人架上存着。茶杯取到面前，这吃茶的感觉也就来了。张恨水知道茶博士拿给他那壶完全是他专用的。这些个有名头的茶楼，壶不论是素的、彩花的、瓜式的、马蹄式的，还是缺了口用铜包着的，都绝对不给第二人使。

吃着茶的工夫，就有小贩蹭过来揽生意，除了卖瓜子、盐花生，还挽着糖果纸烟篮、水果篮、酱牛肉。茶楼开放，任这些人来去，秦淮水养的就是这一脉小民的生计。"来六个铜板的。"座上有人说。卖酱牛肉的随身背着玻璃格子，还带了精致的小菜刀与小砧板。他把小砧板放在桌上，切了若干片，用纸片托着，撒上些花椒盐递给你。张恨水闻着酱牛肉的味儿，看着这满眼蒸腾的市井气，早茶的兴味也就更浓了。

"这里有点心、牛肉锅贴儿、菜包子、各种汤面，茶博士一批批送来。然后说起价钱，你会不相信每大碗面，七分而已。还有小干丝，只五分钱。熟的茶房，肯跑一趟路，替你买两角钱的烧鸭，用小锅再煮一煮。这是什么天堂生活！"张恨水一想起来，就觉得滋味无穷。

这是城市真正的美妙之处，它悠闲，但它努力，因此悠闲得神采奕奕。很多城市因忙碌奔波而神不守舍，失去了只有在暮秋的静晤中才能展现的韵味。南京正好，又闲又忙，不闲不忙。在这样的城市里多住一阵，连生命也会变得自在起来。

可是，南京沦陷后，他再也遇不着这滋味了。

在后方遇到南京朋友，朋友间也会互相拉着上小茶馆吃那毫无陪衬的沱茶，只要一谈起夫子庙，看着茶碗，大家就黯然了。听说奇芳阁烧掉之后，又重建了。老朋友跟他说："回到南京的第二天早上，我们就在那里会面吧！""好的！"张恨水快活地答他。

分散日子太久，乱世沧桑，他们中的绝大多数，再也没回来吃过奇芳阁的早茶。

◆ 绕不过的鸭子香

南京好吃的东西多，会吃的人也多。两百年前，顶会吃的是袁枚，他说自己"爱住金陵为六朝"。袁枚对食物的讲究是文人诗意的讲究。他说："平生品味似评诗，别有酸咸世不知。第一要看色香好，明珠仙露上盘时。"和"以食解闷"的苏东坡相比，袁枚更在意食物本身所能给予人的美感、味蕾上的享受，甚至食物所能给予的视觉之美、嗅觉之美。

在他之前，文人有菜谱，但没有哪个文人把菜谱当作一件正经事做。

住在南京的袁枚想不出还有什么事比生命所能感受到的美更重要，袁枚写文章讲究性灵，既要有人性，也要有灵气。人性指真实自然，灵气则要有超然之韵和趣。在袁枚看来，这才能称之为美。

南京的滋味之美，最美是鸭子，城市号称"没有一只鸭子能游过长江"，因为全给南京人吃了。从春秋时候，吴王煮着吃，楚人用汁水烹着吃，到六朝时候的笋尖烧鸭肉羹、荷叶包鸭饭，真是代代吃，时时吃。

北齐伐陈，陈朝的军队和北齐的军队在金陵北郊外覆舟山一带交锋，陈军"人人裹饭，媲以鸭肉""炊米煮鸭"，鸭子就米饭的滋味瞬间冲破味蕾，直上气血，一时间士气大振，居然以少击众，大胜而归。宋代南京城内"无鸭不成席"，明代南京四大宝更是"古书院，琉璃塔，玄色缎子，咸板鸭"。

只要来过这座城市的人，就怎么也绕不开鸭子香。《白下琐言》中有一位来自广东的刺史，嗜鸭如命，他毫不避讳地告诉别人，就是为了吃鸭子才住到南京来。但凡与人酒宴，必要问有什么鸭子可以吃。他说："金陵所产鸭甲于海内，如烧鸭、酱鸭、白拌鸭、盐水鸭、咸板鸭、水浸鸭之类，正四时各擅其胜，美不胜收。"

好的板鸭关键在老汁,南京有的人家专门做板鸭的,那卤汁代代相传,有传了几十年的,子孙收着这汁完全可以当作家族资产,或守着这板鸭行当,或卖这老汁,都可以获利不菲。吃鸭子的行家,不管是板鸭、烤鸭中,还是盐水鸭,都得挑剔店里奉送的那一兜红卤,好的卤子,吃到嘴里有一股子鲜香滋味,让人欲罢不能。

吃鸭子大约是南京城里不论身份、阶层、贫富,意见最为一致的追求。吃法之多,可以说无论你来自何方、口味如何,都必有一款适宜。南京人家"三天不吃鸭,走路要打滑",哪个南京小孩从小没吃过家里斩的鸭子那真是稀奇事。城里的鸭子店,鸭子一出炉,香味很快就扩散开来,刺激得附近人张大了鼻孔,馋涎源源涌到嘴边,耳根下面的颚骨也绷得酸痛。这时候,还有什么比排队斩鸭子更重要的事呢?

南京人嘴泼,能入口的就敢吃;南京人嘴刁,硬是在野草中吃出美味。菊花脑是也,芦蒿是也,荬儿菜更是。抗战时期受命守南京的唐生智将军,刚到南京时在湘菜馆曲园吃到荬儿菜蛋汤,不知为何物,直夸好吃,想象不出是什么东西做出的美味。等见到大厨手上的荬儿菜,他竟假嗔道:"不就是水边生的荬草嘛,你们真把我当湖南骡子,喂的是草料啊!我要吃的是鸭子哎!"一番话引得陪同的人一阵大笑。

这怕也是唐生智余生中为数不多的开怀大笑了,他将要面对的是一场惨烈异常的首都保卫战,以及因为这场保卫战而充满争议的后半生。

六 学生、战士、运动员

◆ 女学生来了

1910年春,一列开往上海的火车上,一位穿长衫的清瘦男子与一个穿着西装、戴着圆框眼镜的斯文男子对坐聊天,路过站台上下客时,两人见站台上几个穿着破旧裙子的女孩举着一篮子玉米、茶叶蛋往车窗里急切地推销,顿时有些感慨。

这两位一个是北大代校长蒋梦麟,另一个是南高师校长郭秉文。当时的北大和南高师都没有女生,虽然那个时代里那些优秀的女子,如秋瑾、吕碧城等,均是一时豪杰,可绝大部分有幸读完中学的女子,摆在面前的命运也大抵不过是嫁人。如果她们可以有其他选择呢?在那趟列车上,蒋梦麟和郭秉文约定南北一致行动,共同开放"女禁"。然而,南北真正实现男女同校从这个约定到开始招生,还有十年。

南京是有女校的,蒋梦麟和郭秉文火车之约的第二年,美国浸礼会、监理会和基督会等教会所办女子中学校长就在上海召开会议,决定在长江流域创办一所女子大学,解决中学生毕业后的升学问题。四年后,金陵女子大学开学。

第一届学生少得可怜,当时坐在空荡荡礼堂里的吴贻芳回忆:"那时,有一位美国校长说:'现在坐在这座高大的房子里的只有你们九个学生,但是我看到的不是九个,我看见还有成排的学生在你们后面。'"

那时候,连梁启超对女子学堂的认识也不过是"上可相夫,下可教子,近可宜家,远可善种"。而金陵女子大学的吴贻芳却志不在此,三年后,"五四运动"爆发之际,她带领同学打着校旗,手持十字架,在学生游行里振臂高呼,一时风口浪尖,轰动整个南京学界。吴贻芳后来在美国读完博士,成了金陵女校的校长。

北大和南高师也终于开始招收女学生了,一个叫张佩英的女生听闻可以投考大学,立即开始准备,她在北大和南高师之间多次权衡,终嫌北大官僚气太浓,而选择了"学风深厚的南高师",专程从上海赶到南京投考。这些张佩英们,冲破了遗老故旧们舍不得拆掉的破藩篱。

此时,吴贻芳的理想也越来越清晰:"为中国女子提供最好的教育。"她要让金陵女儿拥有"独立的精神,做一个清白、诚实的女性,自强不息而立足于社会"。

女性都已如此,南京学风可想而知。民国留给这座城市的辉煌,一半要归给城市里的大学。每座城里的大学都各秉着风流,"中央大学"像个家底丰厚的大学究,教授聘的最多、系科设置最齐全,并在1948年普林斯顿大学评比的世界大学排名中位居亚洲第一,挤入世界大学前五十名。这高度,怕是到今天还是会被仰望。

南高师这时候已经有了女生,校园里虽然有规定"女生不论何事,不能入男生宿舍,或宿舍四周",但青年的蓬勃活力与异性之间的吸引力是阻挡不了的,有了女生的校园,肉眼可见的活泼多了。据说,从前不修边幅的男生,现在也会"焕然一新";从前拘谨的女生现在也大气了起来。当时的国务总理熊希龄忍不住赞"男女同校,令粗犷之男生,渐次文质彬彬;令文弱之女生,渐呈阳刚之气,颇有意义"[①]。

◆学人与名士

次第立起来的学校立起了一代学人的精神、气骨。当时,南京的东南大学名师荟萃、俊彦如云,"东南所延教授,皆一时之选",学人也都以受聘南高师、东大为荣。东大校长郭秉文对学生的希望就是能有"钟山之崇高,玄武之恬静,大江之雄毅"的风度和气节。

他竭力奔走,为学生张罗高水平的学术讲座。梁启超、顾维钧、杜威、罗素、泰戈尔等都曾被郭秉文请来开讲座或给学生上课,却因为不得政要欢心,忽然被撤职。当时正在外地出差的郭

---

① 张守涛:《先生归来》,江苏凤凰文艺出版社,2015年版,第5页。

秉文看到报纸上自己被免职的消息，才知道自己已经不再是东大校长了，那时郭秉文想必也是愕然的，但他立即凭着钟山般崇高的品质、大江般雄毅的精神，用玄武湖般的恬静给教育部和东大各拍了一封电报，通篇并没有什么抱怨，只是叮嘱校方维持学校的正常运转，并希望教育部速让指定的新校长胡敦复到任，以免"学校停顿，学子失学"。

倒是东大学生下课见到布告后，知道失去了这么一位受人爱戴的好校长，愤慨至极。在他们心目中，郭校长教给他们的不仅仅是学识与技术，也是不容亵渎的学人精神。对空降到东大的胡敦复，学生们一扫斯文，对他们拳脚相加，狠唾其面。血气方刚的他们逼着胡敦复发声明"永不就东大校长职"，还一鼓作气将他们赶出了校园。但学生的举动显然没有影响到北京政府的决定。1925年4月18日，北京政府还是决定由胡敦复任校长，东大学潮再起。胡敦复要求江苏省政府派卫队保护，进驻东大，遭到拒绝。

这一番拉锯占据了民国报纸颇长一段时间的版面，直到当年7月，新任江苏省省长郑谦聘请江苏教育厅厅长、在东大任教的蒋维乔代理东大校长，风波才告渐缓。这一番变故也让北京政府看到，南京的高校不是权贵恣意妄为之地，这颇有些东晋士族不受王权安排的味道。

郭秉文去世时，东大校友赠的挽联上写着："巍巍钟山，万人空仰芳惠在。浩浩江水，千古长留教泽存。"

他希望学生们像钟山那样崇高，有大江那样的雄毅，学生们则将他视作钟山、大江。城市给予他们的品格理想在山水之间升华。新旧交替之际，学生的勇气与坚持，学者的担当与襟怀也在这片土地上呼应起一千七百年前城市中名士的精神与气度。

他们像名士，也超越了名士命运不可逆转的时代宿命，"五四运动"虽已过去，但风气影响犹深，新的政权拖着前朝的影子努力向前走，走的方法便是一群旧人效法西欧之新方，他们中的很多人依然是前朝贵族，与李鸿章、张之洞等人的努力不一样，这群前朝贵族完全抛弃了帝国，却站在帝国的地平线上希望借助新的技术建一个和西方一样的国家。

◆ 永远的伤口

甲午之战惨败的民族之痛虽已过去三十余年，却还未完全消弭，东三省又在1931年落入日本人之手。国弱民衰之际，蒋介石提出"欲恢复民族地位与精神，须先养成健全之体格，故体育一端，比较德智育尤为重要"。他要在南京兴建一座大规模的中央体育场，作为以后召开全国运动大会的基地。

1933年10月10日，由国民政府教育部组织的第五次全国运动会在中央体育场开幕，钟山之侧，中央体育场中西合璧的大门楼看起来雄峻厚重。开幕式时，环形体育场里座无虚席。

来自各个省市的运动员超过两千人，他们按顺序从环形跑道内一侧出场，然后绕场一周。当瘦高的东北运动员刘长春领着几个偷偷入关、历尽艰辛来到南京参加运动会的代表入场时，全场静悄悄的一片沉寂。斯时，东三省沦陷已有两年。

刘长春对着全场黑压压的人群说："我们心目中共同竞争的锦标是恢复东北各省的地图颜色。"他说完，看台一方突然传出了一声带着哭腔的"打倒日本帝国主义"，一时"收复东北，还我河山"的口号声震彻钟山。这口号声，激起了全场观众的悲愤，人们在叹息流泪，从小声抽泣到大声痛哭，从一人痛哭到全场悲泣。

在这次运动会上，刘长春分别以十秒七〇和二十二秒一〇的好成绩，创造了一百米和二百米两项短跑全运会纪录，这个纪录一直保持到中华人民共和国成立后才被打破。

这次全国运动会闭幕没多久，日本人攻打内地的势头就已越来越明显。在南京的日本领事馆，竟树起了一杆耀武扬威的旗杆，白森森的太阳旗日日在城里晃。领事馆毗邻金陵女大，师生们进出校门，一抬头就是日本旗，触目刺心，恨不得将那旗子撅下来。

领事馆的旗，撅是撅不得，学生们等不得校方腾挪经费，自己在校园里贴出《从速建立旗杆启事》，要募款建一个比日旗更高的旗杆，升我们自己的国旗，把日本人的嚣张气焰好歹给压下去。

那一天是1936年初秋的上午，满街梧桐，学生们围在旗杆下等着升旗，四邻八巷的老百姓都在门口张望，看那面青天白日旗越升越高，高过了校园的屋脊，高过了死白的日本旗，高过了北方战场上那些飘来的坏消息。整个城市看着这旗子，只剩下一个念头：中国不会亡，中国一定不会亡！

然而，不到一年，淞沪战败，1937年冬，日军兵临城下。

仓促的民国中央政府也很想用一场必败的尊严之战，为近代中国重生一个伟大的城市，以及一个置之死地而后生的中华，但孱弱的家底与各怀心思的将领显然撑不起这场宏大的保卫战叙事。

那是一个极其寒冷的冬月。

每到夜晚，浓重的夜色笼罩着城里的家家户户。但这昏暗的颜色只是欺人耳目，寒冷也不过是表象，因为这座城市正在发着高烧。

各个军营的战士正在检查自己的枪弹，刚刚激战过的城墙头上，哈着白气的士兵将滚烫的弹夹换下。

城墙里，低矮的瓦棚中央生着炉火，披着棉袄的男人蹲在炉子旁整理做丧葬法事的家什，裹着棉被的女人抱着不满一岁的小儿子坐在床上朝他吼："挨千刀的，老早叫你走，偏是不肯，赶明没了命你还走什么。"男人不慌不忙瞧了她一眼："头发长见识短，他们打他们的仗，我不去惹他们就是。日本人怎么了？日本也是信佛的，就算他们进城了，也是要给死人超度做法事的呀！我这时候走了，家里这些东西甩得啦！"

女人赌气，一把拉上棉被，狠狠拧过身不再搭理他，心里暗暗决定明天男人再不肯走，就自己带上小儿子找地方躲两天再说。

江边，接到命令的士兵正在连夜摧毁可以用于部队后撤的渡船，大街上传令兵的坐骑发出急促的马蹄声，一队队辎重沉重的炮兵开过来，带来阵阵隆隆的响声，伴着城外零星的炮火声，城内背水一战的氛围越来越浓，一些军人已经抱定了必死的决心，一些将领却已经找好了出逃的路径。

夜越来越深，睡梦中的百姓们还浑然不知城市将要经历什么。

原本决心誓与城市共存亡，向蒋介石保证"将临危不乱，临难不苟"的南京卫戍司令长官唐生智临危已乱，原本要死守的他早早给自己留了一条船，率先撤走了。最高将领的慌忙撤退让整个城市陷入混乱，原本还整装待发的各营士兵完全慌了阵脚。

真正临危受命，成为城市临时行政官、司令官的萧山令眼看着大厦将倾，只能咬紧牙关，带部死守。他们沿中华门、光华门、雨花台、紫金山一带，用仅剩的枪弹与自己的血肉之躯拼死杀敌。

在这场劫难中，有愚蠢无能者，有贪生怕死者，有人战时大发国难财，偷换军人弹药，有人败后认贼作父，刀指同胞，但也有人挺身而出，光照千秋！

1937年12月9日，日军一部冲进光华门，萧山令率宪兵第二团，火速赶往光华门增援，其间，数次有流弹从他身边掠过，手下劝他回指挥部，他笑道："将军难免阵前亡，若我死在抗日报国前线，荣幸之至。"12月13日，南京城破，日军追击至江边，上万还没来得及渡江的中国军民拥挤在下关码头一线，日军机枪横扫，萧山令原本已被部下推上渡江的木筏，但听到机枪下同胞

◇◇南京下关码头（拍摄于20世纪30年代，金陵图书馆 供图）

的凄厉怖叫，他愤然转身，一边振臂高喊："杀身成仁，今日是也！"一边带头冲向日军。本来已溃不成军的残兵被这勇毅所感，竟又生出无限的血性。

他们跟着萧山令就地足足组织了五个小时的激战，直至子弹耗尽，将军阵亡！城市涂炭！

那个侥幸躲起来的丧葬铺子家的女人后来回来过，她那坚持日本人也信佛的丈夫和十九岁的大儿子就躺在瓦棚外的冰冷的泥地上，肚子上老大的窟窿，一半的脸和皮肉都被削掉了[①]，城市被生生地血洗了无数遍……

在这场必败之战中，有一个极其普通的小人物，他叫赵扣子[②]，南京本地人，因为上面三个哥哥都夭折了，母亲给他起名叫

[①] 该故事原型为南京大屠杀幸存者真实经历，女人怀里那个五个月的小儿子至本书完稿时仍健在。

[②] 该故事来自中国历史学家、南京大屠杀史研究专家孙宅巍先生2019年9月一次南京保卫战研讨会上的口述。

扣子,想扣住他,留住他的命。日本人打过来后,赵扣子还是去参军了。日军坦克开进来,部队里组织敢死队抱树桩去阻坦克履带,然后抱手榴弹爬上坦克丢进去,此去必死。

赵扣子站了出来。长官说你别去,你是独子。赵扣子说,我一定要参加,这才对得起我母亲的养育之恩。他扯下一颗扣子交给战友:"我死了交给我妈,跟她说扣子回来了,为国尽忠了。"那一战,他们干掉了两辆坦克,基本上,全军阵亡。

他们都相信中国不会亡,他们用生命守护这个信念!

然而,他们走后,1937年12月13日还是定格为城市永远的伤口。

第六章
永远的南京

引子　文明的理性

康德在《判断力批判》中说："作为有限的理性存在，人是要死的，但人类整体是不死的，人类代代相承，完成着一个理性目标。"城市也同样，作为一个地理上的物质存在，城市是有兴衰消亡的，但城市整体不死，总会有新的城市，在过往每一个世代的废墟上继承文明的理性，薪火相传。

作为人类文明的典型产物，城市展现了人类所有的成就和失败。

博物馆、纪念碑、档案馆留下了城市希望留下的集体记忆，这些记忆既是城市对自己的剖析与期望，也是城市本身的骄傲与遗憾。通过公共建筑与公共机构，城市将属于自己的记忆、文化与遗产代代相传。

作为文明的理性，集体记忆造就了城市的特质，城市的居民也将因为这份集体记忆而拥有城市赋予个体的气质。我们塑造了城市，城市也在塑造我们。

作为对南京这座城市六千年往事回顾的终章，所有的过去都将成为它的引子，引出城市对自己的审视。

这里唤起了人们太多的意象，留下无数历史不曾风干的褶皱。当他们在城墙前驻足时,有可能会想起六朝或大明,在中山陵前仰望,或可翻捡起曾有过的沸腾理想,大地上的纪念碑也会提醒人们这里的历史记忆。

即便隔了几千年的时间跨度,即便新的建筑已经基本覆盖了城市古老居民的生活经验,但人们依然会惊讶地发现,今天的南京和数千年前的南京,并没有什么不可逾越的鸿沟,构成城市生活的基本原则和人性的,都几乎没有一点改变。那些在不同成长周期里思考的痕迹似乎仍然在启发着当下。

文明赋予了城市生命,在它第一次被拉进历史的舞台时,它就已经拥有了自己最初的文明秉性,在六朝的名士风流里,城市的生命变得深刻,也变得永恒,当它趟过无数黑暗,穿过欲望和野心、人性与兽性、悲剧和喜剧成为今天的城市时,它的生命早已升华。

当中国人民解放军的战士们将旗杆插上总统府的那一刻,城市就已经开始重新生长,过去的一切成为它的倒影。我们沿着城市的记忆回溯历史时,也是在观看自己,观看当下。

一 轻盈与厚重

作为这颗蓝色星球上,唯一没有被打断过的文明,它不可避免显得非常厚重。

来自意大利的传教士在仔细观察了清代南京中国人的家庭生活后,表示:"没有一个孩子愿意生活在这样的环境下,他们从很小的时候就被反复要求吃饭的坐姿、走路的仪态。"

作为一名外国人,他如果参加过一个传统中国家庭的祭祀,一定会因为那些极其烦琐且看起来毫无必要的重复动作而感到困惑。

然而,这就是中国人最根本的信仰。

欧洲人有宗教，中国人有"礼"。

每一个中国人从出生开始就生活在礼所构成的秩序中，他们被教导要知道礼，礼的意义自汉代以来基本等同于三纲五常、忠孝节义。

对于一个虔诚的中国人而言，他们的第一生命都属于礼，所以相比较人的自然生命而言，人们会毫不犹豫地为了忠孝节义的信仰牺牲掉自己的生命，以获得第一生命的成立，这样他们的名字就可以在历史中永生。其中，有一些尤为突出的代表，比如赤胆忠心的关羽，即便他的军事才能其实远比不上同时期的许多将领，为人也比较骄矜浮躁，但忠于刘备这一点做得特别好，所以即便他的真实生命身首异处，但这丝毫不妨碍他的第一生命永生，人们将这第一生命还升华为神，拥有自己的神庙、牌位、信众与数千年不熄的香火供奉。

南京在历史上第一次被记录下来，同样源自一场道德追认。

这场道德追认意味着城市如人一样，开始形成自己的第一生命。

在此之前，无论是北阴阳营，还是营盘山，即便它们拥有过公共的火塘、祭祀的高台、指引灵魂的仪式，即便戴着面具的祭司与含在口中的雨花石都曾指认过它的信仰，但这些都未曾留下可传承的记忆。

然而，作为城市的基因，六千年前的土地所孕育过的生命与文明顽强地保持了城市潜意识里的文化特征。

尽管六千年沧海桑田，高高的水面已收入城市的地表之下，曾经宽阔的河道也变得收敛平静，但城市的山脉没变，山水世系没变，爱吃菱角、芡实、莲藕的习惯没变，甚至直到20世纪30年代，北阴阳营人用植物的茎秆、泥、草灰烘烤成坚固的墙壁，顶上铺茅草的窝棚搭建法还被中华门外的居民广泛使用，更别说对雨花石的痴迷，几乎就是一张城市的名片。

如果说江宁葫芦洞里找到的那块三十五万年前的南京人猿头骨、溧水神仙洞里找到的五万年前的南京第一块古陶片，还只能算人类原始的遗存留下关于血脉的想象，那么北阴阳营台地的考古发掘则真真切切地拉开了城市久远的序章。

六千年前的南京实际上既是一个村庄，也是城市的前传，它在鸿蒙中生长，留下了六千年前文明的痕迹，城市则在时空的呼应里继承了这个村庄的秩序、稳定、安全与自然力的统一。如果有什么可以称作根，那么北阴阳营人遗址一定是南京这棵大树的根系之一。这里生长出情感与审美，默默地滋养着文明与将来。

但这只是城市的自然生命，在它还没有拥有第一生命之前，城市的记忆是模糊的、混沌的，可以被忽略的。

整整三千年，村庄变换着居住者，搭建草棚的台地在城市的四处迁移，他们毫无芥蒂地接受了所有远来的文明，南北交汇的多元性在四千年前的土层里层层奠基。这是城市的基因，基因注定南京必然是一个南北交汇的枢纽之地，所有的迁徙都可以将这里当作新的家乡，不同的文明很容易在这里相遇、融合、相安无事，甚至深深结合。

城市的开篇丝毫不令人意外，它的记忆从三千二百年前，一对充满道德意味的兄弟开始。

周国古公亶父的长子泰伯和次子仲雍的让位避走被孔子称赞为"至德"。

几千年来，他们的精神成为广大江南土地文化的一部分，比如三让行为里所体现的仁爱、兄弟俩顾全大局的胸襟、迁徙千里入乡随俗的和合。虽然文化也是被选择过的结果，但在选择的过程中留下的精神也就成了信念，这一段，史称"泰伯奔吴"。

这一段，也成了城市生命影响至深的象征之一。

虽然泰伯、仲雍最终定居于太湖之畔，但以他们为渊源的吴国正是南京文化归属的开端。当吴与楚，吴与越在这里开始国与国之间的拉锯对垒时,当东吴在这里建都,千百年来这里被视作吴地,吴文化的根脉就已在城市的记忆里深植。

城市的历史当然绝不只是开始于第一段城墙被筑造。当第一块雨花石被当作先民灵魂的伴引时,这片土地上的故事与情感就不应该被忽视。

泰伯三让的道德追认形成城市的第一生命,且其影响力至少覆盖到吴敬梓的时代,谁也不能割裂这漫长时间里的情感传递。

《儒林外史》中,对泰伯祠的祭祀位居小说结构的顶点,作为全书终极意义所指,泰伯祠是这座城市里人文精神的最后希望。

清代中期,暮气沉沉的中国即便表面上依然一派繁华,内囊却已迂腐不堪,读书人拼尽一生求取功名,不过是加入一个更加腐朽的阶层。吴敬梓眼看着匡超人这样的淳朴青年,白天做生意维持家用,晚上挑灯夜读,考上秀才后一脚踩进名利场,从此开始"做些有想头的事",赌博、买卖妇女、科场替考,凡是能获得一笔可观财富的,他都去做。满嘴满笔的"四书五经",却吹牛撒谎,停妻再娶,卖友求荣,忘恩负义,活脱脱一个衣冠禽兽。

与那些虽然迂阔却坚守本分的儒生相比,活似衣冠禽兽的匡超人们在那个时代得到的是切切实实的荣耀与幸福。

小说之外,真实的城市比故事中描述的更黑暗,衙门路熟的打通了科考关窍,替人代考,居然成了明码标价的生意,还有那借着朝廷官衔开道运粮挖朝廷墙脚的,逼良为娼、拐卖妇女的,不一而足,他们没有报应,在真实的城市生活里,他们靠着丢掉良知活得滋润。城市不是天堂,城市也有罪恶的泥沼。

当城市的第一生命被忽视时,城市的自然生命里,善恶都将失去引导。清代中晚期,钻死在被框定了意义的经书里,迂阔而不自知的儒生们也让城市越来越糟糕。缺乏眼界的历代君主在陈词滥调里做着天朝上国的美梦，治下每一处土地，都挣扎着被虚伪扭曲的礼教所压抑的传统与人性。

华夏精神里对人与自然的认知在几千年的功利转述下，面目全非。本用来修养君子之德、感应天道的礼成为最束缚人心的桎梏。本该指引灵魂，激励人心的道德生命却成为多少愚忠愚孝、贞妇烈女的乱葬岗。

中国历代都在追求全国的对称与均衡，却因为渐渐失去了弹性与智慧而成为老大帝国裹足不前的绊脚石。

古罗马帝国、古印度、古巴比伦崩溃之后，再也没能延续过去的文明，只有中国，整个社会因为完整而系统的道德秩序，成为"一个几乎无可毁灭的政治单位"[①]。

这是中国恒久的秩序之功，人们在礼的指引下，建立起"尊卑、男女、长幼"的社会秩序；在对天道的信仰中，延续着华夏的血脉。

然而，这秩序、这礼乐、这天道是永远不变的吗？

其实，明代中期，来自意大利的利玛窦就已经看到这个问题。

当局者迷，中国人看自己的祭祀之礼觉得没有任何不妥，利玛窦看中国祭祀的角度就不太一样。他看到祭祀开始时，几百样不同的古老乐器聚在一起，发出各自不成曲调的奇怪音节，觉得很困惑。官员们向他解释，这些乐器年代太久，当年周公制的乐早就失传了，没有人会演奏协调的曲目。

让利玛窦奇怪的是，既然如此，为什么一定要弹奏？

因为古制不可改，哪怕已经变味、变质、变得面目全非，也必须存在，似乎唯有这样，华夏才不会断绝。

华夏确实没有断绝，却也因为这近乎滑稽的故步自封，而渐

---

① 钱穆：《中国文化十二讲》，贵州人民出版社，2019年版，第42页。

渐落后。西方已经工业革命，中国科举却还在考两千年前的经文与六百年前的注释。

帝国越来越厚重，重到要走不动路了。

吴敬梓卖掉老家的老屋，重修南京的泰伯祠，也让书里深明大义的智者、仁者、正直者挺身而出，用最郑重、最诚敬的礼仪重祭泰伯。

那是吴敬梓能想到礼崩乐坏的末世里，文人最大的努力了。

他在书里幻想祭祠完后，"见两边百姓扶老携幼，挨挤着来看，欢声雷动"。而众人都说道："我们生长在南京，也有活了七八十岁的，从不曾看见这样的礼体，听见这样的吹打！老年人都说这位主祭的老爷是一位神圣临凡，所以都争着出来看。"

吴敬梓认为一个真正的道德君子，做一场足够诚敬的祭祀，就足以唤起城市对德行的向往，潜移默化，移风易俗，足可救世。

然而，他也清醒地看到，这理想的虚妄。

在《儒林外史》第四十八回中，众人说起此事，"当年南京有虞博士在这里，名坛鼎盛，那泰伯祠大祭的事，天下皆闻。自从虞博士去了，这些贤人君子，风流云散"。

不几年，再回那泰伯祠，"从冈子上踱到雨花台左首，望见泰伯祠的大殿，屋山头倒了半边。来到门前，五六个小孩子在那里踢球。两扇大门倒了一扇，睡在地下。两人走进去，三四个乡间的老妇人在那丹墀里挑荠菜。大殿上槅子都没了。又到后边，五间楼直通通的，楼板都没有一片"。

来看的人叹息道："这样名胜的所在，而今破败至此，就没有一个人来修理。多少有钱的，拿着整千的银子去起盖僧房道院，哪一个肯来修理圣贤的祠宇！"

城市的纪念建筑就是城市的精神本体，圣贤没有祠宇与香火，圣贤的精神岂会真正生根。

旧时代开始没落，但还没有败亡；新时代正在孕育，但尚未显示出生命力，城市身上是数千年厚重的躯壳，人们看不见轻盈的所在。

吴敬梓和所有曾在旧时代里挣扎的先锋者，此刻唯一能想到的出路就是恢复古礼古乐。文昌殿"求贵"，关帝庙"求富"，而泰伯祠则是吴敬梓心目中华夏礼仪之邦的真正之礼。

泰伯意味着来自人心深处最真诚的情感、道义与担当，这是礼乐修复人心的价值，和洋务派的挣扎，民国时人的努力一样，那一切都是厚重的。

数千年华夏文化传统同样是厚重的，华夏的礼乐精神里，那些属于第一生命的信仰与追求，激励了南渡的衣冠擦干新亭的眼泪，在上巳节的春风里延续了中华的血脉。在这座城市里，所有的王者都懂得文教的重要，懂得礼乐的神圣，是这神圣让南京在废墟里挺身而出，一次次护卫了文明不倒，哪怕是失败的南京保卫战里，萧山令等人也凭着几千年文教影响喊出："成功成仁，今日是也！"

为了维护这份神圣，无数人为自己和城市、国家的第一生命献出自己的真实生命，他们的名字被写在城市的记忆里。

如果这第一生命是错误的呢？

那些厚重的部分让城市成为符号，人们在这些符号里找到生命的方向，是这方向给予了华夏航行的勇气，却也因为过于厚重，它的意义不断被误解，以致当它面目全非，既虚伪也不合时宜时，当人们意识到他们拼尽一切去维护的，可能是错误的时，城市就将不得不面对信仰的崩塌，以及崩塌之后的混乱。

曾国藩、李鸿章、张之洞等人能想到的自救，是在旧的礼乐框架里换一些新的技术，即便放弃了江南贡院臭烘烘的号舍，他们也还是没有为城市重新找到属于新时代的第一生命。

孙中山和他的追随者们则用一批旧的人，做了一个新时代的梦,他们为城市的第一生命努力过,至今"天下为公"与"博爱"的牌坊还在巍巍钟山中高高竖着,但这来自华夏古老智慧里的梦想与真正能催动一个时代的第一生命相比,似乎还是不够。

晚清中国的衰朽让人们在痛苦中不得不面对,城市的第一生命在信仰坍塌之后变得混沌不清,南京保卫战的失败就是这混沌不清的直接后果。

一百年后,新的中国让城市有了新的信仰,这信仰在城市的纪念碑、纪念馆中升腾,它有了全新的内涵,却依然扎根于华夏的土壤,它不再厚重扭曲,脱下沉重的过去,城市的价值观再也不是天下之中的幻想,也不仅仅是忠孝节义的框架,它有了属于个体生命的自由,也有属于国家精神的引领,在自由的生命里,城市顺着引领,升腾而起。城市的伟大之处也在于,它曾无数次让那些厚重的东西成为城市轻盈而向上的动力。

相较于我们曾丢失的东西,延续则显得更有价值。没落的中国毁在自己沉重而不肯更改的过去,城市曾丢掉了自己的第一生命,中国也是。当我们重新找回第一生命的意义时,城市必将重生,中国也是。

每一个拥有灵魂的城市都拥有自己的第一生命。

南京的自然生命是城市的细节、声音、气息与每一个生活在这里的人。南京的第一生命是此刻,城市的纪念建筑为城市所指引的精神、道德与理想与未来。

当我们走近这些纪念建筑时,我们也应当问问自己:我们是否只有自然生命?我们需不需要用信仰塑造属于我们的第一生命,在这短暂的一生为自己留下一个不灭的灵魂?

二 氛围与希望

城市是一种氛围。

生活在南京,意味着我们总会和历史留给城市的某些印记相遇。

《南京条约》签订,上海的城市命运迎来巨大转机,凭借着水运便利,这座昔日的江苏小渔村一跃成为国际大都市,超越南京,甚至也超越北京,成为远东第一大城市。

这一历史事件为南京带来的影响至今仍在,在与开放且充满国际气质的上海的比较中,人们有时候会过滤掉城市的厚重,给予南京一个宽厚、安分的想象。

事实上,即便南京再也不必在政治选择中更改名字,用贬低自己来安抚统治者的不安,它也依然在国家的棋盘上举足轻重。

它有太多的精神象征、文化符号、政治寓意及家国情结,它的整个历史都充满了神话、预言与远见,无论它如何蛰伏且沉默,城市都令人神往且充满未来。

余光中把玄武湖、紫金山比作南京的母性和父性。他说:"在我这南京孩子的潜意识里,这盈盈湖水颇有母性,就是这一汪深婉与安详,温柔了我的幼年,妩媚了我的回忆。或许有人会说,长江浩渺,不是更具母性吗?当然是的,不过长江之长,奶水之旺,是南京与上游的江城水埠所共沾,不像玄武湖那么体己。至于父性呢,该属紫金山了,尤其是中山陵。"

其实,除了玄武湖与紫金山,南京还有秦淮河。与玄武湖的母性,紫金山的父性相比,秦淮河就像一个操持不息的大姐,美丽、聪慧、灵活、亲近。

有这山水在,南京就成了游子们的故乡,家的氛围让每一个异乡人都可以在城市中得到某种慰藉。

进入南京需要穿过极厚重的城墙,但城墙里生活的人从不排外。南京几乎没有真正意义上的本地人，也许五六千年前，那张金陵先祖的面具可以代表最早的南京居民，但实际上，屡遭劫难的城市除了文化意义上的延续，并不存在确切意义上的土著。

宽厚包容的城市比吝于分享的城市会发展得更加蓬勃，当南京可以成为任何人的家乡时，南京就永生了。

它用自己的第一生命召唤过无数挺身而出的人，也因为城市本身错综复杂的人群滋生过很多下流的勾当。别否认城市的丑陋，城市的伟大从来不会因为那些罪恶的勾当而稍减分毫。

完整的南京是神圣的，也是悲惨和苦难的，它的光芒与黑暗并存。当人们看到秦淮河两岸朱楼大户的繁华时，破败贫穷的窄巷里，不得不卖女为妓的母亲也许正守着多病的公婆吞声暗泣。

城市从未消弭过差别，不管你走在城市的哪一处，你都可以感受到强烈的对比与碰撞，最繁华的市中心，也有脏兮兮的小地摊，佝偻着背的异乡人努力兜售他那些廉价的工艺品，每一处景点都不缺少精明的商人打算从你身上赚一笔。

明代顾起元生活过的南京，一城之内风俗迥异，这个南京至今仍在。因为生活在城市的不同区域，你会被自动划归于某一大类的群像中，比如生活在夫子庙一带的南京人多是老南京，敦厚温吞，楼道挨挤，烟火气浓。生活在河西的南京人则多为新面孔，这里多公职人员、商业人士，气质上要略微疏离、谨慎一些。不管属于哪一类的南京人，有着怎样不同的命运，当他们汇聚在这里时，他们就已经共同分享了城市每一晚的噩梦与每一个清晨太阳升起时的希冀。

人类精神所共通的宏大指引在这座城市里拥有强大的号召力，它们凝聚在城市的纪念建筑中。一旦有需要，它们就会释放巨大的影响力，其辐射能力甚至可以覆盖整个中国。

华夏精神所特有的对礼乐的向往、对天道的敬畏、对平衡的追求，同样在城市里生根，拥有明孝陵和中山陵的紫金山始终带着神圣感，哪怕是废墟上的兴叹，也让人生出沧桑的救赎感。

城市最特别之处是有高山、深湖，以及与之相关联的中国历史。

山与湖水是相连的，它们让人在城市里找回自然。

这自然，不仅仅是地理意义上的自然，还是文化意义上的自然，它交织着历代的兴废、东晋的文章、大唐的诗酒、五代的词令，从明清的小说一路走进民国的故事。它也是精神意义上的自然，带着泰伯、卞壶、谢安这些城市第一生命的亮光。

这些意义有时候并不那么确定，你不能武断地认为仅凭这些意义，就可以为城市开出药方，但没有人能否认这些意义的价值。

清朝末年，荷兰人约翰·尼霍夫第一次看见南京的大报恩寺时，忍不住惊呼："这骄傲的建筑堪比七大奇迹，它们都是缘于时代对这新世界的挑战；你那金殿的光辉却令我战栗，啊，南京！在此上帝的名字还未被召唤。"

他所看见的大报恩寺塔已颓败失修，行将被毁，即便如此，这金殿的光辉却依然令他战栗，建筑背后，这个不可思议的民族，有着最辉煌的文明与最腐朽的黑暗。然而，无论辉煌还是黑暗，它那永远能在废墟里重生的力量足以让任何傲慢在它面前都不得不重新思量。

在东方的历史中，南京往往是剧情的转折点，在看不尽的远方，南京也被寄寓了许多沉重的希望。

这是一个被期许、被预言的城市，它有消化污垢的能力，也可以成为理想者的家园，每一个来过这里的人都将被这座城市的氛围感染，然后在一种微妙的情绪中重新理解南京。

三　历史与未来

经过新街口正中孙中山行色匆匆的巨大铜像后，沿着中山东路向东走，你将淹没在现代城市炫目的招牌与商业洪流之中。

灿烂的玻璃与抽象的街头装置似乎在告诉你，这只是这个地球上成千上万的城市之一，然而四处零散的花岗岩老建筑、民国时代的拱门，甚至至今还在营业的一百年前的酒楼、七十年前的电影院仍在提醒你，这不是一座仅仅徒有其表的城市。

民国建筑风格的街区酒吧将1912这几个数字打成城市夜生活里最令人遐想的光字招牌；中国最负盛名的小说作者，他的故事被重新设计，安置在城市最中心繁华街道上的家宅里；纹丝未动的总统府封存了一个完整的旧时代……城市经历了无数黑暗，正在新的生命里重新生长。

它参与了中国的整个历史进程，在文明推进的关键路口，深刻地思考过华夏的未来，从某种程度上来说，读懂了南京，也就读懂了中国。此刻，一切仍在飞速的变动当中，几乎无法精准描述南京这座城市现在的样子，也许这一刻从喧闹的市中心继续向东走，还能看到巷子里破败待拆的砖瓦房被围在高大的粉墙内，等待城市判予它的最终命运。然而，过几日，这里就会被完全改写，因为这是一个正在奔跑的城市。

明故宫的残垣上，虎头虎脑的孩子正往方孝孺被砍头的朱红大石上扔小树棍，没有人在意这石头里是否封印了方孝孺的灵魂，但城市已将这些人物里的细节嚼喂给了每一个愿意谈论它的人。沿着中山路往东，就会遇见城墙，城墙的门洞是巨大而厚重的，一侧连着钟山，甚至于一部分的城墙就是山体本身，穿过城墙，是更加开阔的城市，它的边际被推到更远更远的郊外，以至于这个连绵的城市总给人一种一眼看不透的错觉。

人们可以很轻松地在城市的多个角落里找到不同时代的痕

迹：一棵粗壮的梧桐树、一堵没拆掉的老墙、一堆按某个时代的臆想而造出来的仿古建筑，以及真正透着岁月气味的老宅子。

充满工业风格、线条紧缩流畅的大厦在这些时代痕迹中崛起，其中一些新奇的建筑令人想起电影里描述的未来。

城市早已被打开，老的城区紧紧黏着秦淮水，新的城区枕在长江边。酒楼里没有压酒的胡姬，柜台上还站着穿着廉价马褂、戴着瓜皮小帽的酒倌。街角奇装异服的年轻人染着各种颜色的头发，带着不屑一顾的神情仰着下巴和人说话……

一切都在提醒你，这座城市可能同时拥有很多个不同的世界。

城市的地下有摇滚乐、书店，以及东晋的玻璃琥珀杯，城市的建筑里，并不相通的悲欢、野心、欲望与迟钝的沉默交织在一起。

仿佛几百个不同的南京混杂在一起，但和伦敦不一样，它不是"首都中的首都"，世界并不再向它聚拢，但世界一直在被它吸引。

对于世界，南京意味着一种被大写的历史，但它依然是一个年轻的城市。

在它身上交错的不同时间共同奔腾，并行不悖，你可以随意穿梭，并将任何一个时代的情感带入当下。历史与生活在这座城市里是平行乃至交融的，时间只用来区别此刻与未来。

别按时间线来理解南京，南京不属于时间，它没有时间的边界，六千年间所有的城市记忆都在当下共同塑造着城市的面目，没有哪座城市有南京这样多的灾难、象征、预言与希望，也没有哪座城市有南京这样伟大的生命力，更没有哪座城市像南京这样，既生于历史，也生于未来。

参考文献

一、相关专著

（一）古籍类著作

〔唐〕许嵩撰，张忱石点校《建康实录》，北京：中华书局，1986年版。

〔宋〕周应合纂《景定建康志》一至四册，南京：南京出版社，2019年版。

〔宋〕张敦颐撰，李焘撰《六朝事迹编类·六朝通鉴博议》，南京：南京出版社2007年版。

〔元〕张铉撰，田崇校点《至正金陵新志》，南京：南京出版社，1991年版。

礼部纂修，〔明〕陈沂撰《洪武京城图志·金陵古今图考》，南京：南京出版社，2009年版。

〔明〕顾起元撰《客座赘语》，南京：南京出版社，2009年版。

〔清〕余怀《板桥杂记》，青岛：青岛出版社，2010年版。

〔清〕顾炎武撰《建康古今记》，南京：南京出版社2012年版。

〔清〕陈文述撰《秣陵集》，南京：南京出版社2009年版。

（二）中国近现代专著

潘宗鼎、夏仁虎撰《金陵岁时记·岁华忆语》，南京：南京出版社，2006年版。

夏仁虎撰《秦淮志》，南京：南京出版社，2006年版。

倪锡英《南京》，南京：南京出版社，2011年版。

张荫麟，吕思勉，蒋廷黻著《中国史纲》，西安：陕西师范大学出版总社，2017年版

辜鸿铭《中国人的精神》，合肥：安徽文艺出版社，2011年版。

梁漱溟《中国文化要义》，上海：上海人民出版社，2014年版。

钱穆《中国历史精神》，贵阳：贵州人民出版社，2020年版。

钱穆《民族与文化》，贵阳：贵州人民出版社，2020年版。

钱穆《中国文化十二讲》，贵阳：贵州人民出版社2020年版。

吴晗《历史的镜子》，北京：中国华侨出版社2020年版。

许倬云《说中国》，广西师范大学出版社，2021年版。

许倬云《万古江河》，北京：九州出版社，2018年版。

许倬云《中国文化的精神》，长沙：湖南人民出版社，2021年版。

葛兆光《中国思想史》，上海：复旦学出版社，2001年版。

葛剑雄《统一与分裂——中国历史的启示》，北京：商务印书馆，2020年版。

陈宝良《明代社会生活史》，北京：中国社会科学出版社2004年版。

陈江著《明代中后期的江南社会与社会生活》，上海：上海社会科学院出版社，2006年版。

樊树志《晚明史：1573—1644》，上海：复旦大学出版社，2003年版。

史念海《历史地理学十讲》，武汉：长江文艺出版社，2020年版。

高岭《商品与拜物：审美文化语境中商品拜物教批判》，北京：北京大学出版社，2010年版。

巫仁恕《品味奢华：晚明的消费社会与士大夫》，台北：联经出版公司，2007年版。

蒲慕州《追寻一己之福——中国古代的信仰世界》，上海：上海古籍出版社，2007年版。

薛冰《南京城市史》，南京：东南大学出版社，2015年版。

薛冰《格致南京》，南京：东南大学出版社，2017年版。

薛冰《读南京》，南京：东南大学出版社，2017年版。

贺云翱，周行道《文化南京——历史与趋势》，南京：江苏人民出版社，2020年版。

卢海鸣，邓攀编《金陵物语》，南京：南京出版社，2014年版。

张守涛《先生归来》，南京：江苏凤凰文艺出版社，2015年版。

王冠《问心之道——中国传统文化的本体与重构》，南京：江苏人民出版社，2019年版。

（三）外国专著

［日］《讲谈社·中国的历史》1—9卷，桂林：广西师范大学出版社，2014年版。

［英］约翰·里德著，郝晓丛译《城市的故事》，北京：生活·读书·新知三联书店，2008年版。

［英］迪耶·萨迪奇著，张孝铎译《城市的语言》，上海：东方出版社，2020年版。

［美］塞缪尔·亨廷顿著，周琪等译《文明的冲突与世界秩序的重建》，北京：新华出版社，2020年版。

［美］乔尔·科特金著，王旭等译《全球城市史》，北京：社会科学文献出版社，2014年版。

［美］帕特里克·格里著，罗新主编《历史、记忆与书写》，北京：北京大学出版社，2019年版。

［法］保罗·利科著，姜志辉译《历史与真理》，上海：上海译文出版社，2020年版。

［美］余英时《士与中国文化》，上海：上海人民出版社，2003年版。

［美］黄仁宇《中国大历史》，北京：中华书局，2007年版。

［美］黄仁宇《放宽历史的视界》，北京：九州出版社，2019年版。

［美］黄仁宇《万历十五年》，北京：生活·读书·新知三联书店，2020年版。

［加］卜正明著，方骏、王秀丽、罗天佑译《纵乐的困惑：明代的商业与文化》，北京：生活·读书·新知三联书店，2004年版。

［意］伊塔洛·卡尔维诺著，张密译《看不见的城市》，北京：译林出版社，2013年版。

［奥］斯·茨威格著，张玉书译《人类群星闪耀时》，北京：人民文学出版社，2019年版。

［英］彼得·阿克罗伊德著，任明译《泰晤士：大河大城》，上海：上海文艺出版社，2020年版。

二、相关期刊文章

刘建国《镇江宋代<禹迹图>石刻》，《文物》1983年第7期。

沙菲《沈万三修建南京明城墙传说的历史构建》，《文教资料》2018年第3期。

沈承宁《南京明城墙城砖窑址调查》，《江苏地方志》2014年第1期。

杨冬晨、杨建国《中国六千年文明史的起源年代考证》，《曲靖师范学院学报》2003年第4期。

陈绍辉《试论吴文化在三国文化中的地位、作用与影响》，《襄樊学院学报》2010年第9期。

卞敏《论六朝文化精神》，《江苏社会科学》1999年第4期。

孔定芳、胡汉武《论魏晋六朝文化精神之擅变》，《江汉论坛》1991年第12期。

薛海波《六朝时期建康丝绸贸易新探》，《江苏社会科学》2001年第2期。

吴青松《梁武帝与侯景之乱》，《江西教育学院学报》2010年第3期。

曾嘉《人的觉醒——魏晋天人视域下的名教与自然关系及其嬗变》，《海南大学学报（人文社会科学版）》2021年第2期。

梅珍生，刘龙伏《玄学人生与世俗人生——魏晋与文艺复兴时期人生观比较》，《江汉论坛》1992年第2期。

李四龙《论儒释道"三教合流"的类型》，《北京大学学报(哲学社会科学版)》2011年第2期。

何剑明《南唐崇儒之风与江南社会的文化变迁》,《历史教学》2003年第10期。

陈梦熊《中国文学"江南意象"的文化阐释》,《丝路视野》2015年第1期。

范金民、夏维中《明代中央织染机构考述》,《明史研究》1994年第3期。

范金民《清代中外贸易中的"南京布"》,《南京大学学报》2017年第2期。

周安庆《晚清<点石斋画报>视野中的古都南京社会风情》,《东方收藏》2016年第4期。

后 记

完成这样一部作品是冒险的。

因为有无数的名篇、名家都曾以各种方式记述过南京这座城市。

受祝勇老师《辽宁传》的影响,我也尝试着用历史散文的方式书写南京这座城市。同时,这本书里对史料的选择方式也深受民国史学家张荫麟的影响。历史的链条太漫长,太琐碎,也太沉重,但当我们触摸到这根链条时,依然应该是有意趣的、审美的。

书中有很多需要想象的部分,不知如何落笔的时候,是卡尔维诺、雨果、茨威格、川端康成给予了我灵感,比如文中李斯与秦始皇的问答就来自卡尔维诺《看不见的城市》中马可·波罗与成吉思汗之间的问答。虽然他们属于两个不相关族群的帝王,但他们都曾把征服当作天赋的责任,他们也都曾在某一刻忧虑过这庞大帝国的未来。

在《看不见的城市》里,卡尔维诺将城市视作精神产物,那些虚构的城市是如此鲜活而又精妙,以至于我总能从中看到南京的影子。虽然南京是一座看得见的城市,然而事实上,真正影响南京成为南京的那些,又往往很难被看见。

能完成这部作品要感谢我的好朋友王彬,我至今记得三年前在鼓楼广场的一个咖啡馆里,我们点了一盘小熊造型的果冻点心，他一边吃，一边对我说："我觉得你可以写出来的。"

这是这本书的开始。

三年当中，这本书的责编杨艳丽老师给予了我大量的鼓励、指导与帮助。甚至可以说，是王彬与杨艳丽塑形了这本书的样貌，因为他们的坚持与信任，才有了这一版的城市传记，感谢他们为这本书所做的大量辛苦工作！

书中很多资料的搜集得益于金陵图书馆纪景超、徐昊丰老师的提供，关于城市的图片则大部分来自中新社知名摄影记者泱波老师。感谢泱老师多年来对我的支持，同时也感谢为本书提供帮助的薛冰老师、贺云翱老师、路侃老师，以及朋友圣刚。

最后，我也非常清楚，由于个人能力所限，书中必然会有疏漏讹误之处，恳请读者朋友予以指正。

某种程度上，这本书就像一个孩子对自己所属血脉的执拗找寻，也许在寻找中，我们都将得到对脚下这片土地的共鸣。

文心
2022年冬

图书在版编目（CIP）数据

南京六千年 / 文心著. -- 北京：华文出版社，2023.6（2024.10重印）

（城市里的中国）

ISBN 978-7-5075-5758-9

Ⅰ.①南… Ⅱ.①文… Ⅲ.①城市史－南京 Ⅳ.①K295.31

中国国家版本馆CIP数据核字(2022)第238898号

南京六千年

作　　者：文　心
策划编辑：杨艳丽
责任编辑：杨艳丽
特约编辑：王　彬
媒体顾问：张晓明
现代图片：泱　波
历史图片：金陵图书馆
出版发行：华文出版社
地　　址：北京市西城区广安门外大街305号8区2号楼
邮政编码：100055
网　　址：http://www.hwcbs.cn
电　　话：总编室 010-58336210　编辑部 010-58336191
　　　　　发行部 010-58336267　010-58336202
经　　销：新华书店
印　　刷：天津画中画印刷有限公司
开　　本：710mm×1000mm　1/16
印　　张：24.50
彩　　插：16
字　　数：380千字
版　　次：2023年6月第1版
印　　次：2024年10月第4次印刷
标准书号：ISBN 978-7-5075-5758-9
定　　价：98.00元

版权所有，侵权必究